俄罗斯国家安全战略研究

罗英杰◎等 著

Research on National Security Strategy of Russia

时事出版社
北京

图书在版编目（CIP）数据

俄罗斯国家安全战略研究/罗英杰等著．—北京：时事出版社，2020.1
ISBN 978-7-5195-0286-7 （2022.10 重印）

Ⅰ.①俄… Ⅱ.①罗… Ⅲ.①国家安全—研究—俄罗斯
Ⅳ.①D751.2

中国版本图书馆 CIP 数据核字（2019）第 242514 号

出 版 发 行：时事出版社
地　　　址：北京市海淀区彰化路 138 号西荣阁 B 座 G2 层
邮　　　编：100097
发 行 热 线：（010）88869831　88869832
传　　　真：（010）88869875
电 子 邮 箱：shishichubanshe@sina.com
网　　　址：www.shishishe.com
印　　　刷：北京世纪优彩科技有限公司

开本：787×1092　1/16　印张：18.75　字数：300 千字
2020 年 1 月第 1 版　2022 年 10 月第 3 次印刷
定价：118.00 元

目录

contents

绪　论

第一节　研究意义与脉络

本书主要研究的是俄罗斯国家安全战略的历史演进、特点及影响等相关问题。①

作为现有国际秩序的构建者和维护者，俄罗斯在国际安全格局中的地位十分突出，且不可忽视。正因如此，俄罗斯国家安全战略的制定及实施不仅关系到俄罗斯本身的发展，而且深刻影响到包括中国在内的周边邻国、欧亚地区乃至全球的安全与稳定。此外，作为中国最重要的邻国，俄罗斯国家安全战略的调整密切关系到中俄关系的稳定与发展。可见，对俄罗斯国家安全战略的研究具有极强的现实意义。此外，作为俄罗斯研究的一个重要组成部分，俄罗斯国家安全战略研究能够增进学术界对俄罗斯相关问题的理解，丰富俄罗斯历史及现实问题的研究，其理论意义和学术价值也是显而易见的。

在国际政治中，民族国家是最主要的行为体，对国家安全的追求是每一个民族国家恒久的战略目标。俄罗斯民族是崛起于东欧平原的斯拉夫民族的一支。历史上，由于地处几乎无险可守的平原地带，出于保障国家安全的考虑，通过扩张维护国家安全成为伊凡四世至尼古拉二世的数百年间

---

① 鉴于国家安全战略涵盖的内容十分广泛，考虑到篇幅有限，本研究主要集中关注俄罗斯国家安全战略在军事、政治、经济、外交等领域的理论与实践。

沙皇俄国国家安全战略不变的核心战略目标。为此，无论国际环境是否有利，国力是否强盛，几乎每一任沙皇都将整军备战和领土扩张列为国家的首要战略任务。在扩张战略的推动下，俄国从原本偏于东欧一隅的面积仅为280万平方公里的内陆国扩张成横跨欧亚、面积达2280万平方公里（1914年）的大帝国。

十月革命后，新生的苏维埃俄国面临着严峻的国内外安全形势。为了摆脱不利局面，列宁领导的苏俄政府实施了以妥协换取生存空间、以斗争赢得独立的国家安全战略，在经历了两年艰苦卓绝的抗击国内外敌人的武装干涉和武装叛乱后，最终捍卫了新生的苏维埃政权，为苏联的建立及和平建设打下了基础。国内战争结束后，苏俄国家安全战略的主要目标调整为重建因革命和战争而遭到严重破坏的经济，缓和与西方资本主义国家的关系并与之建立正常的外交关系。1922年苏联成立后，逐渐结束了十月革命以来在国际上的孤立状态，赢得了同资本主义国家较为长时期和平共处的外部环境。

1925年12月18—31日，苏联共产党召开了第十四次代表大会，会上确立了优先发展重工业，实现社会主义工业化的基本方针。此后，苏联将加速发展国防工业作为经济建设的重点，国民经济建设也逐渐走向军事化。为了应对苏联与帝国主义之间可能爆发的战争，苏联出台了新的军事理论，在编制体制等领域进行了军事改革，加强了武装力量的建设，开始强调苏联应该奉行以进攻为主的军事战略。二战前夕和战争期间，为了确保国家安全，斯大林在国内积极备战，全力增强军事实力，带领苏联军民英勇抗击法西斯德国的侵略；在国外坚持以苏联国家利益为中心，或者“与狼共舞”——与德日法西斯签订互不侵犯条约和中立条约，以拖延战争的爆发，或者与美英结盟，共同抵抗法西斯国家。客观来看，经过二战的洗礼，苏联不仅维护了国家安全，而且借此历史契机一跃成为实力与美国并肩的超级大国，这也证明了苏联国家安全战略的务实与有效。

冷战时期，苏联的国家安全战略主要是依靠不断加强军事力量来确保国家安全，为此，苏联各届政府都将常规军事力量和战略核力量的建设视为国家安全战略的重中之重。然而，随着时代的发展，苏联的国家安全战略也开始从单纯的以军事力量保障国家安全向追求“全面安全”转变。尤其是戈尔巴乔夫执政以后，他对国家安全的含义做了新的解释和阐述，并且认为国家安全是一个“全面的概念”，“不仅包括军事领域，而且也包括政治领域、经济领域和人文领域”，“单纯依靠军事力量最终会削弱国家安全的其他元素”。[①] 戈尔巴乔夫对国家安全观认知的转变导致苏联抛弃了与美国争霸全球的国家安全战略目标，彻底改变了苏联国内外的安全形势，最终加速了苏联的解体。

冷战后，俄罗斯经历了政治破碎、民族分裂、经济凋敝的痛苦动荡期，对国家安全尤为珍视。在重新追求大国身份的历程中，一方面，随着经济的不断进步以及与外部世界融合的加强，俄罗斯的国家安全战略不再局限于军事层面，内涵更为丰富，国家安全观逐步转型；另一方面，随着以美国为代表的西方势力弱俄、抑俄的脚步逼紧，俄罗斯的国家安全形势愈发不容乐观，斗争更加复杂。鉴于安全形势的剧变，从叶利钦开始至今，俄罗斯适时制定了顺应现实转变、系统指导维护本国国家安全与利益的全方位战略。在此背景下，俄罗斯相继于 1997 年、2009 年颁布了两份官方国家安全战略文件，分别名为《俄罗斯联邦国家安全构想》（以下简称《构想》）与《2020 年前俄罗斯国家安全战略》（以下简称《战略》），其中在 2000 年和 2015 年，《构想》和《战略》分别进行过一次改版，共计四份。这四份国家安全战略文件是俄罗斯看待国家安全问题的官方说明，全面反映了俄罗斯对国家安全的认知变化。在此基础上，俄罗斯历届政府出台了一系列政策，在各领域采取了诸多措施以改善国家安全状况，逐步塑造了俄罗斯国家安全的基本态势。冷战后俄罗斯国家安全战略的多次调整对其自身的安全与发展产生了深远的影响，也深刻改变了独联体及整个欧亚大陆的安全格局，同时还使得俄罗斯与美国、欧盟、中国、日本等的安全关系发生了巨大的变化，这些变化将长远影响俄罗斯的大国复兴与强国战略的实现。

① 王京建著：《国家安全法学教程》，中国社会文献出版社 2008 年版，第 54 页。

第二节 研究综述

一、国内成果

冷战后，俄罗斯出台的四份《构想》与《战略》是研究俄罗斯国家安全战略的核心线索，也是学界研究的重点所在。围绕这些文件，国内学者根据自己的研究兴趣与专长，对俄罗斯相应时期的国家安全战略进行了解读。

对于1999年修订版《构想》，有学者将其与1997年原版相比较，归纳出安全威胁发生根本变化、强调以核武器保卫国家安全等改动之处，并指出科索沃危机背景下俄罗斯对西方对俄政策、国际军事安全形势以及自身对国际冲突的影响力和实操能力的重新估价是本次《构想》修订的心理与逻辑基础，得出俄罗斯对于西方与俄关系性质看法已发生根本改变，未来俄美关系斗争将会更加复杂的结论。[①] 对于2009年第一版《战略》，有学者从其背景、内容、特点等多方面给出了详尽解读，指出国际、国内局势的重大变化是促使俄罗斯领导人制定新国家安全战略的原动力；突出经济的作用、重视能源领域的竞争以及加大对中国的重视程度是其三方面突出特点；《战略》通篇展现了“俄罗斯联邦变成世界强国”的愿望。[②] 还有学者侧重于对《战略》经贸层面的分析，看到了俄罗斯进入长期战略发展阶段、社会经济面临严峻挑战的现实，指出本版《战略》的主要思想是通过发展保证国家安全，并把经济安全提升到国家安全首位。[③] 2015年末，俄罗斯对《战略》进行修订，推出了新版《战略》。直面北约威胁与强化

① 郑羽：“评1999年俄罗斯联邦国家安全构想”，《国际经济评论》2000年第2期。

② 王影：“《俄罗斯联邦2020年前国家安全战略》解读”，《国际资料信息》2009年第8期。

③ 张晶：“《2020年前国家安全战略》及其内外政策走向”，《俄罗斯中亚东欧市场》2010年第1期。

亚太合作是该战略向世界传递的两个重要信息。①

由于时间较新，学界对于新版《战略》的解读成果较为丰富，其中既有共性结论，也有独到观点。就共性结论看，第一，相关研究者均观察到新版《战略》突出强调了美国等西方国家试图消解俄罗斯传统势力范围对俄罗斯军事安全所造成的巨大威胁，极度重视对北约的反制能力；第二，相关研究者均看到了俄罗斯对国防的高度关注，尤其是在其他手段捍卫国家利益无果的情况下对使用武力表态坚决，有研究甚至表明，“将国防列为首位国家利益是新版《战略》修订的最主要变化”；② 第三，相关研究者均注意到中国在新版《战略》中的特殊重要性，强调中俄关系在“保持全球与地区稳定”中的作用。除此以外，一些有关新版《战略》的独到观点也值得关注，如有学者总结了新版《战略》的总基调，提出“新版《战略》总体认为俄罗斯当前所处安全环境更为复杂，对国家安全环境的判断更加悲观”。③ 有学者以新版《战略》为依托，展望了俄罗斯未来安全政策走向，包括继续扩大在叙军事存在、将东欧国家作为应对地区安全挑战的外交重点等六方面。④ 还有学者细心观察到新版《战略》中文化安全部分内容表述的变化，提出“俄罗斯已经把文化传统丧失视为一种威胁”，看到了俄罗斯对保持发扬本国文化传统、维护文化安全的重视。⑤ 另外，有学者采用比较分析的研究方法，探究新旧两版《战略》在对国际局势判断、主要安全威胁认知以及对外战略活动重点等方面的变化，指出这些变化将在国际、国内两个层面产生影响，如国内方面会将恢复和发展经济作为重中之重、加速进行军事力量的部署与再建设以及运用综合手段预防和遏止“颜色革命”；国际方面如将同美西方在进一步对抗中寻求对话、将

---

① “俄新国家安全战略传递三点重要信息”，http://news.xinhuanet.com/mil/2016-01/04/c_128591369.htm。

② 王晓军：“新版《俄罗斯联邦国家安全战略》解读”，《现代军事》2016年第2期，第50页。

③ 同上。

④ 夜雨：“俄罗斯新版国家安全战略及其安全政策走向”，《中国经贸导刊》2016年第6期，第76页。

⑤ 舒桂编译：“俄罗斯联邦新版国家安全战略解读”，《中国信息安全》2016年第1期，第123页。

加强国际合作寻求战略方向突破等。①

官方出台的战略文件固然是俄罗斯国家安全战略研究的重点研究对象，但学界的研究视野却不仅限于此。在相关研究中，还有至少四类研究成果值得注意：一是以俄罗斯国家安全某一领域为研究对象的专题研究，如经济安全、环境安全等问题；二是结合历史学、地缘政治学等，对俄罗斯国家安全战略的演进、源流进行考察的跨学科研究；三是对俄罗斯国家安全体系中的专门议题所做的制度研究；四是全景式系统考察俄罗斯国家安全问题的专著成果。以下将对这四类成果进行梳理：

首先，在侧重某一领域的专题研究中，相关研究的视野较开阔，选题呈现多样化趋势：有学者聚焦经济安全问题，认为俄罗斯经济安全存在隐患是促使其出台国家安全战略的重要原因，并通过选取一定评估指标综合评价了俄罗斯经济安全状况；有学者关注环境问题，指出环境问题对俄罗斯国家安全造成了现实和潜在威胁，是俄罗斯国家安全的重要组成部分，并从全球和区域两个层面解读了俄罗斯的环境国际合作；还有学者将俄罗斯经济中的突出现象——“影子经济”同国家安全联系起来，分析了其对国家经济安全的侵蚀和危害，提出要以公开受监管的“阳光经济”代替“影子经济”。②

其次，在跨学科研究中，从地缘政治视角切入，运用历史研究法追溯俄罗斯国家安全战略渊源传统的成果最为突出：有学者从欧亚兼具的文明形态、横跨欧亚大陆的地缘政治属性以及“弥赛亚意识”浓厚的东正教传统三方面，推论出俄罗斯国家主义、扩张主义和救世主义特征强烈的国家安全政治文化，并指出这既是其“国家安全思想的初始结构”，更是现今和未来俄国家安全战略的重要“精神基础、哲学基础和物质基础”；有学者系统梳理了自彼得大帝以来俄罗斯的国家安全实践，总结出“扩张 + 不断向前投送力量 = 帝国安全”的国家安全模式，并指出这一模式存在历史

---

① 马建光、孙迁杰：“俄罗斯国家安全战略的变化及影响——基于新旧两版《俄联邦国家安全战略》的对比”，《现代国际关系》2016 年第 3 期。

② 马蔚云：“俄罗斯国家经济安全及其评估”，《俄罗斯中亚东欧研究》2012 年第 5 期；王前军：“环境问题与俄罗斯国家安全战略”，《国际论坛》2006 年第 1 期；［俄］斯·帕·戈林基娜、格·博·克列伊涅尔，项国兰编译：“‘阳光经济’与加强俄罗斯国家安全”，《经济社会体制比较（双月刊）》2005 年第 3 期。

延续性，俄罗斯与欧洲安全紧密相关；有学者剖析了俄罗斯传统安全思想中的三大理论——地缘政治论、军事实力论以及集体安全思想，提出俄罗斯集体安全思想具有以缔结军事同盟来防范军事威胁的外在性与旨在借助集体安全条约约束他国的内在性相结合的特征；有学者专门考察了俄罗斯国家安全战略中的地缘政治因素，归纳了俄罗斯安全战略的特点，如本土是核心、独联体为关键、欧洲为主要战略方向等；还有成果直接选取俄罗斯某一地缘安全热点，如黑海海权问题，加以深入分析。①

再次，从体系视角解读有关俄罗斯国家安全的法律、制度问题的成果也令人瞩目。有学者系统比较分析了新旧两版《俄罗斯联邦安全法》，总结了联邦安全会议地位提升、总统地位进一步加强等变化之处，指出俄罗斯未来国家安全立法的发展趋势一方面是防止社会不稳定，另一方面是防止国内政局动荡，并指出中国可借鉴其立法精神，研究其国家安全体制机制建设，促进自身国家安全；有学者回顾了俄罗斯国家安全立法的历史发展，指出俄罗斯国家安全立法体系侧重于安全机构建设、国家秘密保护等方面，并逐步向非传统安全领域侧重，以及国家安全的保护范围日益扩大、愈发关注社会精神领域、立法呈现体系化等发展趋势；有学者关注国家安全中的审查制度，从法律框架、审查机构与对象等方面全面考察了其整体面貌，并对中国企业应对俄罗斯安全审查提出建议；还有学者对美、俄两国国家安全立法的背景进行对比分析，指出二战后世界范围内民主化、公开化潮流是俄罗斯安全立法得以进行的重要因素。②

最后，有关俄罗斯国家安全问题的综合性专著是该领域的重要成果，值得高度关注。姜振军的《俄罗斯国家安全问题研究》对政治、军事、人口等多领域安全概念的内涵、安全状况、影响安全的因素及维护安全的措

---

① 吴康和、张文茹："俄罗斯联邦国家安全思想探源"，《东欧中亚研究》2001年第1期；刘军："空间、帝国与俄罗斯国家安全"，《华东师范大学学报（哲学社会科学版）》2011年第4期；陆俊元："俄罗斯联邦国家安全战略之地缘政治析"，《今日东欧中亚》1997年第3期；汪毅刚："俄罗斯西部国家中的黑海海权问题研究"，《兰州大学硕士学位论文》，2011年5月。

② 刘再起、魏玮："《俄罗斯联邦安全法》的演进及国家安全体系改革趋势"，《俄罗斯东欧中亚研究》2016年第6期；刘洪岩："俄罗斯国家安全立法的体系化构建"，《人民法治》2016年第8期；李锋："俄罗斯国家安全审查制度研究"，《国际经济合作》2012年第7期；李竹："美国、俄罗斯国家安全立法背景评析"，《苏州教育学院学报》2008年第1期。

施展开了较为全面的论述；阐释了俄罗斯的国家安全战略和安全观的定位以及维护和处理国家安全问题所推行的政策；还分析了中俄共同面对的安全威胁，并论述了两国加强安全领域合作等问题。[①] 薛兴国的《俄罗斯国家安全理论与实践》则在厘清俄罗斯国家安全基本概念、实质结构以及基本类型与保障等问题的基础上，研究了俄罗斯不同时期和重点领域的国家安全具体实践。[②] 这两本专著是全面论述俄罗斯国家安全问题的代表性成果。另外，还有专门论述俄罗斯非传统安全问题以及美俄核安全关系的相关著作。[③] 此外，部分军事战略学著作中也有内容涉及俄罗斯国家安全问题，如俄罗斯安全战略传统等。[④]

二、国外成果

就俄罗斯方面的成果看，在20世纪最后的五六年，俄罗斯国内研究国家安全问题或国家安全构成领域的论文与著作开始涌现：有些学者把安全看作社会政治现象，结合社会政治可能的发展趋势进行分析研究；有的强调在国家安全体系中存在着独特重要性和优先地位，这些重要性和优先地位的等级排序既取决于国家对地区和国际安全机构的从属性，也取决于国家自身内在的主导思想。另一些学者和研究者注重研究国家安全的概念，有的强调国家安全是安全客体生死攸关利益的“防护状态”，以及安全客体稳定发展的“保障”；有的将国家安全界定为一种功能活动，它不仅为国家和社会的生存，也为其发展提供保障；还有的则认为，国家安全是通过对利益、价值和目标的实现来捍卫国家存在的体系。综合来看，较之以往的国家安全研究，俄罗斯学者对安全的理解有了本质改变，不再把安全仅限于国家，而认识到安全也与个人、社会息息相关，是全方位的关系。此外，俄罗斯国家安全研究者还构建了国家安全理论体系，形成了有别于

① 姜振军著：《俄罗斯国家安全问题研究》，社会科学文献出版社2009年版。

② 薛兴国著：《俄罗斯国家安全理论与实践》，时事出版社2011年版。

③ 关于俄罗斯非传统安全问题研究，参见姜振军、郭力：《俄罗斯非传统安全问题研究》，黑龙江大学出版社2016年版；关于美俄核安全关系研究，参见吴大辉：《防范与合作：苏联解体后的俄美核安全关系（1991—2005）》，人民出版社2005年版。

④ 杨育才：《俄罗斯战略问题10讲》，国防大学出版社2015年版。

传统安全观的综合安全观。这一体系主要有两方面的内容：一是国家安全的理论基础，包括安全理论的基本概念、国家安全体系的结构实质等；二是安全的基本类型及保障途径。[①]

就欧美方面的成果看，欧洲议会下辖的外部政策执行署于2017年制定的政策报告《俄罗斯国家安全战略与军事学说及其对于欧盟的意义》（*Russia's National Security Strategy and Military Doctrine and Their Implications for the EU*）全面分析了近年来俄罗斯安全政策变化及安全实践表现强硬的原因，指出包括欧盟在内的“西方”已被俄罗斯当作实现雄心、保卫自身安全的主要屏障。同时，作者发现俄罗斯对于在新世界秩序中扮演重要角色并未信心十足，因而日益倚重军事力量，外交也更趋激进。最后，作者就欧盟对俄政策提出建议：继续实行“双轨策略”，一方面增强自身防卫力量，另一方面也对俄罗斯展开对话与合作性接触（cooperative engagement）。

马尔辛·彼得罗夫斯基（Marcin A. Piotrowski）的《俄罗斯安全政策》（*Russia's Security Policy*）为理解俄罗斯的安全政策提供了有力框架，他指出俄罗斯的安全政策是深刻历史背景与政治文化交融的产物。文章解释了为何俄罗斯未能通过武力实现其传统的安全利益与地缘政治目标。作者认为，“在没有弄清楚俄罗斯对于恐怖主义威胁及核扩散问题的定义，而且在双方关于这些问题背后有利益冲突的情况下，就在对俄政策上采取双重标准或与俄罗斯达成协议，这是错误的。”

北约研究部高级研究员凯尔·基尔斯（Keir Giles）于2009年撰写的有关俄罗斯国家安全战略的政策报告则详细阐述了该战略的制定背景、核心内容以及阻碍因素。他得出结论，这份战略没有“受害者式的叙述”，体现了俄罗斯变得更强大并且有信心影响世界。作者总结了《战略》对于改观俄罗斯战略决策模式的两方面作用：一是为保证俄罗斯战略目标达成路径的统一连贯设定了基本原则；二是为由普京及其工作伙伴领导的国家安全委员会提供了坚强后盾。

---

① 参见薛兴国著：《俄罗斯国家安全理论与实践》，时事出版社2011年版。

第三节　框架结构

本研究坚持在辩证唯物主义和历史唯物主义的指导下，运用历史分析法、文献分析法和定性分析法等多种研究方法，旨在对俄罗斯国家安全战略的历史演进、特点及其对俄罗斯、欧亚地区、俄罗斯与其他大国安全关系的影响进行系统分析。

一、框架结构

本书正文共分为七章，包括：

第一章，俄罗斯的传统安全观与新安全观。本章指出，俄罗斯的传统安全观本质上是一种通过军事手段实行对外扩张的安全观，其形成源于俄罗斯特殊的地缘政治环境以及东正教的“弥赛亚意识”；新安全观是一种过渡型安全观，其表现为“安全主体的多元化、安全内容的综合化和安全手段的多样化”。

第二章，沙皇俄国的国家安全战略。本章梳理分析了从莫斯科公国到沙皇俄国的不同历史时期，俄国是如何一步步通过“侵略—扩张—殖民”这一军事扩张模式实现疆域拓展的战略目标的。

第三章，苏联时期的国家安全战略。本章分析了十月革命后至苏联解体的70余年时间里，列宁、斯大林、赫鲁晓夫、勃列日涅夫和戈尔巴乔夫等苏联不同时期的领导人对苏联国家安全威胁的认知变化，以及为维护苏联的国家安全所采取的顺应时代要求、各具特色的国家安全战略。

第四章，叶利钦时期俄罗斯的国家安全战略。本章探讨了苏联解体对俄罗斯国家安全造成的重大影响，以及面对复杂的国内外安全形势，叶利钦政府如何在《俄罗斯联邦安全法》和《俄罗斯联邦国家安全构想》（1997年）等指导文件的基础上，逐步形成俄罗斯新的国家安全战略，并努力通过政治斗争、法制建设，以及经济、军事与外交等领域的改革，在一定程度上改善了俄罗斯的国家安全环境等问题。

第五章，普京第一、二任期俄罗斯的国家安全战略。本章主要分析了2000年至2008年间，普京根据国家安全形势的变化，以《俄罗斯联邦国家安全构想》《俄罗斯联邦军事学说基本原则》和《俄罗斯联邦对外政策构想》（2000年）等纲领性文件为指导，对俄罗斯的国家安全战略进行的一系列调整，包括：对外推行更为灵活、务实的外交政策，缓和与以美国为首的西方国家间关系；通过“主权民主”思想凝聚了国内力量；采取有效的政治、经济和军事措施提升了俄罗斯的综合国力等。

第六章，梅德韦杰夫时期俄罗斯的国家安全战略。本章在详细叙述梅德韦杰夫时期俄罗斯国家安全环境面临的发展机遇与挑战的基础上，分析了《2020年前俄罗斯联邦国家安全战略》（2009年）的文本精髓，重点阐述了梅德韦杰夫政府意图通过“以发展求安全”的现代化道路获得国家安全由内到外的完善保障的内在逻辑及具体举措，进而论证了这一系列举措对俄罗斯国家安全状况产生的深远影响。

第七章，普京第三任期俄罗斯的国家安全战略。本章分析了2012年普京第三次当选俄罗斯总统后，俄罗斯国家安全形势发生的重大变化，包括乌克兰危机、俄美在叙利亚的争夺、因制裁和油价大幅下跌俄罗斯经济出现衰退等，探讨了普京政府为应对国家安全形势的恶化，如何适时推出了新版的《2020年前俄罗斯联邦国家安全战略》（2015年），并从多个方面对俄罗斯国家安全战略进行了新的调整。

二、本书的不足之处

（一）历史跨度大，难以面面俱到

本书的内容涵盖莫斯科公国（主要是伊凡四世时期）、罗曼诺夫王朝、苏俄/苏联和新俄罗斯等近500年的历史与现实。尽管全书写作紧紧围绕国家安全战略展开，但是其内容之繁杂仍然是本书篇幅难以言尽的。因此，笔者在写作过程中难免有所取舍，未尽之处还有待今后做进一步的研究补充。

（二）理论深度略显不足

本书是在总结本科生相关课程教学的基础上逐渐形成思路、设立课题，再撰写完成的，某些地方还存在论述欠深入的问题，理论深度尚待挖掘。

第一章　俄罗斯国家安全观的演进

俄罗斯国家安全战略的调整与俄罗斯安全观的演进直接相关。从 13 世纪的莫斯科公国开始至今，俄罗斯的安全观经历了从传统安全观向新安全观演进的漫长过程。

第一节　俄罗斯的传统安全观

俄罗斯的传统安全观主要是指俄罗斯民族围绕着维护国家生存问题，在历史上形成的、与其他民族相区别的最为本质和核心的安全观念。[①] 俄罗斯的传统安全观本质上是一种通过军事手段实行对外扩张的安全观，其形成的物质基础是俄罗斯特殊的地缘政治环境，思想基础是东正教的“弥赛亚意识”。

一、俄罗斯特殊的地缘政治环境

俄罗斯发源于东欧平原的中部，地缘政治环境十分特殊，其“周围是一望无际的平川大地，既无高山大川可凭，也无雄关要隘可守，更没有出

---

① 王树春：“俄罗斯的传统安全观与东正教的救世观”，《广东外语外贸大学学报》2003 年第 2 期，第 54 页。

海口与外部世界相联，是一个典型的‘易攻难守’的内陆国家”。[1] 这种无险可守的地理特征使得俄罗斯极易遭受外敌入侵。历史上，匈牙利、波兰、瑞典、立陶宛等欧洲强国曾无数次袭扰俄罗斯，东方崛起的蒙古帝国更是扫荡了罗斯全境，并统治罗斯240余年。即便是到了16世纪中叶伊凡四世当政时期，尽管莫斯科公国已经统一了东北罗斯，但是仍未能改变俄罗斯原有的内陆型的、平原占国土主体的地理特征。正是由于缺乏天然的安全屏障，加之具有广阔的空间安全纵深，俄罗斯民族在心理上一直严重缺乏安全感。

一些俄罗斯学者认为，俄罗斯独特的地缘环境与其推行的“扩张主义”政策之间有着紧密的逻辑联系。俄国学者尼古拉·伯狄阿耶夫指出，“自卫迫使俄罗斯人赶走侵略者，并在他们的居住地方坚定地保卫自己，但由于居住地方对他们几乎没有什么自然保护条件”，[2] 他们不得不经常扩张他们的边界，不让他们的敌人接近。[3] 俄国著名的历史学家瓦·奥·克柳切夫斯基也是这一观点的坚定维护者，他“敏锐地认识到俄罗斯扩张主义是自然环境造成的，其主要特征是斯拉夫民族对欧亚平原长达数世纪之久的殖民过程。……这个过程从最早的斯拉夫人到达第聂伯河流域开始，并且顺利地继续到19世纪。……俄罗斯历史的主要史实一直是殖民，并且所有其他因素一直直接或间接地同它有关系”。[4]

对于俄罗斯历代统治者为什么不遗余力地追求获得出海口这一问题，美国学者罗伯特·J. 克纳的理论比较有代表性。克纳强调，俄罗斯身处被陆地包围的不利处境，为获取通往世界主要海洋的出海口，其不断地扩张。而助长这向海洋推进的强烈欲望的，是大自然赋予的纵横交错的河流网，它使得俄罗斯人易于从一处转移到另一处，并且加速了向南到黑海和往东横越西伯利亚的移动。“每个（集团），无论它的意识形态如何，都利

---

① 王树春：“俄罗斯的传统安全观与东正教的救世观”，《广东外语外贸大学学报》2003年第2期，第54页。

② ［俄］尼古拉·伯狄阿耶夫：“论空间对俄国人精神的抑制”，《俄国的命运，根据战争心理和民族性的经验》（莫斯科，1918年），第62页。

③ ［美］亨利·赫坦巴哈著，吉林师范大学历史系翻译组译：《俄罗斯帝国主义——从伊凡大帝到革命前》，生活·读书·新知三联书店1978年版，第4页。

④ ［俄］瓦·奥·克柳切夫斯基著：《文集》（莫斯科，1956年），第一卷，第32页。

用了它们（即相连的水陆路）。”无论什么样的社会和政府的制度得胜，每种制度最终都得适应这种环境的特点，并且沿着大自然所提供的路径移动。克纳认为，这种地理因素“真正地有助于形成俄罗斯历史的进程”。[①]

由于几乎无险可守，出于保障国家安全的考虑，自伊凡四世开始，俄罗斯历代沙皇基本上都将夺取天然安全屏障和建立空间缓冲地带视为维护国家安全的主要手段。在这一观念的指引下，数百年来俄罗斯不断向外扩张，“从15世纪中叶到19世纪末的400年间，沙皇俄国约以每天50英里的速度向外扩张，到1914年它的领土达到866万平方英里，成为一个以俄国欧洲部分为中心，地跨欧亚两大洲的庞大的殖民帝国”。[②] 到勃列日涅夫时期，苏联的疆域面积达到历史顶峰，拥有近2240万平方公里的国土，其领土面积相比伊凡四世初期扩大了近400倍。[③]

历史证明，俄罗斯传统安全观是一种极富“扩张”色彩的安全观，[④] 贯穿了俄罗斯历史的每一个时期，深深根植于俄罗斯/苏联领导层的外交思想中，并极大地影响了俄罗斯/苏联国家安全战略的走向。

二、东正教的“弥赛亚意识”[⑤]

除了特殊的地缘政治环境以外，东正教的“弥赛亚意识”及其救世主义观念等构成了俄罗斯传统安全观的重要思想基础。“弥赛亚意识”来源于东正教，是东正教的核心教义。“弥赛亚意识”一直被誉为“俄罗斯思想”和“俄罗斯灵魂”。无论是犹太教还是后期出现的根植于犹太教的基督教，都将“弥赛亚意识”作为其核心教义，虽然两者含义稍有区别，但

---

① ［美］罗伯特·J. 克纳著：《迫切要求通向海洋》，（伯克利，加利福尼亚州，1942年），第103、104页；［美］亨利·赫坦巴哈著，吉林师范大学历史系翻译组译：《俄罗斯帝国主义——从伊凡大帝到革命前》，生活·读书·新知三联书店1978年版，第4页。

② ［美］亨利·赫坦巴哈著，吉林师范大学历史系翻译组译：《俄罗斯帝国主义——从伊凡大帝到革命前》，生活·读书·新知三联书店1978年版，第1页。

③ 有关俄罗斯历史上的扩张详见第二、第三章。

④ 丛鹏主编：《大国安全观比较》，时事出版社2004年版，第77页。

⑤ “弥赛亚”（Messiah）源自希伯来文“Mashiah”，原本是一个宗教概念，意为“受膏者”。在犹太教中，祭司和君主受封时，他们的头上被涂抹膏油，称为“弥赛亚”。“弥赛亚”既指某个拯救世界的人，也指某个时代——弥赛亚时代。在基督教中，“弥赛亚”指的是基督耶稣。

是都包含着浓厚的“救世主义”色彩。

“弥赛亚意识”是随着俄罗斯历史的演变而逐渐成为俄罗斯统治者和俄罗斯民族的精神支柱的。公元988年，基辅罗斯大公弗拉基米尔接受了传自拜占庭帝国（东罗马帝国）的基督教作为国教，[①] 此后随着基辅罗斯的衰落和莫斯科公国的兴起，基督教/东正教在俄罗斯迅速发展。1472年11月，莫斯科大公伊凡三世迎娶拜占庭帝国末代皇帝的侄女索菲娅·帕列奥罗格公主为妻，[②] 这在法律上意味着莫斯科大公国成为拜占庭的合法继承人。也正是在这一时期，“莫斯科——第三罗马”的说法出现了。此时俄罗斯的东正教会极力鼓吹，“俄罗斯成了东正教的唯一保卫者和继承人，莫斯科大公也成为东正教的首脑，拜占庭的世界历史作用将转归俄罗斯，东正教的救世使命也当然地由俄罗斯来承当”。[③]

“莫斯科——第三罗马”理论提出之后，“弥赛亚意识”在俄罗斯的影响力逐渐增大。1589年，君士坦丁堡的4位牧首签署关于建立莫斯科牧首区的文件，其中明确将莫斯科称为“第三罗马”，并称俄国作为东正教帝国，优于以往存在的任何帝国。[④] 从此，“莫斯科——第三罗马”理论被正式确立下来。东正教的“弥赛亚意识”成为俄罗斯的民族意识，更为俄罗斯历代统治者统一斯拉夫民族、拯救全人类提供了宗教上的理论依据。对此，别尔嘉耶夫曾说“（俄罗斯的）使命意识是一种宇宙意识，使命意识是为上帝所选中的民族之意识，这一民族体现为弥赛亚，通过它拯救世界。神选的民族是各民族中间的弥赛亚，是唯一负有弥赛亚使命和预定目

---

① 1054年，基督教的东西两派教会正式分裂，东派自称正教（即东正教，以君士坦丁堡为中心），西派自称公教（即天主教，以罗马为中心）。

② 东罗马帝国（亦称拜占庭帝国）于1453年灭亡，索菲亚公主是拜占庭末代皇帝弟弟的女儿，当时随其父亲在罗马避难。罗马教皇西斯科特四世想通过与莫斯科大公国联姻的方式，并以拯救基督教文明的名义，说服伊凡三世在北线向土耳其发动战争，以减缓土耳其对欧洲的威胁。另外，东罗马帝国灭亡后，以莫斯科为首的罗斯诸公国成为东正教的最后支柱，而罗马天主教教廷一直希望将已经分裂达千年之久的天主教和东正教合二为一，建立一个以罗马为中心的统一的基督教会。所以，罗马教皇把索菲娅公主远嫁伊凡三世，意在巩固欧洲西部和欧洲东部与莫斯科之间的联系，为未来两教合并打下基础。

③ 王树春：“俄罗斯的传统安全观与东正教的救世观”，《广东外语外贸大学学报》2003年第2期，第56页。

④ 转引自：邢悦、王晋：“‘弥赛亚意识’与俄罗斯‘大国主义’外交”，《国际政治科学》2017年第1期，第44页。

标的、非神秘主义的命运的民族。一切民族都拥有自己的使命、自己的尘世目标，但唯有一个民族才可能为弥赛亚目标所选中。负有使命意识和重任的民族是如此独一无二，仿佛唯一的弥赛亚。弥赛亚意识是世界性的、超民族主义的”。①

正是因为怀有“弥赛亚意识”的救世主义观念，俄罗斯的历代沙皇都以统一斯拉夫民族、拯救全人类为民族使命，并在此基础上大肆扩张领土，进而与欧洲列强及美国争夺世界霸权。

总的来看，从莫斯科公国建立到20世纪80年代苏联末期的近800年里，俄罗斯国家安全观的核心是军事安全，其国家安全战略则主要表现为以“扩张”求安全的特点。有学者将冷战时期苏联的国家安全战略称为“军事型国家安全战略”。② 实际上，上述800年间俄罗斯的国家安全战略基本上具有军事型国家安全战略的特征，即国家安全等同于军事安全，只有军事安全了，才意味着国家是安全的，而维持国家军事安全的主要手段就是军事扩张。

第二节 俄罗斯的新安全观

相较于以军事安全为核心的传统安全观而言，俄罗斯的新安全观是一种过渡型安全观。它主要表现为：“安全主体的多元化、安全内容的综合化、安全手段的多样化，不再把国家安全仅仅看成是与军事相关的事务，也不再把目光仅仅盯在国家之外的威胁上，主张用系统的综合手段来追求国家安全。但是同时俄罗斯依然强调国家的安全主体地位、军事安全在国家安全中的重要性和军事手段对维护国家安全的决定作用。”③ 尽管独立至今俄罗斯的国家安全观具有较大的共性，但是在不同时期，它依然具有各

① ［俄］尼古拉·别尔嘉耶夫著，汪剑钊译：《俄罗斯的命运》，北京联合出版公司2014年版，第18页。

② 王树春著：《转型时期的俄罗斯国家安全战略》，中山大学出版社2002年版，第23页。

③ 王树春：“安全观转型与中俄安全合作”，《国际论坛》2004年第1期，第41页。

自的特点。

一、叶利钦时期的国家安全观

苏联解体后，俄罗斯的国内外安全形势发生巨变，叶利钦对俄罗斯面临的国家安全威胁的认知也随之发生变化。

独立初期，尽管俄罗斯在政治、经济及社会等内部诸多领域都深陷困境，但是叶利钦认为国家面临的国际安全威胁总体上在降低。1993 年 11 月，叶利钦批准了《俄罗斯联邦军事学说基本原则》，其中明确指出，发生世界大战的可能性已大大减少，俄罗斯面临的主要危险是局部战争和武装冲突，俄罗斯不再把世界上任何国家和国家联盟看作潜在的敌人。[①] 1997 年出台的《俄罗斯联邦国家安全构想》也认为："在当前和可以预见的未来，俄罗斯面临的主要威胁不具有军事性质，而主要是内部性的，并集中于政治、经济、社会、生态、信息和思想等方面。在保持核遏制潜力的前提下，俄罗斯和世界主要国家的关系会有新的发展，事实上已经不存在对俄罗斯发动大规模入侵的威胁。"[②]

基于外部安全威胁已趋减弱的基本判断，俄罗斯的应对手段也较温和。尽管在 1993 年的《俄罗斯联邦军事学说的基本原则》中，俄罗斯放弃了 1982 年苏联承诺的"不首先使用核武器"原则，但是同时也规定，俄罗斯首先把核武器视为遏制侵略的政治手段，而非军事手段，并保证不对《不扩散核武器条约》参加国和无核武器的国家使用核武器。

1994 年 1 月，北约布鲁塞尔首脑会议通过了与中东欧国家以及俄罗斯建立"和平伙伴关系"计划后，北约东扩正式启动。西方国家企图以北约为核心重塑欧洲安全格局的做法促使俄罗斯重新评估其安全形势及政策。1996 年 6 月通过的《总统国家安全咨文》，将北约东扩列为俄罗斯面临的首要外部威胁，并提出了"现实遏制"军事战略。然而即便如此，在 1997

---

① 章平："俄罗斯军事学说评析"，《东欧中亚研究》1994 年第 3 期，第 80、81 页。

② Указ Президента РФ от 17. 12. 1997 N 1300 "Об утверждении Концепции национальной безопасности Российской Федерации", http://legalacts.ru/doc/ukaz-prezidenta-rf-ot-17121997-n-1300/.

年的《俄罗斯联邦国家安全构想》中，俄罗斯并无明显针对性地表示，“我们（俄罗斯）不追求在武器装备和武装力量数量上与世界其他大国均等，而致力于现实遏制的原则，并在此原则上保持相应地使用所拥有的军事力量，以阻止对俄罗斯的侵略”。[①] 可见，当时俄罗斯并未过于强调北约东扩对俄国家安全威胁的现实严重性。

二、普京时期的国家安全观（2000—2008 年）

1999 年，俄罗斯的国内外安全形势发生了重大的变化。在国内，车臣分离主义势力在莫斯科等地不断发动恐怖袭击，制造社会恐慌。1999 年 8 月，数千名车臣武装分子攻入达吉斯坦，妄图达到车臣和达吉斯坦脱离俄罗斯而建立独立的伊斯兰原教旨主义国家的目的，这也直接导致 1999 年 10 月俄军再次进入车臣，第二次车臣战争随之爆发。在国外，1998 年 10 月，科索沃危机爆发。1999 年 3 月，危机演变为北约针对南斯拉夫联盟的局部战争，战争不仅使南联盟遭受了巨大的损失，还彻底改变了东欧和巴尔干的国际安全格局，俄罗斯也被挤出了东欧和巴尔干的原势力范围。1999 年 3 月，波兰、捷克和匈牙利等三个原华沙条约组织国家加入北约，北约东扩正式迈出实质性步伐。可以说，此时俄罗斯面临的国内外安全形势相比前几年更加严峻。

在此背景下，新任总统普京对于俄罗斯面临的安全威胁也有了全新的认识。2000 年 1 月出台的《俄罗斯联邦国家安全构想》（以下简称《安全构想》）明确放弃了俄罗斯面临的安全威胁主要来自于国家内部且是非军事性的提法。《安全构想》同时指出，未来俄罗斯面临的安全威胁是多方面的，国际局势的变化、国内经济形势、社会两极分化和族际关系恶化等都会给俄罗斯带来诸多内外安全威胁，具体包括俄罗斯对世界政治、经济和军事的影响力下降的危险，北约东扩，外国军事基地和军队越来越逼近俄罗斯边界，大规模杀伤性武器及其运载工具不断扩散，独联体离心倾向

① Указ Президента РФ от 17. 12. 1997 N 1300 “Об утверждении Концепции национальной безопасности Российской Федерации”, http: //legalacts. ru/doc/ukaz – prezidenta – rf – ot – 17121997 – n – 1300/.

加剧等。[①]《安全构想》的出台标志着普京对俄罗斯国家安全形势不断恶化的趋势有了清醒的认识，也意味着普京的国家安全观发生了根本性的变化。

基于对国家安全威胁的新认知，2000 年的《安全构想》更加突出了核武器在未来军事冲突中的作用和地位。其中强调，"俄罗斯应该拥有能够在任何条件下对任何一个侵略国或国家联盟造成应有打击的核力量"。"在对付武装侵略时，在解决危机局势的所有其他措施已经用尽或者无效的情况下，动用俄罗斯现有的各种力量和手段，包括核武器。"[②] 突出核武器的战略意义表明了俄罗斯认为国家安全面临的主要威胁依然是外部的军事入侵，由此可见，此时军事安全又重新成为俄罗斯国家安全观的主导思想。

三、梅德韦杰夫时期的国家安全观

2008 年 5 月，梅德韦杰夫就任俄罗斯第四任总统，普京被任命为政府总理，俄罗斯进入了以"梅普组合"为特征的新阶段。

在经历了普京两个任期的励精图治后，俄罗斯的国内安全形势大大好转。一方面，俄罗斯的经济实力得到极大的恢复，综合国力也迅速提升；另一方面，经过"软硬两手"综合治理，车臣逐步恢复了稳定。但是与此同时，俄罗斯的地缘政治环境却严重恶化。2004 年 3 月，北约实施第二轮东扩，爱沙尼亚、拉脱维亚、立陶宛、斯洛伐克、斯洛文尼亚、罗马尼亚和保加利亚 7 国加入北约，小布什政府随即推出在波兰等东欧国家部署反导系统计划。从 2003 年开始，美国在格鲁吉亚、乌克兰和吉尔吉斯斯坦先后策动"颜色革命"，并在这些国家建立了亲美政权。2008 年 8 月 8 日，俄格冲突的爆发更使俄美关系陷入冷战以来最严重的危机。总的来看，普京前两个任期内，俄美、俄西方关系因美国极力压缩俄罗斯的战略空间引发俄强烈反弹而不断恶化。因此，2009 年奥巴马上台后即宣布"重启"美

---

① Указ Президента РФ от 10. 01. 2000 N 24 "О Концепции национальной безопасности Российской Федерации", http: //legalacts. ru/doc/ukaz – prezidenta – rf – ot – 10012000 – n – 24/.

② 郑羽："评 1999 年《俄罗斯联邦国家安全构想》"，《国际经济评论》2000 年第 2 期，第 61 页。

俄关系，这在一定程度上也符合梅德韦杰夫改善对美、对西方关系的战略需求。

2009 年 5 月，梅德韦杰夫批准了《2020 年前俄罗斯联邦国家安全战略》（以下简称《安全战略》）。该《安全战略》是在全球金融危机持续深入影响各国经济安全的背景下出台的，因此反映在国家安全上也发生了一些较为明显的变化。

在对国家安全威胁的认知上，《安全战略》认为：北约主导的全球及欧洲—大西洋地区安全架构存在的缺陷、国际法律制度及机制的不完善等因素对国际安全保障构成威胁。大国矛盾及某些国家反复以单边武力手段解决国际矛盾的可能性，对俄罗斯国家利益的保障造成不利影响。在长远未来，国际政治的注意力将集中于争夺能源产地，在争夺资源时不排除使用武力解决问题的可能，这“可能打破俄罗斯及其盟国边境附近地区的现有力量平衡”。美国在欧洲部署反导系统“大大降低了维护全球及地区稳定的可能”。经济领域的主要战略风险包括国家无力改变能源出口模式、本国经济的竞争力低下、对本国资源丧失控制权等。[①] 除此主要威胁之外，《安全战略》还指出，随着全球化的发展，恐怖主义、环境问题、违法犯罪等问题也日趋严峻，“对个人、社会和国家发展构成了新的威胁和挑战”。[②]

为应对俄罗斯面临的各种安全威胁，《安全战略》提出：俄罗斯将继续进行军事改革，同时保留战略核武器潜力，完善军队组织指挥结构和部署体系，增加常备部队数量。《安全战略》提出的军队改革新任务是，建立由联邦行政机关负责的部队装备统一采购体系，以及建立统一的军队后勤和技术装备保障体系；为维护国家利益，俄罗斯将推行“合理和务实的对外政策”，避免军备竞赛等耗费巨大的对抗；俄罗斯将积极参加多边合作，与独联体国家开展双边及多边合作；在经济领域要发展国家创新体

① “解读俄罗斯新版国家安全战略”，http：// news. xinhuanet. com/world/2009 – 05/14/content_11374540. htm。

② Указ Президента РФ от 12. 05. 2009 N 537（ред. от 01. 07. 2014）“О Стратегии национальной безопасности Российской Федерации до 2020 года”，http：//legalacts. ru/doc/ukaz – prezidenta – rf – ot – 12052009 – n – 537/.

系，提高劳动生产率，更新国家重点经济产业，开发新的能源产地，以及完善银行体系和金融服务行业。[①] 不难发现，这一时期俄罗斯开始倾向于采用传统（军事）与非传统（非军事）相结合的综合手段解决国家面临的安全威胁。

四、普京第三任期的国家安全观

2012 年 5 月，普京第三次当选俄罗斯总统。就任不久，受国内外形势的影响，俄罗斯的国内外安全状况出现了全面恶化的趋势。首先，国内安全形势趋紧。至 2015 年底，由于国际油价暴跌近 70%，俄卢布贬值近 50%，2015 年俄 GDP 萎缩近 3.7%，经济形势极不乐观。[②] 亲西方的反对派蠢蠢欲动，欲借国家杜马换届选举等时机举行抗议活动以动摇普京政权。其次，外部安全压力剧增。随着 2013 年底乌克兰危机的爆发，俄罗斯与美国及整个西方世界陷入了自冷战结束后最严重的对抗。2014 年 3 月，西方国家决定将俄罗斯开除出八国集团，并开始对俄实施经济制裁。同年 9 月，奥巴马在联大会议上将俄罗斯与“伊斯兰国”、埃博拉病毒并列为世界三大威胁。2015 年 9 月 30 日，俄罗斯出兵叙利亚打击“伊斯兰国”，普京搅动中东局势，俄美关系进一步紧张。

正是在国内外安全形势发生巨大变化的背景下，普京于 2015 年底签署新版的《2020 年前俄罗斯国家安全战略》，取代了 2009 年由时任总统梅德韦杰夫签署的版本。新版《安全战略》对俄罗斯面临的安全威胁做了新的阐述。首先是彻底抛弃了梅德韦杰夫时期对美国的幻想，将美国和北约直接定义为“俄罗斯外部安全的最大威胁”，称“北约东扩以及在俄罗斯周边军事部署等违反国际法的行为严重威胁俄罗斯的安全，包括在欧洲、亚太、中东地区部署反导系统、全球打击系统、高精尖及太

---

① “解读俄罗斯新版国家安全战略”，http：// news. xinhuanet. com/world/2009 - 05/14/content_11374540. htm。

② “俄罗斯 2015 年 GDP 萎缩 3.7% 经济今年或继续衰退”，http：//world. huanqiu. com/hot/2016 - 01/8454120. html。

空武器等”。[1] 此外，新版《安全战略》还将对俄罗斯国家和社会安全的主要威胁划分为八项，包括：外国间谍机关刺探情报的活动；恐怖和极端组织暴力改变俄罗斯宪法制度、扰乱国家权力机关工作、破坏军事和工业设施运转的活动；利用民族主义和宗教极端主义意识形态的激进社团、外国或国际非政府组织破坏俄罗斯统一和领土完整、扰乱政治和社会局势的活动，包括策动“颜色革命”，以及破坏俄罗斯传统精神道德价值观的活动；犯罪团伙非法流通麻醉品、武器弹药和爆炸物，以及非法移民的活动；宣传法西斯主义、极端主义、恐怖主义和分裂主义思想，扰乱社会政治稳定的活动；侵犯人身、财产和国家权力的犯罪活动；腐败；自然灾害与基础设施技术状况恶化。[2] 显然，上述威胁大多与美国有着直接的关系。

针对俄罗斯国家安全面临的挑战与威胁，普京政府提出“要巩固俄罗斯联邦作为世界领导者之一的强国地位”，“不断强化俄罗斯在解决国际问题、地区冲突和国际政治中的角色，提升俄罗斯在世界多极化进程中的作用”。面对国际冲突，新版《安全战略》强调采取政治、法律、外交等和平手段解决冲突，而“当非暴力手段失效时，俄罗斯将果断采取武力手段捍卫本国利益”。[3] 在对美关系上，尽管俄罗斯对美国的定位发生了根本变化，将美国视为首要威胁，但是《安全战略》依然在一定程度上表达出加强与美国合作的愿望，称“考虑到俄美关系对整个国际局势状况的关键影响，俄罗斯希望在利益吻合的基础上，包括在经济领域，同美国建立充分的伙伴关系。完善国际条约规定的军备控制机制，加强信任措施，解决与防止大规模杀伤性武器扩散、扩大反恐领域合作、调解地区冲突有关的问题，依然是这种伙伴关系的最重要方面”。[4]《安全战略》指出，俄罗斯外交将继续“转向亚洲”，主张“亚太地区在非集团化的基础上建立可靠的

① Указ Президента РФ от 31. 12. 2015 N 683 “О Стратегии национальной безопасности Российской Федерации”, http://legalacts. ru/doc/ukaz - prezidenta - rf - ot - 31122015 - n - 683/.

② “俄罗斯国家安全战略亮点丰富”，http://www. banyuetan. org/chcontent/sz/hqkd/201625/181910. shtml。

③ 马建光、孙迁杰：“俄罗斯国家安全战略的变化及影响——基于新旧两版《俄联邦国家安全战略》的对比”，《现代国际关系》2016 年第 3 期，第 19 页。

④ “俄罗斯国家安全战略亮点丰富”，http://www. banyuetan. org/chcontent/sz/hqkd/201625/181910. shtml。

地区稳定和安全保障机制"，"提高与亚太国家政治和经济合作的效率"。[1]同时认为，在亚太地区要发展与中印两国的关系，重点强调了中国在保持全球和地区稳定方面的关键作用，以及发展俄中全面战略协作伙伴关系的重要战略意义。

① Указ Президента РФ от 31. 12. 2015 N 683 "О Стратегии национальной безопасности Российской Федерации", http: //legalacts. ru/doc/ukaz – prezidenta – rf – ot – 31122015 – n – 683/.

第二章　通过扩张追求安全——沙皇俄国的国家安全战略

通过扩张维护国家安全是沙皇俄国国家安全战略数百年不变的核心目标。为此，无论国际环境是否有利，国力是否强盛，几乎每一任沙皇都将整军备战和领土扩张列为国家的首要战略任务。正是在此扩张战略的推动下，俄国从原本偏于东欧一隅的、面积仅为 280 万平方公里的内陆国扩张成横跨欧亚、面积达 2280 万平方公里的大帝国。对此，俄国著名历史学家克柳切夫斯基曾评价说："一部俄国史，就是一部不断向外进行领土扩张的历史。"在不同的历史时期，俄国通过"侵略—扩张—殖民"这一模式实现疆域拓展的战略目标从未改变，只是在具体方向上有所不同，西进、南下和东扩先后成为各时期沙皇不同的具体政策选择。随着领土的急剧拓展、实力的增强，沙皇俄国开始追求欧洲乃至世界霸权，然而由于实力与战略目标严重偏离，沙俄统治者的扩张野心最终导致了帝国的分崩离析。

第一节　地域蚕食——莫斯科公国的扩张政策

俄国的对外扩张始于莫斯科公国时期。莫斯科公国发源于莫斯科，近三个世纪不断地向周边其他地区进行蚕食性扩张，逐渐成为一个以莫斯科为中心、疆域几乎囊括整个东北罗斯、领土面积近 398 万平方公里的国家。

一、莫斯科公国的崛起

14—15世纪，莫斯科公国凭借莫斯科占据东北罗斯水陆交通枢纽和重要通商要道的良好地理位置，以及长期在外敌入侵时坚决积极抵抗并不断取胜获得的较高声望，逐渐成为东北罗斯政治、经济和文化中心。随着羽翼渐丰，莫斯科公国开始兼并临近公国。1300年、1302年和1303年，莫斯科公国先后兼并了科洛姆纳、佩列亚斯拉夫尔和莫扎伊斯克等小公国，疆域面积几乎扩大了近两倍。①

1325年，莫斯科大公伊凡·卡利达继位，他通过高超的政治手腕获取了金帐汗国的信任，并于1328年取得弗拉基米尔大公称号，史称“伊凡一世”。1380年，德米特里大公率军在顿河平原击败蒙古鞑靼军队，此役动摇了金帐汗国对罗斯的统治，德米特里大公也因此被尊称为“顿斯科伊”（即“顿河王”），莫斯科公国在东北罗斯各公国中的地位进一步巩固。1472年，伊凡三世迎娶东罗马末代皇帝君士坦丁十一世的侄女索非亚为妻，将东罗马帝国的双头鹰徽记定为国徽，并开始恢复君主制。1478年，伊凡三世吞并诺夫戈罗德公国。1480年，伊凡三世战胜蒙古鞑靼军队，结束了罗斯长达240年的异族统治。随后，伊凡三世之子瓦西里三世兼并了普斯科夫、梁赞和斯摩棱斯克，莫斯科公国的领土扩大到280万平方公里，其疆域北至白海，南至奥卡河，西抵第聂伯河上游，东到乌拉尔山脉，成为欧洲幅员最广大的国家。

二、莫斯科公国的地域蚕食政策

1533年，伊凡四世继位莫斯科大公。② 1547年，伊凡四世在克里姆林宫的乌斯宾大教堂正式加冕，成为俄国历史上第一个沙皇。正式执掌莫斯科大公国权杖的伊凡四世面临着稳定国内局势、平衡世袭贵族和新兴中小

---

① 孙成木、刘祖熙、李建主编：《俄国通史简编》（上），人民出版社1986年版，第59页。

② 1533年伊凡四世继位时年仅三岁，由其母亲叶莲娜摄政。1538年，叶莲娜突然去世后，叔伊斯基家族乘机掌权，直至1547年伊凡四世正式登基。

贵族的利益、加强中央集权的重任，其中如何满足支持中央集权的中小贵族和商人对土地和市场的需求是他必须面对的重要问题。伊凡四世解决这一问题的首选途径是对外扩张。尽管此时的莫斯科大公国已经统一了东北罗斯全境，但依然是一个封闭的内陆国家。在东边，金帐汗国分裂后的喀山汗国和阿斯特拉罕汗国控制了东进西伯利亚和南下高加索及中亚的交通要道。在南边，与莫斯科大公国素来不和的克里木汗国扼守住通往黑海的道路。在西边，波罗的海沿岸的利沃尼亚和立陶宛大公国使莫斯科大公国难以通过波罗的海进入欧洲。为了打破这一安全困局，伊凡四世实行了积极的对外扩张战略。

向东征服喀山汗国和阿斯特拉罕汗国。相比周边其他国家，莫斯科公国东边的喀山汗国和阿斯特拉罕汗国实力较弱，因而成为伊凡四世侵略扩张的首要目标。然而，伊凡四世征服喀山汗国的过程并不顺利。伊凡四世曾于 1545 年、1547 年和 1549 年三次进攻喀山汗国，但是均未达到目的，其中第一次征战时扶持的亲俄派沙赫·阿里也很快被推翻。1550 年，伊凡四世开始实施军事改革，① 之后俄军战斗力明显提升，这使得征服喀山汗国的军事行动得以重新部署。1551 年，喀山汗国的亲俄派势力发动政变，再次迎接沙赫·阿里返回喀山汗国为汗。然而，此举激起了喀山人民的强烈反对，他们将沙赫·阿里再次逐出喀山。1552 年 6 月，伊凡四世亲帅 15 万大军，于 8 月开始围攻喀山城。至 10 月初，喀山军民与装备和数量远胜于己方的俄军激战近 3 个月后，最终不敌，喀山城陷落，喀山汗国随之灭亡。此后不久，1554 年夏，伊凡四世将侵略矛头转向位于喀山汗国南面、伏尔加河下游的阿斯特拉罕汗国。他派遣 3 万俄军占领了阿斯特拉罕城，推翻了雅姆古尔伊汗政权，另立亲俄的杰儿维什·阿里为汗。阿里对伊凡四世阳奉阴违，暗地里又与克里木汗国和土耳其勾结，1556 年伊凡四世再次派兵征讨阿斯特拉罕，8 月阿斯特拉罕汗国正式并入莫斯科公国版图。兼并了喀山汗国和阿斯特拉罕汗国之后，伊凡四世还兼并了伏尔加河下游的诺盖汗国以及西巴什基里亚。这样，伊凡四世完全占领了伏尔加河中下

---

① 这一次军事改革也是俄罗斯历史上第一次军事改革。改革包括组建俄国历史上第一支常备步兵部队——射击军，取消按门第等级选任指挥官的制度，削弱大贵族在军队中的作用，同时规定大贵族在服兵役方面与中小贵族无差别，且必须终身服役。

游和乌拉尔以西的广大地区，为以后侵占西伯利亚、中亚细亚、高加索、克里木和黑海地区打开了通道。[①]

向北发动立沃尼亚战争。喀山汗国和阿斯特拉罕汗国灭亡后，不愿臣服的鞑靼人纷纷南下进入克里木汗国和土耳其，他们一方面想在此找到一席安身之所，另一方面希望借克里木汗国和土耳其的力量击败莫斯科公国，返回祖国。对刚刚取胜的伊凡四世而言，是乘胜继续南下进攻克里木汗国进而夺取黑海出海口，还是西进夺取波罗的海出海口，是个不难回答的问题。进攻克里木汗国必然引发土耳其的干涉，这是伊凡四世不能承受的。为此，伊凡四世对克里木汗国以防御为主，并建立了著名的“图拉鹿砦防线”,[②] 同时将扩张战略重点放在立沃尼亚（今爱沙尼亚和拉脱维亚）。

莫斯科公国对立沃尼亚早有图谋，只是囿于实力不逮，1503 年伊凡三世和立沃尼亚骑士团签订了为期 50 年的停战协定。1553 年，伊凡四世提出了延长停战协定的苛刻条件：在俄国和波兰或立陶宛发生战争时，骑士团必须保持中立，并让俄军借道通过；骑士团必须在 3 年之内付清过去 50 年应向莫斯科公国缴纳的赔款。[③] 为应对莫斯科的威胁，1557 年骑士团与立陶宛缔结了针对莫斯科公国的军事同盟。于是，伊凡四世便以骑士团违背协定为由，于 1558 年初发动了立沃尼亚战争。

立沃尼亚战争持续了近 25 年。至 1568 年，即战争前十年，俄军一直占据主动，甚至曾在占领立沃尼亚东部后将战果扩大到立沃尼亚全境。然而，国际形势很快发生了不利于莫斯科公国的变化：波兰与立陶宛合并为波兰立陶宛联邦，与俄军争夺立沃尼亚；瑞典对莫斯科公国开战；土耳其苏丹进军伏尔加河流域，意图解放阿斯特拉罕。受此影响，俄军在立沃尼亚的胜利也戛然而止。尽管伊凡四世企图玩弄外交手腕，并借此夺取立沃尼亚，但是战争最终仍以莫斯科公国的失败而告终。

---

① 陈之骅主编：《俄国沙皇列传》，东方出版社 1999 年版，第 16 页。

② 图拉鹿砦防线是伊凡四世为了防御东南疆界而专门修建的一条从梁赞沿奥卡河经图拉直达科泽利斯克的边防线，沿线城市和碉堡之间用树干、木桩架成鹿砦，以抵挡克里木汗国的鞑靼骑兵。事实上，由于设计简陋，做工粗糙，该防线并未能阻止鞑靼骑兵的入侵。

③ 1503 年停战协定中规定，莫斯科公国将尤里耶夫城交给立沃尼亚，为此立沃尼亚需向莫斯科公国缴纳一定数量的赔款。其间，立沃尼亚从未缴纳此赔款，莫斯科公国也并未追究。

立沃尼亚战争是沙皇俄国争夺波罗的海霸权野心的最初表现，虽然未能如愿，但是它对后来包括彼得一世在内的其他俄国沙皇产生了重要的影响，正如伊凡四世所说的——“波罗的海的海水是值得用黄金来衡量的”。[①] 这一名言为俄国的后世君主指明了战略扩张的方向，即通过波罗的海进入并控制欧洲。

第二节 争夺出海口——彼得一世、叶卡捷琳娜二世时期沙俄的扩张政策

地域蚕食扩张战略改变了莫斯科公国的面貌，莫斯科公国也由此成为一个跨欧亚的大国，但是缺乏出海口使得莫斯科公国难以成为“现代意义上的俄国”。[②] 因此，俄国要想成为真正的强国，实现称霸欧洲的梦想，就必须夺取出海口。这一对外战略理念深深嵌入了莫斯科公国后罗曼诺夫王朝每一位君主的脑海里，并最终在沙皇彼得一世和叶卡捷琳娜二世统治时期得以全面实施。

一、彼得一世时期：夺取波罗的海出海口

（一）南下远征亚速夫

1682 年，彼得一世与同父异母兄弟伊凡五世被缙绅会议同时立为沙皇，由于年幼，由同父异母的姐姐索菲亚摄政。1689 年，彼得一世平息了索菲亚策动的射击军叛乱，把索菲亚监禁在修道院。暂时稳定了国内局势后，彼得一世于 1695 年率 3 万俄军远征土耳其的亚速夫，由于缺乏海军的配合，此次远征失败。此后，彼得一世汲取失败教训，在顿河河畔的沃罗

---

① 孙成木、刘祖熙、李建主编：《俄国通史简编》（上），人民出版社 1986 年版，第 102 页。

② 《马克思恩格斯全集》（第 44 卷），人民出版社 1964 年版，第 320 页。

涅什附近设立了造船厂，很快建立起一支庞大的舰队。1696 年 5 月，彼得一世率军第二次远征亚速夫，7 月在舰队的配合下终于夺取了亚速夫。占领亚速夫解决了俄军在亚速海的出口问题，但是由于连接亚速海和黑海的刻赤海峡仍然被土耳其所控制，这并未解决俄国舰队进入黑海的问题，俄国依然在黑海出海口附近徘徊。

（二）北方战争击败瑞典，夺取波罗的海出海口

夺取亚速夫之后，1697 年 3 月，彼得一世以一个下士和沙皇的双重身份亲率庞大的代表团出访欧洲。彼得一世出访的目的有二：一是详细了解与学习荷兰和英国等海上强国的造船技术和工业状况，考察各国的政治、经济、军事和文化教育制度；二是借出访扩大和巩固反土耳其的军事同盟，[①] 为解决黑海问题做准备。然而，英国、荷兰出于各种原因并不愿意加入俄国的反土同盟，连奥地利都以准备参与西班牙的王位继承战为由希望尽快退出反土同盟。可以说，彼得一世巩固反土同盟的打算落空了，这也使他认识到解决黑海问题暂时是不可能的事。因此，彼得一世不得不改变南下打通黑海出海口的战略方针，组建反瑞典的同盟，首先解决波罗的海出海口问题。

17 世纪末，东北欧出现了有利于俄国的难得的国际条件。丹麦、萨克森等国与瑞典在波罗的海发生严重冲突。彼得一世抓住这一历史机会，于 1699 年 11 月同萨克森签署正式的反瑞典条约，由于 1698 年丹麦与萨克森已经签订了反瑞典条约，因此俄国、丹麦和萨克森形成了反瑞典的“北方同盟”。1700 年 7 月，俄国与土耳其签订为期 30 年的《君士坦丁堡和约》，这为彼得一世发动对瑞典的战争解除了后顾之忧。除了外交准备以外，彼得一世还为战争做了较为充分的军事准备，包括解散射击军，组建近卫军，实行征兵制，以西欧先进的军事思想、军队体系和武器装备彻底更新俄军。此外，彼得一世还专门引进西欧的专家和技术建立了俄国的第一支海军舰队——波罗的海舰队，并配套创建了海军院校。在完成了外交和军

---

① 1697 年 1 月，俄国与奥地利和威尼斯达成协议，缔结了为期三年的三国反土军事同盟。彼得一世此举意在获得这些欧洲国家在外交和军事上的援助。

事部署后，1700 年 7 月彼得一世发动对瑞典的战争。这场战争从 1700 年开始，1721 年结束，共持续 21 年，史称“北方战争”。

北方战争初期，由于俄军装备落后，士兵缺乏训练，加上丹麦很快被瑞典击溃退出北方同盟，1700 年 11 月俄军在纳尔瓦遭到惨败，瑞典取得了初胜。纳尔瓦战役之后，彼得一世并未气馁，反而进一步实施军事改革，发展军事工业，以备再战。1701—1704 年，彼得一世利用瑞军主力陷入波兰之机，率兵向波罗的海沿岸进攻，先后攻占诺特堡（1702 年）、尼恩尚茨堡（1703 年）、纳尔瓦（1704 年）和伊凡城（1704 年）等地。从 1703 年开始，彼得一世在涅瓦河口建立新都彼得堡，以此向外界宣告其进入波罗的海的决心。1709 年 7 月，俄瑞主力在波尔塔瓦展开会战，彼得一世指挥俄军歼灭瑞军主力，扭转了战局。此役成为北方战争的转折点，北欧强国瑞典的陆上优势丧失殆尽。波尔塔瓦战役之后，尽管战局因彼得一世远征土耳其而出现过一些反复，但是总体上俄国仍掌握了战争的主动权。1720 年 7 月，波罗的海舰队在格连加姆岛彻底摧毁了瑞典海军舰队主力，俄国取得了北方战争的最后胜利。

1721 年 9 月，俄瑞两国签订了《尼斯塔特和约》，正式宣告北方战争的结束。根据条约，瑞典把自己在波罗的海东岸各省以及一部分芬兰领土和波罗的海的一些重要岛屿全部割让给俄国，作为俄国“永久的领地和财产”。[①] 通过北方战争，俄国获得了波罗的海出海口，打开了通往西欧的门户，实现了由一个内陆国家发展为滨海强国的梦想。

在西欧强国的眼中，北方战争是落后的俄国战胜了先进的瑞典，但是战争的结果却明确地显示出，俄国已经像法国和英国一样，“有能力在不依靠外援的情况下，作为一个大国独立地发挥作用”，（俄国）是“同欧洲心脏的集中力量相抗衡的力量”。[②]

---

① 孙成木、刘祖熙、李建主编：《俄国通史简编》（上），人民出版社 1986 年版，第 250 页。

② ［英］保罗·肯尼迪：《大国的兴衰：1500—2000 年的经济变革与军事冲突》，中信出版社 2014 年版，第 110 页。

二、叶卡捷琳娜二世时期：夺取黑海出海口

叶卡捷琳娜二世是普鲁士安哈尔特—查尔布斯特亲王之女，也是俄罗斯留里克王朝特维尔大公后裔。1745 年，叶卡捷琳娜二世与彼得三世结婚，同时皈依东正教。1762 年，叶卡捷琳娜二世率领禁卫军发动政变并即位。尽管叶卡捷琳娜二世是德国人，但是她完全继承了俄国历任沙皇对外扩张的传统战略思想。在其统治期间，俄国向南、向西实施了疯狂的扩张，先后从土耳其和波兰—立陶宛联邦手中夺取了包括新俄罗斯、克里米亚、北高加索、西乌克兰、白罗斯、立陶宛和库尔兰在内的大片领土，三次瓜分波兰，两次发动针对土耳其的战争并取得了黑海出海口，俄国也因此成为名副其实的欧洲最强大的国家。

（一）发动俄土战争，打通黑海出海口

彼得一世战胜瑞典获得波罗的海的出海口之后，俄国通过欧洲北部进入西欧的愿望得以实现，但是南部的黑海海峡依然牢牢掌握在土耳其的手中，要想使俄国的舰队自由出入地中海，战胜土耳其是唯一的选择。为此，叶卡捷琳娜二世先后挑起俄土冲突，发动了两次俄土战争。

第一次俄土战争（1768—1774 年）。第一次俄土战争是因土耳其反对俄罗斯在波兰扩大势力而引起的，其本质是俄罗斯争夺黑海出海口扩张战略的延续。战争从 1768 年 10 月开始至 1774 年 7 月俄土签订《库楚克—凯纳尔吉和约》结束，共持续了近 6 年，俄罗斯最终获胜。根据和约，俄国获得了第聂伯河和南布格河之间的地区和刻赤海峡，打通了梦寐以求的黑海出海口，克里木汗国脱离土耳其而宣告“独立”，并于 1783 年并入俄罗斯版图。

第二次俄土战争（1787—1792 年）。第二次俄土战争是因土耳其不满俄国向其索要摩尔多瓦和瓦拉几亚两个公国、格鲁吉亚的统治权，以及比萨拉比亚的领土而引起的。土耳其不仅拒绝了俄国的上述无理要求，还向俄国发出了最后通牒，要求俄国归还克里木，承认格鲁吉亚为土耳其属地，授权土耳其检查通过黑海海峡的俄国商船。1787 年 8 月，土耳其向俄

国宣战。与上一次俄土战争的结局一样，俄军最后赢得了胜利。1792 年 1 月，俄土签订《雅西和约》，土耳其承认俄国兼并克里木和格鲁吉亚。为了赢得这次战争，叶卡捷琳娜二世做了充分的准备，尽管俄国没有达到肢解土耳其的目的，但是依然实现了称霸黑海的野心，获得了黑海出海口。

（二）瓜分波兰

18 世纪中叶的波兰是东欧大国，占据了波罗的海和黑海之间的辽阔地域。波兰对于俄国具有特殊的战略意义，它横亘在俄国和西欧之间，是俄国“保证它对欧洲统治的地理据点”。① 北方战争后，波兰沦为俄国的附庸国。叶卡捷琳娜二世自登基伊始就企图肢解波兰。1763 年，叶卡捷琳娜二世操纵波兰选王会议，将她昔日的情夫波尼亚托夫斯基伯爵扶上波兰王位，为俄国之后瓜分波兰做好了准备。

1772 年，俄国与普鲁士、奥地利在彼得堡签订了第一次瓜分波兰的条约，俄国得到白罗斯和拉脱维亚的一部分，共 9.2 万平方公里、130 万人口。1793 年，俄国同普鲁士（奥地利被排除在外）在彼得堡签订了第二次瓜分波兰的协定，俄国得到西乌克兰大部分地区、白罗斯和立陶宛的一部分，共 25 万平方公里。1795 年，叶卡捷琳娜二世在联合普奥两国镇压了波兰起义后，为避免夜长梦多，决定第三次瓜分波兰。同年 1 月，俄奥两国签订了第三次瓜分波兰的协议。根据协定，俄国吞并了立陶宛、库尔兰、西白罗斯和沃伦西部，共 12 万平方公里。经过三次瓜分，俄国共夺得逾 46 万平方公里的土地，占波兰领土的 62%，远超普奥两国。被三次瓜分后，波兰不复存在，直到 1918 年才恢复独立。

（三）发动俄瑞战争，巩固俄国在波罗的海的地位

波兰第一次被瓜分之后，叶卡捷琳娜二世向刚刚通过政变上台的年轻的瑞典国王古斯塔夫三世提出夺取芬兰作为彼得堡的安全屏障，把挪威并入瑞典作为补偿的建议，叶卡捷琳娜二世希望借此稳住瑞典，为其随后展

---

① 《马克思恩格斯全集》（第 22 卷），人民出版社 1964 年版，第 15 页。

开对土耳其的战争以扫除后顾之忧。然而，古斯塔夫三世不仅拒绝了叶卡捷琳娜二世的建议，还要求收复俄国在彼得一世时期夺取的领土。1788年，瑞典对俄宣战，瑞典陆海军向俄军展开全面进攻。俄瑞战争持续了近两年，其间双方各有胜负。俄国此时的主要战略目标是土耳其，因此无意于在北方投入过多兵力，双方很快休兵罢战。1790 年 8 月，俄瑞签订和约，恢复战前状态。尽管俄国没有取得俄瑞战争的胜利，但是战争的结果表明俄国的波罗的海的地位已经难以被撼动了。

第三节　争夺欧洲霸权——19 世纪沙俄的扩张政策

随着彼得一世和叶卡捷琳娜二世两位沙皇打开波罗的海和黑海的出海口，俄国实现了从北部、南部对西欧进行包抄的战略目标，而瓜分波兰使得俄国与普鲁士和奥地利直接接壤，这一切都为俄国争夺欧洲霸权奠定了良好的基础。19 世纪，俄国频繁介入欧洲事务，与西欧列强展开了激烈的争夺欧洲霸权的斗争。

一、战胜拿破仑，确立欧洲霸主地位

（一）与欧洲列强共舞，瓜分欧洲

1801 年 3 月，亚历山大一世继位。继位之初，由于俄国阶级矛盾和统治阶级内部矛盾十分尖锐，政局极不稳定，亚历山大一世改变了他父亲保罗一世联法反英的政策，重新回到联英反法的轨道。① 为此，1801 年 3 月 23 日夜，亚历山大一世刚宣布登基就下令召回保罗一世与拿破仑商定后远征印度的哥萨克骑兵团。6 月，俄英签订海上协议，恢复了与英国的友好关系。

---

① 孙成木、刘祖熙、李建主编：《俄国通史简编》（上），人民出版社 1986 年版，第 427 页。

此后，为应对拿破仑在意大利和德国的扩张，亚历山大一世逐渐坚定了与英国联盟的决心。1805 年 4 月，俄英在彼得堡签订同盟条约，共同反对拿破仑的侵略。不久，以俄英同盟为基础，第三次反法同盟正式建立，参加国包括英国、俄国、奥地利、瑞典、那不勒斯和土耳其。由于反法同盟的军事战略协调不畅，指挥混乱，第三次反法同盟在 1805 年底被拿破仑击溃。亚历山大一世不甘心失败，更重要的是他担心拿破仑恢复波兰的独立及其原有疆界的允诺变为现实，于是在 1806 年 9 月与英国、普鲁士和瑞典组成第四次反法同盟。1806 年 10 月和 1807 年 6 月，拿破仑先后击溃普军和俄军。1807 年 7 月，俄法签订《提尔西特和约》，双方商定共同对付英国，瓜分欧洲。至此，第四次反法同盟瓦解。

第三次和第四次反法同盟的失败标志着俄国之前希望借英国的势力打败拿破仑，以巩固俄国在中东欧、巴尔干和近东的势力的图谋完全落空。然而，俄法《提尔西特》和《约和爱尔福特同盟条约》（1808 年 9 月）的签订让俄国的上述战略目标通过与法国结盟得以达成。1809 年 3 月，俄国兼并芬兰，亚历山大一世自称“芬兰大公”。此外，俄国还从土耳其手中夺取了摩尔多瓦和瓦拉几亚两个公国。俄国在欧洲的收获虽不及法国，但也颇丰。正如恩格斯所说，“虽然它（俄国）在两次战役中都被打败了，但是它却靠牺牲自己昨天的同盟者而获得了新的领土，并且同拿破仑结成了同盟来瓜分世界：西方归拿破仑，东方归亚历山大”。①

（二）战胜法国，称霸欧洲

1812 年俄法战争（对俄国也称“卫国战争”）的爆发有着深刻的根源，它是俄法矛盾尖锐化的产物。首先，这是俄法两国对外扩张战略直接碰撞的结果。随着拿破仑向东方扩张步伐的加快，法国的势力进入到波罗的海、东普鲁士、巴尔干地区和近东，尤其是拿破仑借华沙大公国抢夺曾经被俄国瓜分的波兰的意图昭然若揭，这与俄国西进南下的扩张战略相冲突，势必招来俄国的激烈对抗。其次，法国革命胜利的成果给俄国封建制度带来冲击。1789 年法国大革命之后，拿破仑通过战争的方式沉重地打击

---

① 《马克思恩格斯全集》（第 22 卷），人民出版社 1964 年版，第 31 页。

了欧洲各国的封建制度，不仅捍卫了法国大革命的成果，同时他在占领区实行《拿破仑法典》，废除封建人身依附关系，这对俄国的封建农奴制度造成极大的威胁，必然引起俄国统治阶级的恐慌。再次，拿破仑登基后，他所发动的一系列对外战争是他所代表的资产阶级和自由派贵族争夺殖民地的侵略战争，其最终目的是建立拿破仑帝国的世界霸权。其中，征服俄国是拿破仑侵略战争的重要环节，因此俄法战争难以避免，而这也必然激起俄国人民抵抗法国侵略的民族解放斗争。

鉴于战争不可避免，俄法双方都加紧备战。法国方面，法、普、奥缔结军事同盟条约，共同反俄。俄国方面，亚历山大一世以帮助瑞典夺取原属丹麦的挪威领土为条件与瑞典签订了《同盟互助秘密条约》，同时与土耳其签订了布加勒斯特和约，俄土暂时握手言和，亚历山大一世得以将大量俄军调往西线。

1812 年 6 月 24 日夜，法军渡过涅曼河，开始进攻俄国，俄法战争正式打响。尽管在俄国前期战争准备和军事力量部署等多方面都不如法国，但是亚历山大一世充分利用了俄国人民的抗法热情，将原本是欧洲两大列强争夺地区霸权而引发的战争变成俄国人民全民参与的卫国战争，亚历山大一世也因此成为带领俄国民众抗击法国入侵的正义领袖化身。俄法战争初期，俄军因指挥混乱和准备不充分，一度陷入了十分被动的境地，法军很快兵临莫斯科城下。危急时刻，亚历山大一世启用老将库图佐夫元帅领导俄军抵抗拿破仑。库图佐夫审时度势，主动放弃莫斯科，带领俄军主力后撤，利用俄国已进入严寒冬季的气候条件消耗法军力量，再寻找有利时机，组织战略反攻，先后在维亚兹马和克拉斯诺击溃法军主力。同年 12 月，法军残部逃出俄国，俄国取得了卫国战争的全面胜利。

战胜法国之后，为彻底打败拿破仑，实现称霸欧洲的梦想，亚历山大一世乘胜追击，于 1813 年 2 月组建了由俄国、普鲁士、英国、瑞典、西班牙和葡萄牙等国组成的第六次反法同盟。1814 年 3 月，亚历山大一世以反法同盟联军统帅的身份进入巴黎，俄国终于通过一系列残酷的争霸战争实现了自伊凡四世以来历任沙皇的夙愿，成为欧洲霸主。战胜拿破仑的亚历山大一世自诩为“欧洲的解放者”。事实上，他也无愧于这一“美誉”，因为正是在他的怂恿和支持下，欧洲各国反动君主纷纷复辟，欧洲又回到了黑暗时代。[①] 到了其继任者尼古拉一世时期，俄国更是直接多次参与镇压欧洲革命，俄国从反抗法国侵略的统帅变成反动的“欧洲宪兵”。

（三）维也纳会议对俄国扩张的制约

为了防止拿破仑东山再起，并重新划分拿破仑之后欧洲的势力范围，1814 年 9 月到 1815 年 6 月之间在奥地利维也纳召开了一次欧洲列强的外交会议。凭借着打败拿破仑的辉煌战绩，亚历山大一世希望在维也纳会议上能夺取波兰，再进军西欧，像拿破仑一样成为欧洲真正的新霸主。但是，其他欧洲列强一致认为，新的和约应遵循势力均衡原则，即确保在重新划分欧洲版图的过程中，任何一个国家都不能如拿破仑一样获得主宰欧洲的绝对优势，这无疑使俄国干涉巴尔干事务，向近东扩张的政策受到很大制约。1815 年 6 月，维也纳会议落幕，各方签署《最后文件》，俄国仅获得之前由瑞典统治的芬兰和华沙大公国的大部分（与普鲁士和奥地利瓜分）。称霸欧洲的光辉梦想与实际获得的现实利益之间的巨大差距让亚历山大一世倍感无奈，这也意味着俄国在欧洲的进一步扩张将更加艰难。

二、继续东进南下，鲸吞亚洲领土

（一）征服中亚

这里的中亚指的是今天的哈萨克斯坦、吉尔吉斯斯坦、乌兹别克斯坦、土库曼斯坦和塔吉克斯坦所在的地区，面积近 390 万平方公里。对俄国而言，中亚具有十分重要的战略意义，它是俄国东进中国，南下波斯、阿富汗和印度的重要战略通道。自彼得一世开始，俄国历代沙皇都密切关注中亚。然而，俄国扩张战略的首要目标是波罗的海和黑海，因此直到 19 世纪中期后对中亚方向的扩张才正式拉开帷幕。实际上，俄国侵占中亚之

① 孙成木、刘祖熙、李建主编：《俄国通史简编》（上），人民出版社 1986 年版，第 452 页。

所以选择19世纪中期后，还与1861年亚历山大二世推行农奴制改革有着密切的联系。农奴制改革之后，俄国统治者需要为新发展起来的军事服役贵族和官僚贵族开辟施展其力量的新天地，给改革后发展起来的本国工商业开辟新的原料产地和销售市场，同时为陷入危机之中的地主——农奴主在国内最大限度地保持特权提供可靠的保证。①

1853年，俄国首先从中亚东西侧的干草原地带修建了“锡尔河碉堡线”和“新西伯利亚碉堡线”。1854年，俄国在伊犁河以南修建了维尔尼堡（今阿拉木图市），并把维尔尼堡与“新西伯利亚碉堡线”连接起来，从而把哈萨克大帐并入俄国。控制了哈萨克草原之后，俄国在中亚的扩张步伐逐渐加快。1864年11月，俄国外交大臣戈尔恰科夫向欧洲各国发出通牒，提醒他们注意“俄国在中亚的地位，如同一切与半开化的、没有定型的社会组织的游荡民族接壤的文明国家的处境一样。在这种情况下，维持边境的安全和商业往来的利益，永远要求更文明的国家对那些以狂暴、野蛮扰人的邻居拥有一定的统治权”。② 这一通牒意味着俄国征服中亚进入了正式行动阶段。

1864年，俄国把“锡尔河碉堡线”和“维尔尼堡碉堡线”连接起来，彻底切断了哈萨克大草原与中亚南部浩罕、布哈拉、希瓦三个独立汗国的联系。然后，俄国派遣人数不多，但是装备精良的部队不断蚕食三个汗国的领土。1868年6月，布哈拉被征服。1872年8月，希瓦汗国臣服。1876年3月，浩罕汗国被吞并。1885年9月，俄英在彼得堡签订协议，英国承认俄国完全占有土库曼斯坦。1895年，俄英在伦敦举行会议，私自瓜分了帕米尔高原，塔吉克斯坦全归俄国。自此，俄国实现了对中亚地区390万平方公里的完全征服。

（二）侵略中国

19世纪下半期，俄国利用中国清政府腐败无能，而又疲于应付英法等

① 北京大学历史系《沙皇俄国侵略扩张史》编写组编：《沙皇俄国侵略扩张史》（下），人民出版社1980年版，第105页。

② 同上书，第106页。

列强入侵无暇他顾的时机，大举入侵中国东北和西北地区，先后侵占了中国近150多万平方公里的领土。

在东北：1858年，俄国迫使清政府签订《瑷珲条约》，夺占了外兴安岭以南、黑龙江以北共60多万平方公里的中国领土。1860年，俄国通过《北京条约》，夺占中国乌苏里江以东（包括库页岛）约40万平方公里的领土，同时把单方面拟定的西段边界走向强加于中国。1861年，俄国又强迫清政府签署由俄方拟定的《勘分东界约记》，据此俄国进一步割占了兴凯湖的大部分以及兴凯湖以西的大片领土。

在西北：1864年，俄国与清政府在塔城签订了由俄国拟定的《勘分西北界约记》，俄国又获得了赛留格木岭、奎屯山以西和斋桑泊以东的大约44万平方公里的大片领土。1881年，俄国与清政府签署了《伊犁条约》，俄国又攫取了中国7万多平方公里的领土。

第四节 争夺远东与巴尔干——沙俄末期的扩张政策

19世纪末20世纪初，俄国资本主义进入到帝国主义阶段。尽管1861年农奴制改革后俄国资本主义得到迅速发展，但是直到第一次世界大战之前，沙皇俄国依然是一个资本主义发展中等水平的国家。而军事封建农奴制残余和垄断资本主义的结合使得沙俄成为一个独特的军事封建帝国主义国家，其中大地主阶级和新兴资产阶级是沙皇制度的社会基础和主要支柱。沙皇俄国虽然在经济制度和政治制度方面无比落后，但是它在重新瓜分世界和争夺世界霸权方面绝不亚于其他帝国主义国家。[①] 这一时期，沙俄政府依靠大地主阶级和资产阶级在政治和经济上的支持，对内残酷镇压人民革命运动，对外继续实行扩张政策，其主要目标集中在远东和巴尔干。

---

① 北京大学历史系《沙皇俄国侵略扩张史》编写组编：《沙皇俄国侵略扩张史》（下），人民出版社1980年版，第247页。

一、继续向远东扩张

（一）俄日战争

1886 年，亚历山大三世发布开始修建横贯西伯利亚铁路的敕令。1891 年，西伯利亚大铁路东线动工修建，[①] 这是沙俄将侵略扩张目标转向东方的重要标志。修建西伯利亚铁路，对于沙俄在远东攫取不冻港，扩大通往太平洋的出海口，扩大对中国和朝鲜的侵略，争夺远东和太平洋的霸权具有重要的战略意义。[②] 然而，沙俄向远东扩张的战略目标与日本制定的先入侵朝鲜，后占领中国东北的“大陆政策”[③] 发生了直接冲突。而中日甲午战争后，沙俄伙同德、法逼迫日本向清政府归还辽东半岛的行动又使俄日矛盾进一步加深，俄日战争一触即发。

1904 年 2 月 8 日夜，日本突袭旅顺口的沙俄舰队，日俄战争爆发。日俄战争持续近一年，以沙俄的失败、日本的惨胜而告终。1905 年 9 月，在美国罗斯福总统的调停下，日俄签订了《朴茨茅斯和约》。据此条约，沙俄承认日本在朝鲜有政治、军事和经济上的优越权利，把旅顺、大连及其附近的领土、领水的租借权让给日本，把长春到旅顺的铁路及其支线交给日本，把库页岛南部割让给日本。日俄战争使日本从此跨入列强的行列，进一步刺激了日本侵略中国的野心。战争同时也暴露了沙俄帝国的弊端，导致了 1905 年革命的爆发，动摇了沙皇的统治。

---

① 西伯利亚大铁路是横贯俄罗斯东西的铁路干线，西起莫斯科，经梁赞、萨马拉、车里雅宾斯克、鄂木斯克、新西伯利亚、伊尔库茨克、赤塔、哈巴罗夫斯克（伯力），终点到符拉迪沃斯托克（海参崴），总长 9332 公里，是目前世界上最长的铁路。其中，车里雅宾斯克以西于 19 世纪中建成，以东于 1891 年始建，1916 年全线通车。

② 北京大学历史系《沙皇俄国侵略扩张史》编写组编：《沙皇俄国侵略扩张史》（下），人民出版社 1980 年版，第 262 页。

③ “大陆政策”也称大陆经略政策，是指作为岛国的日本向朝鲜和中国等大陆国家进行武力扩张，妄想称霸亚洲，征服全世界的侵略总方针。该政策源自于 1895 年日本陆军大臣山县有朋向明治天皇所上《兵制改革》的奏折，其中鼓吹扩军备战，维持“主权线”，加紧扩大“利益线”（指中国东北），充当“东亚的盟主”。

（二）勾结日本，瓜分中国

因战败而失去中国东北一部分利益的沙俄并不甘心就此收回扩张的“熊爪”，很快便施展外交伎俩，同日本勾结起来，希望与日本联合管理中国东北，甚至整个中国。而经过日俄战争打击的日本也深感暂时难以独享东北的利益，因此接受了沙俄的建议，最终与沙俄建立了侵略同盟。

1907年7月，俄日缔结第一次俄日协约，其中的密约规定：中国东北划分为南北两部分，分别作为日本和俄国的势力范围，俄国承认日本与朝鲜的“共同政治关系”，日本承认俄国在中国外蒙古的“特殊利益”。这是沙俄勾结日本瓜分中国东北，并以牺牲朝鲜换取日本承认俄国在外蒙古的侵略利益的肮脏交易。[①] 1912年7月，俄日签订了第三次秘密协定，规定以北京所在的子午线（东经116度27分）划分蒙古为东西两部，分别作为日本和俄国的势力范围。同时，沙俄还积极在外蒙古扶持代理人。武昌起义爆发后，沙俄煽动外蒙古的上层王公和喇嘛尽快宣布“独立”。同年12月，外蒙古活佛哲布尊丹巴在沙俄支持下宣布外蒙古“独立”。1912年11月，沙俄政府与外蒙古伪政府签订了《俄蒙协约》和《俄蒙商务专约》，其中规定，俄国有保护外蒙古“自治”、援助外蒙古训练军队、阻止中国在外蒙古驻军和移民的权利，外蒙古则保证俄国臣民的相应权力和特权。[②] 这一殖民条约被列宁称为沙俄“掠夺蒙古”的条约。[③]《俄蒙协约》签订后，沙俄不断向中国政府施压，最终迫使袁世凯政府在1913年签署《中俄声明文件》，中国承认外蒙古自治。1915年6月，中、俄、外蒙古三方签订了《中俄蒙协约》和《恰克图协约》，将外蒙古自治相关内容具体化，从此外蒙古沦为沙俄的殖民地。

除外蒙古之外，沙俄还抓住一切机会，进一步侵占中国的领土。1914年6月，沙俄派军进入外蒙古西北部的唐努乌梁海（今俄罗斯图瓦共和国），宣布将这一块约16.86万平方公里的土地划入俄国版图。

---

① 孙成木、刘祖熙、李建主编：《俄国通史简编》（下），人民出版社1986年版，第388页。
② 同上书，第390、391页。
③ 中共中央编译局：《列宁全集》（第39卷），人民出版社1963年版，第777页。

二、争夺巴尔干

巴尔干半岛地处欧亚两洲的接壤处，是欧洲的下腹部，扼黑海和地中海的咽喉，战略位置非常重要。从 19 世纪初期起，巴尔干半岛成为俄、奥、英、法等欧洲列强激烈争夺的地区，其中沙俄渴望打通南下地中海的通道，奥地利帝国企图向南扩张通向亚得里亚海，英、法则要保护通往印度洋和远东的交通命脉，维持其海外贸易及对其殖民地的统治。列强之间战略目标的差异导致在巴尔干的矛盾难以调和，并引发多次战争，如 1828—1829 年和 1877—1878 年的两次俄土战争。此外，19 世纪以来保加利亚和塞尔维亚等巴尔干国家为争取民族独立进行的一系列反奥斯曼土耳其帝国统治的斗争，在客观上也加剧了巴尔干地区的紧张局势。

对沙俄而言，控制巴尔干和黑海海峡一直是其南下战略的重要环节，这一战略目标即便是在 19 世纪末 20 世纪初沙俄深陷内外交困的不利时期也没有发生任何改变。日俄战争后，沙俄在远东与日本、英国缓和关系，以期集中力量与德、奥展开较量。为此，沙俄支持巴尔干国家发动了反对土耳其的两次巴尔干战争。

（一）第一次巴尔干战争

1912 年 3—8 月，巴尔干半岛上已经独立的保加利亚、塞尔维亚、希腊和黑山四国先后订立反土协定，结成反土的巴尔干四国同盟。10 月初，四国相继对土耳其宣战，第一次巴尔干战争爆发。战争中，俄、英、法支持巴尔干同盟，而德、奥、意则站在土耳其一边。同年 11 月，阿尔巴尼亚宣布独立。土耳其战败求和。12 月中旬，巴尔干同盟、土耳其，以及英、法、俄、德、奥、意六国代表在伦敦谈判。其间，谈判因土耳其发生政变再一次引发四国对土战争而拖延，直到 1913 年 5 月各方才签订《伦敦和约》。条约规定：土耳其在欧洲的领土除保留君士坦丁堡和海峡沿岸地区外，其余部分分割给巴尔干同盟各国；承认阿尔巴尼亚独立；马其顿被塞尔维亚、希腊和保加利亚军队占领。这样，第一次巴尔干战争以巴尔干同盟对土耳其的胜利结束了。这次战争对于巴尔干各国来说是一次正义的民族解放战争。列宁更是称它为世界历史的新的一章。①

(二) 第二次巴尔干战争

第一次巴尔干战争后，巴尔干同盟国之间为夺取从土耳其获得的领土而展开了激烈的争斗。塞尔维亚要求保加利亚让出马其顿的西南部分，希腊则坚持要从保加利亚得到马其顿的南部和色雷斯，保加利亚坚决拒绝了塞、希的要求。1913 年 6 月 1 日，即《伦敦条约》签订后的第三天，塞、希签订同盟条约，罗马尼亚要求保加利亚割让南多布罗加作为战争前进恪守中立的补偿，也加入了反对保加利亚的同盟。沙俄企图保持巴尔干同盟，以作为对抗德、奥的工具，但是奥匈帝国则挑拨离间巴尔干同盟，怂恿保加利亚对塞、希采取军事行动。最终，保加利亚在奥匈帝国的怂恿下，于 1913 年 6 月底挑起了第二次巴尔干战争。战争以保加利亚战败投降结束。同年 7 月，参战各方、同盟国、协约国的代表在布加勒斯特召开和平会议，8 月签订《布加勒斯特和约》。和约将第一次巴尔干战争中保加利亚夺取的马其顿大部分土地归塞尔维亚，马其顿南部和色雷斯西部及克里特岛归希腊，南多布罗加归罗马尼亚。塞、希、罗战前的要求全部得到满足。

通过两次巴尔干战争，巴尔干的局势因大国的插手而变得异常复杂，矛盾也更加尖锐化。其中获利最多的塞尔维亚因沙俄的支持而成为巴尔干地区对抗奥匈帝国的中心。1914 年 6 月，奥匈帝国皇储斐迪南大公在萨拉热窝被塞尔维亚青年加夫里若·普林西普枪杀，这成为第一世界大战的导火线。一个月后，奥匈帝国在德国的支持下，以此为借口向塞尔维亚宣战。接着，德、俄、法、英、意等国相继投入战争，第一次世界大战全面爆发。

在战争中，沙俄落后的军事技术装备、有限的兵力、单纯强调战略进攻的作战方针等弊端彻底暴露，俄军屡遭惨败。而随着战争的进行，俄国

---

① 孙成木、刘祖熙、李建主编：《俄国通史简编》（下），人民出版社 1986 年版，第 386 页。

经济破坏严重，民众生活日渐艰难，沙俄政府的统治地位变得岌岌可危。在布尔什维克党的领导下，1917 年 3 月和 11 月俄国先后爆发“二月革命”和“十月革命”，罗曼诺夫王朝被推翻，沙俄专制政权被彻底摧毁，最终俄国建立了以列宁为首的苏维埃政府，并退出了一战。从此，俄国进入了无产阶级专政的社会主义新时代。

第三章　苏联国家安全战略的演进

第一节　妥协与斗争相结合——建国之初苏俄的国家安全战略

十月革命后，新生的苏维埃俄国面临的国内外安全形势十分严峻。在国内，经历了数年的帝国主义战争之后，“整个国家民穷财尽，疲惫不堪，农村大批土地荒芜，前线士兵士气低落，国民经济濒于崩溃”。[①] 在国外，协约国不满苏俄宣布退出一战的决定，对苏俄发动了多次武装干涉，俄国的地主资本家和沙皇的军官也乘机掀起叛乱，苏俄的国家安全面临着巨大的威胁。为了摆脱这一极为不利的局面，列宁领导的苏俄政府实施了以妥协换取生存空间、以斗争赢得独立的国家安全战略，最终有效捍卫了新生的苏维埃政权，为苏联的建立及和平建设打下了基础。

一、签订《布列斯特和约》

十月革命后，如何尽快退出一战，恢复和发展经济，是苏俄政府考虑的首要问题。基于此，经过艰难的谈判，1918 年 3 月 3 日，苏俄政府与德国及其同盟国（奥匈帝国、奥斯曼帝国和保加利亚）在白罗斯的布列斯特

① 周尚文、叶宗书、王斯德著：《苏联兴亡史》，上海人民出版社 1993 年版，第 32 页。

签订了著名的《布列斯特和约》。① 条约的内容包括缔约双方宣布停战，俄军全面复员，苏俄放弃对波兰和立陶宛等地的管辖与主权，苏俄承认乌克兰、芬兰独立并立即从芬兰、乌克兰和奥兰群岛撤军，苏俄支付给德国60亿马克的战争赔款，德国承诺不干涉苏俄内政，不从芬兰进攻俄国等。该条约的签订具有双重意义：一方面，对新生的苏俄政权来说，这是一个极其苛刻的条约，它使苏俄丧失了将近100万平方公里的土地和近5000万居民，以及被占领区丰富的矿产资源和工业设施；另一方面，条约也有不可忽视的积极意义，它是苏俄政府以空间换时间的战略退却，是苏俄政府第一次成功利用了帝国主义之间两大战争集团的矛盾，退出世界大战的战略选择，为巩固苏维埃政权、恢复和发展经济、建立红军赢得了难得的喘息时间。1918年11月德国国内爆发革命，德意志帝国威廉二世政权垮台，苏俄政府趁这一时机宣布废除《布列斯特和约》。

二、打败外国武装干涉

（一）组建红军

十月革命胜利后，苏俄政府没有一支成建制的革命武装力量。参加武装起义的是一支群众性的武装队伍，包括工人赤卫队、沙俄旧军队中起义的革命士兵和水兵。这支临时武装成员成分复杂，作战水平不一，使用的武器也五花八门，他们是为了共同的革命目标而走到一起，在摧毁临时政府时发挥了巨大的作用，但是显然难以抵御外国正规军的武装干涉。为了应对日益严峻的军事压力，在列宁、托洛斯基和斯大林等苏俄领导人的主导下，组建新的革命武装力量的任务被提上日程。1918年1月，苏俄人民委员会通过了建立工农红军的法令，紧接着又通过了建立工农红海军的法令。同年7月，苏俄通过宪法，确定了实行义务兵役制的法律，这为红军

① 《布列斯特和约》签订的背景较为复杂，一方面是苏俄与德国之间的谈判，在此苏俄基本没有回旋余地，要么接受德国提出的苛刻条件，要么继续与德国及其他中西欧列强进行战争；另一方面是俄共（布）党内三派之间不同意见的斗争，最终列宁耐心地说服了大部分代表，俄共（布）党中央在1918年2月23日通过列宁的提案，签订对德及其同盟国的和约。

规模的扩大提供了法律基础。此外，还成立了共和国革命军事委员会，以领导全国所有军事机关和各条战线的武装斗争。经过近半年艰苦的工作，苏俄红军无论是在军队数量上还是干部队伍建设上，都取得了突破。到1918年夏天，红军和红海军人数达到30万人，10月更是增加到80余万人，工农指挥员、军事专家及政治委员的培养工作也逐渐开展起来。从此，苏俄开始朝着建立一支纪律严明、训练有素、装备精良的无产阶级革命军队迈进，这也为在日趋复杂的国际形势下有力捍卫苏俄国家安全奠定了坚实的军事基础。

（二）打败外国武装干涉和国内武装叛乱

一战结束后，美国、英国、法国等协约国立刻开始加强对苏俄的武装干涉和经济封锁。从1918年3月开始至1920年底，他们勾结苏俄国内的白卫军等反动武装先后组织了四次大规模的军事进攻。

第一次：1918年3月至1919年初。1918年3月，在《布列斯特和约》签订后不久，英、法、美、日等国就派遣小规模干涉军在苏俄北部的摩尔曼斯克和东部的符拉迪沃斯托克登陆，同时支持南部高加索和顿河的白卫军发动武装叛乱。5月，英、法、美策划了捷克斯洛伐克军团的叛乱。6月，协约国扩大武装干涉，英、法、美、意、日从苏俄的四面八方发动进攻，占领了苏俄近3/4的领土，苏俄陷入生死存亡的紧要关头。为了保卫年轻的苏维埃共和国，苏俄政府宣布“社会主义祖国在危急中”，以列宁为首的布尔什维克党发出“一切为了前线”“不是胜利，就是死亡”的战斗口号，迅速建立工农红军，并动员了大批优秀共产党员参加红军，奔赴前线。经过浴血奋战，至1919年初，红军在各条战线上先后击溃了外国干涉军和白卫军的进攻，取得了初步的胜利，暂时稳定了局势。

第二次：1919年3月至1920年初。这一次武装进攻的主力是英、法、美、日等帝国主义国家组成的干涉军，以及控制着乌拉尔、西伯利亚和远东的旧俄海军上将高尔察克的白卫军，一共将近130万兵力。自从1919年3月，在长达2000公里的东线战场上，高尔察克军队先后突破了红军东方战线的多处防线，一度形成将与南方的邓尼金军队会和的局面。为了打败高尔察克，4月初，俄共（布）中央提出要在短时期内加强东方战线，把高尔察克赶出伏尔加河流域，解放乌拉尔和西伯利亚的作战方针。此后，数万名共产党员和共青团员奔赴前线，喀山编组车站机库的工人发起了“共产主义星期六义务劳动”，以实际行动支援前线。在后方的大力支援下，红军士气高昂，先后在布古鲁斯兰战役、别列别依战役和乌法战役中击败了高尔察克军队。1919 年秋冬，红军乘胜追击，彻底消灭了高尔察克的军事力量，高尔察克也于 1920 年 2 月被俘并被处决，第二次武装干涉由此宣告失败。

第三次：1919 年下半年至 1920 年 2 月。1919 年 7 月，当东线战事正酣之时，南部的旧俄将军邓尼金在以美国为首的协约国的指使下发动了第二次大规模进攻，其主要目标是占领乌克兰，进军莫斯科。战争初期，红军未能及时阻挡邓尼金军队的攻势，基辅、库尔斯克、奥缪尔先后陷落，邓尼金军队前锋直逼图拉和莫斯科。危急时刻，俄共（布）中央再一次发出号召，动员近 5 万共产党员、共青团员和工人补充南方战线。经过数月激战，10 月中旬，红军在乌克兰东部的哈尔科夫—顿巴斯—顿河罗斯托夫一线击溃邓尼金的精锐部队。红军从此转入反攻，先后收复了被占领的奥缪尔、哈尔科夫和基辅。到 1920 年春，红军完全解放了被邓尼金军队占领的领土，邓尼金的武装叛乱被击溃。

第四次：1920 年 4—11 月。1920 年 4 月，协约国支持下的波兰军队和邓尼金残部弗兰格尔，从西、南两个方向发动第三次武装进攻。在西面，波军侵入乌克兰境内，并一度攻占基辅。在南面，弗兰格尔针对南乌克兰、顿河、顿巴斯和库班河发动了一系列攻势。经过数次战争洗礼的红军很快组织全面反攻。6 月，基辅解放，红军继续进攻直至乌克兰与波兰分界的布格河。7 月底，红军进入波兰境内，8 月中抵达华沙城下。由于波军得到西方和波兰人民群众的支持，加之红军战线拉得过长，在波军的反扑下，红军被迫退却。10 月，苏波在里加签订停战协定。① 11 月，红军消灭弗兰格尔的军队。至此，在俄共（布）中央的坚强领导下，外国对苏俄的数次武装干涉均以失败告终。

---

① 1920 年 10 月签订的仅为停战协定，苏波双方于 1921 年 3 月又签订了《里加和约》。和约规定，西乌克兰和西白罗斯划归波兰，缔约双方彼此尊重国家主权，并保证不支持任何针对另一方的敌对行动。

经过1919年到1920年两年的浴血奋战，红军彻底打败了国内的反动武装和外国干涉力量，取得了战争的决定性胜利。红军的胜利从军事上保障了新生的苏维埃俄国的国家安全，在战争中形成的军事战略基本原则深刻地影响着红军的发展，而经历了战火洗礼的俄共（布）领导人也认识到国际斗争形势的极度复杂性，促使他们从十月革命胜利之初的革命理想主义向革命现实主义转变。

第二节 发展工业、积极备战——卫国战争前苏联的国家安全战略

国内战争结束后，直至1941年6月卫国战争爆发，苏俄/苏联一直处于较为和平的时期。1922年12月30日，俄罗斯联邦、南高加索联邦①、乌克兰、白罗斯共同成立苏维埃社会主义共和国联盟，苏联由此诞生。在1941年卫国战争之前，苏联经历了列宁和斯大林两个时期。鉴于不同时期的国内外安全形势，列宁和斯大林采取的政策也各不相同，反映了他们的国家安全观及国家安全战略存在较大的差异。

一、列宁时期的国家安全战略

经历了两年艰苦卓绝的抗击国内外敌人的武装干涉和武装叛乱后，原本经济基础比较薄弱的苏俄百废待兴。这一时期，苏俄国家安全战略的主要目标是：重建因革命和战争而遭到严重破坏的经济，缓和与西方资本主义国家的关系并与之建立正常的外交关系。在列宁的领导下，经过几年的努力，“（苏俄）调整了内外政策，不仅初步恢复了国民经济，联合其他苏维埃共和国成立了苏联，还结束了十月革命以来在国际上的孤立状态，赢

① 南高加索联邦是1922年苏联建国时的一个苏维埃共和国，1936年分解为亚美尼亚苏维埃社会主义共和国、格鲁吉亚苏维埃社会主义共和国和阿塞拜疆苏维埃社会主义共和国，它们分别成为苏联的加盟共和国。

得了同资本主义国家较为长时期和平共处的外部环境”。①

（一）实施新经济政策

十月革命及随后的外国武装干涉和国内反革命叛乱，使苏俄本已十分落后的国民经济濒于崩溃的边缘。外国武装干涉和国内反革命叛乱给苏维埃国民经济带来的损失达 390 亿金卢布，超过战前整个国家财富的 1/4。1920 年，工业产量只有战前的 14%，农业状况也十分不景气，其产量只及战前的 60%。经济遭到严重破坏，直接影响人民群众的生活。工厂停产和粮食奇缺，引起了失业和饥荒。1920—1921 年，全国就有约 3300 万人面临饥饿和死亡。② 更为严峻的是，由于战时共产主义③政策的实行，农民生活异常艰苦，不满和抵触情绪迅速蔓延，甚至酿成极为严重的政治危机，如 1921 年 2 月爆发的彼得格勒喀琅施塔得海军要塞兵变。

为了消除农民中间存在的极度不满情绪，列宁经过充分考虑，及时放弃了战时共产主义，调整了经济政策，于 1921 年 3 月开始实行向社会主义过渡的新经济政策。新经济政策的主要内容是：以征收粮食税代替余粮收集制，农民按国家规定交纳一定的粮食税，超过税额的余粮完全归个人所有，这极大地减轻了农民的负担；实行国家资本主义，通过租让制和租赁制的形式将国家暂时无力经营的企业出租给外国资本家、个人或者合作社经营，这有助于激活工业生产，使苏俄从严重的经济危机中解脱出来；在流通方面，由国家垄断贸易改为自由贸易，允许商品生产和商品流通，恢

---

① 赵丕、李效东主编：《大国崛起与国家安全战略选择》，军事科学出版社 2008 年版，第 136 页。

② 李树藩：“苏联社会主义工业化与优先发展重工业方针”，《苏联东欧问题》1983 年第 3 期，第 70 页。

③ 战时共产主义也被称为“军事共产主义”，是 1918—1920 年间苏俄实行的经济政策。主要内容包括：进一步剥夺资产阶级，对小企业普遍实行国有化；实行余粮收集制；禁止日用必需品的私人贸易，实行产品实物供应及主要消费品配给制；取消货币和核算制，实行总管理局制，国家直接给每个企业制定产、供、销计划；实行普遍义务劳动制。战时共产主义是在帝国主义武装干涉和国内战争爆发时期，为适应战争需要而采取的临时措施，对于集中国内一切人力、物力，粉碎外国武装干涉，赢得国内战争胜利起到重要作用。1920 年底，苏联开始进入经济恢复时期，战时共产主义政策不再适应形势需要，改行新经济政策。参见何盛明主编：《财经大辞典》，中国财政经济出版社 1990 年版。

复商品货币关系，这有助于商业的迅速恢复和居民购买力的提高。

（二）与资本主义国家和平共处

在实施新经济政策的同时，列宁开始实行新的外交政策，即与资本主义国家和平共处。和平共处外交政策是“列宁根据当时国内外形势的变化做出的明智而实际的思考与探索。苏俄建国初期的历史发展违背了苏俄及帝国主义国家对立双方的意愿：一方面，苏俄政府急切期盼的世界革命没有爆发，或者说爆发后未达到规模而失败，这使苏俄政府认真、冷静地思考与帝国主义国家的关系；另一方面，帝国主义国家通过支持沙俄白卫军和亲自武装干涉颠覆苏俄的希望和努力落空，帝国主义也从自己的利益出发，开始面对实际地考虑与苏俄关系问题”。① 在此基础上，苏俄不再坚持推进世界革命的外交设想，转而走出一条与资本主义国家和平共处的道路。

在 1920 年对波兰的战争中，苏俄政府先后于 1920 年 7 月、8 月和 10 月与立陶宛、拉脱维亚和芬兰签订了和约。1921 年 3 月 16 日，苏俄与英国在伦敦正式签订了《英俄通商协定及关于承认赔偿宣言》，即英俄贸易协定。这是苏俄与资本主义国家签订的第一个贸易协定，具有明显的政治性质，在国际上引起巨大反响。同年 5 月，苏俄与德国签订了关于恢复贸易关系的临时协定与关于交换战俘和被俘人员的补充协定，同时德国还承认苏俄驻德商务代表为苏俄驻德的唯一合法代表，享有外交特权。此外，苏俄还与奥地利、挪威、意大利、丹麦和捷克斯洛伐克等 12 个国家签订了贸易协定。这些贸易协定结束了苏俄外交孤立的状态，大大改善了苏俄的国际环境。② 1922 年苏德签订《拉巴洛条约》，条约规定立即恢复两国的外交关系并按最惠国待遇的原则发展两国的经济关系。这是资本主义大国第一次在法律上正式承认苏俄，并在平等的基础上建立正常的外交关系。该条约的签订被视为苏俄外交的突破。

---

① 林军著：《俄罗斯外交史稿》，世界知识出版社 2002 年版，第 174 页。

② 周尚文、叶宗书、王斯德著：《苏联兴亡史》，上海人民出版社 1993 年版，第 197 页。

二、斯大林时期的国家安全战略

（一）发展工业，实现社会主义工业化

新经济政策的实行使苏联经济很快摆脱了濒于崩溃的不利局面，到1925年底，苏联的工农业生产基本恢复到一战前的水平。但是，当时的苏联依然是一个落后的农业国，工业在整个国民经济中所占的比例低于农业，而在工业内部结构上，轻工业的比重高于重工业。因此，在经济基本得到恢复之后，如何建立强大的、独立的社会主义工业体系成为苏联共产党中央需要解决的核心问题。

1925年12月，联共（布）第十四次代表大会召开。斯大林代表苏联党中央提出了必须把国家变为经济上不依赖于资本主义国家的工业国的迫切任务。他强调指出："把我国从农业国变成能自力生产必需的装备的工业国，这就是我们总路线的实质和基础。"① 本次大会还批准了苏联党中央进行社会主义工业化建设的方针，即使苏联从一个输入机器和设备的国家变成一个生产机器和设备的国家，从而使苏联在被资本主义包围的环境下绝不会变成资本主义世界经济的附庸，而是一个按社会主义方式进行建设的独立的经济单元。② 这一指导方针确定了苏联将走一条有别于西方资本主义国家的工业化道路，即从发展轻工业开始逐渐实现工业化的发展道路，优先发展重工业，尽快实现社会主义工业化。

为了实现社会主义工业化的战略目标，苏联党中央在卫国战争前一共制定了三个五年计划，分别是：第一个五年计划——1928年至1933年，实际上所定目标于1932年底提前完成；第二个五年计划——1933年至1938年，实际上提前于1937年4月完成；第三个五年计划——1938年至1942年，因卫国战争爆发而终止。在三个五年计划中，苏联将绝大部分工

---

① 中共中央马克思恩格斯列宁斯大林著作编译局：《联共（布）第十四次代表大会关于中央委员会的政治报告的结论》，《斯大林全集》（第7卷），人民出版社1954年版，第294页。

② 《苏联共产党代表大会、代表会议和中央全会决议汇编》（第3分册），人民出版社1956年版，第77页。

业投资用于重工业部门，新建和改造了一大批大型工矿企业，工业生产持续以15%左右的年均增长速度发展，最终使苏联摘掉了落后农业国的帽子，成为一个强大的工业国，社会主义工业化的目标基本完成。[①]

（二）革新军事战略，加强武装力量建设

国内战争结束后，尽管苏联争得了与资本主义国家和平共处的时间，但是作为第一个社会主义国家，苏联面临的战争威胁依然是十分严峻的。这要求苏联必须为可能爆发的战争做好准备。为此，以斯大林为首的苏联党中央及时革新了军事战略，大力发展国防工业，加强武装力量的建设。

斯大林时期苏联面临的国内外形势与建国初期相比发生了巨大的变化，尽管苏联总体上处于和平状态，但是源于资本主义国家的军事压力并未消退，而且随着苏联实力的壮大，这一压力与日俱增。这就要求苏联在军事战略的调整、国防工业的发展和武装力量的建设上进行全面推进。

1. 军事战略的调整

这一时期，伏龙芝、图哈切夫斯基和沙波什尼科夫等著名军事将领在总结了一战和国内战争经验的基础上，在发展军事战略理论方面取得了一系列重要成果，其主要观点包括：由于“存在着两个对立阶级的社会体系”，苏联同帝国主义国家之间的战争将是一场两个阶级之间的战争，保卫社会主义祖国的战争的阶级性决定了战争的不可调和性和坚决性；未来战争将具有“世界性质”，战争将从闪电式的决定性突击战略转为消耗战略；未来战争的规模巨大，作战行动遍及陆地、海上和空中，交战双方的全部经济和政治基础都要在这一场竞赛中受到考验；战争具有高度的机动性，军队要能够实施高速度、大纵深的进攻战役；苏联应奉行以进攻为主的军事战略。[②] 军事战略理论的发展为苏联国防工业及武装力量的建设提供了理论依据。

---

① 1940年，苏联的生铁已达到1500万吨，钢达到1830万吨，煤达到1.6亿吨，石油达到3100万吨，商品谷物达到3830万吨，棉花则为270万吨。这是苏联工业化取得成就的一个重要表现，也是伟大卫国战争前苏联所拥有的物质基础。参见李树藩：“苏联社会主义工业化与优先发展重工业方针”，《苏联东欧问题》1983年第3期，第73页。

② 王海、李植谷：《苏联军事战略概论》，国防大学出版社1989年版，第25、26页。

2. 国防工业的发展

在实现社会主义工业化过程中，为应对潜在的战争威胁，苏联将加速发展国防工业作为重中之重。这一时期，金属工业、化学工业及制造业在国民经济建设中所占的比例不断加大，苏联国民经济军事化趋势逐渐形成。如，骨干军工厂从1928年的46家增加到十年后的220家，包括100%的航空工业，80%的造船工业，5%—10%的机器、仪器制造业和化工业的基础部门，在这些领域的工人也从10.17万人增加到70.7万人；国防工业生产总产值占国家工业总值的比重从1937年的8.6%提高到1940年的18.7%，1941年上半年达到22.4%，国防开支占国民收入的比重由1937年的8.3%逐步上升到1941年的22.1%；第二个五年计划期间，苏联国防工业部共建立了9个国家设计院、25个科学研究所及17个设计局。[①] 可见，卫国战争前苏联的国防工业已经具备一定基础，初步形成了以垂直管理为主的部门经济管理体制，这对抵御外来侵略，捍卫苏联的国家安全起到了重要的作用。

3. 武装力量的建设

军事战略的革新为苏联武装力量的建设指明了方向。在图哈切夫斯基等军事将领的领导下，20世纪30年代苏联开始了军事改革。经过近10年的发展，苏联军事改革取得了比较明显的成就，武装力量的建设尤为突出。一方面，苏联军队的组织结构发生了重要变化：一是军队机械化程度不断提高和新兵种比例上升。1929—1938年间，在武装力量构成中，陆军的比重由87.7%下降到75.2%，空军则由5.2%上升到12.8%；陆军中，技术兵种增长近1.5倍，其中装甲坦克兵增加了10倍，从而使步、骑兵与技术兵的比例从3.7∶1变为1∶1。二是为适应未来战争突发性的需要，逐步开始了由常备军与地方部队相结合的混合体制向单一常备军体制的过渡。1935年前，地方部队占军队总数的74%，常备军仅占26%，到1935年底，常备军上升到77%，地方部队下降到23%。三是完善军事院校体系，扩大专业技术干部在军队干部中的比例。苏联先后成立了5个军事技术专业

① 杨大勇、三行："从卫国战争看——国防工业基础能力对国家命脉的支撑"，《国防科技工业》2005年第7期，第50页。

学院、军事经济学院和总参军事学院（苏军最高学府）。从1929年到1937年，各军事院校共培养了约1万名受过高等军事教育和专业教育的部队干部，极大地提高了军官的素质。另一方面，比较先进的战术和战役理论被运用于部队的实际训练，提高了部队的现代作战能力。如通过实践性军事演习以贯彻和检验新的军事理论观点，试验和完善新的作战条令等。①

（三）采取积极、灵活的外交策略

受1929年资本主义世界经济危机的影响，国际关系和国际战略格局都发生了巨大的变化。随着德、意、日法西斯国家扩充军备、争夺世界霸权的野心不断膨胀，欧洲和亚洲两大战争策源地先后形成，苏联的国际环境变得十分险恶。如何在日趋复杂的国际形势下保卫国家安全，成为20世纪30年代苏联国家安全战略需要解决的核心问题。为此，以斯大林为首的苏联党中央除了在国内坚持社会主义工业化道路，加强国防和军事建设，不断增强自身的实力以外，对外则采取了积极、灵活的外交策略，利用帝国主义之间的矛盾，联合一切可以联合的力量，力促建立国际反法西斯统一战线。当国际局势发生不利于自己的变化时，斯大林果断放弃对英、法等列强的幻想，与德国、日本签署条约，进而扭转了被动的局面。以1938年的慕尼黑会议为界，这一时期的苏联外交可以分为两个阶段。

第一阶段：力促建立反法西斯统一战线。1933年12月，苏联共产党中央通过了开展争取集体安全的决议，强调为了防止战争，苏联考虑参加国联，并与资本主义国家缔结共同防御侵略的协定。此后，苏联外交进入了一个新阶段。同年11月，苏美正式建立外交关系。这开启了苏联与欧洲资本主义国家建交的大门。随后，苏联与匈牙利（1934年2月）、罗马尼亚（1934年6月）、捷克斯洛伐克（1934年6月）、保加利亚（1934年7月）、阿尔巴尼亚（1934年9月）、比利时（1935年7月）和卢森堡（1935年8月）等国建立了外交关系。同时，苏联还和意大利、阿富汗、爱沙尼亚、拉脱维亚、波斯、波兰、罗马尼亚和土耳其签订了互不侵犯条约。1934年9

---

① 余伟民："苏联30年代军事改革的曲折及其教训"，《军事历史》1989年第2期，第22页。

月，苏联加入国联，这无疑在一定程度上提升了苏联的国际地位。[①] 1935 年 5 月 2 日，苏联与法国签订了《苏法互助条约》。16 日，苏联与捷克斯洛伐克签订了《苏捷互助条约》。苏法、苏捷条约的签订在战略上对德国形成了东西南钳制的态势，本来可以在遏制德国扩张方面发挥重要作用，但是由于法国的软弱，苏、法、捷三国互助条约未能发生实际效用。[②]

第二阶段：与狼共舞，捍卫国家安全。尽管 20 世纪 30 年代初中期苏联极力推动建立欧洲反法西斯统一战线，但是由于英、法的软弱，加上 1937 年张伯伦上台后英国全面推行妥协退让、祸水东引的绥靖政策，德国法西斯的侵略气焰更加嚣张。1938 年 3 月，德国侵占奥地利。1938 年 10 月，英、法、德、意四国元首在慕尼黑召开会议，达成了《关于捷克斯洛伐克割让苏台德领土给德国的协定》（简称《慕尼黑协定》）。《慕尼黑协定》的签署标志着苏法同盟关系瓦解，苏联希望与法、捷共建互助关系防范德国的战略失败。1939 年 3 月，德国完全占领捷克斯洛伐克，同时德国向波兰提出但泽和波兰走廊的领土要求。德国法西斯的侵略扩张行动彻底破坏了欧洲的均势。

面对欧洲局势的变化，英、法有意与苏联联手对抗德国。对此，斯大林表示欢迎，并与英、法展开了 4 个多月的谈判，但最终因英、法对苏联的猜忌与防范而以失败告终。在联合英法抗德未果之后，为了打破英法祸水东引的阴谋，斯大林做出了与希特勒联手的重要战略决定。1939 年 8 月 23 日夜，苏联和德国在莫斯科签署了《苏德互不侵犯条约》。该条约是苏联在极其复杂背景下的举措，使苏联暂时置身于欧洲战事之外，无疑是苏联外交的有限成功，但它对世界反法西斯斗争的整体事业来说又是一大打击。对此，斯大林则认为："我们只能从苏联的立场出发，如果苏联利益要求与这些或那些不愿意破坏和平的国家接近，那么我们就毫不动摇地这样做。"[③]

苏德条约签订后，为了防止战火东延，苏联还苦心经营了一条"东方战线"防御带，涵盖西乌克兰和西白罗斯、芬兰、波罗的海三国，以及罗

---

① 苏联长期对国联持反对的立场，1927 年斯大林明确表示绝不参加国联。因此，1934 年苏联参加国联既说明苏联的外交战略发生了重大变化，也表明了欧洲国际关系的深刻变化。

② 周尚文、叶宗书、王斯德著：《苏联兴亡史》，上海人民出版社 1993 年版，第 368 页。

③ 林军著：《俄罗斯外交史稿》，世界知识出版社 2002 年版，第 238 页。

马尼亚的比萨拉比亚和北布科维纳。1939 年 9 月 17 日，苏联红军越过苏波边界，占领了西乌克兰和西白罗斯，并将它们并入苏联的乌克兰和白罗斯两个加盟共和国。1938 年初，苏联曾以加强北方防御为由，多次向芬兰提出希望获得租借芬兰湾某些芬兰所属岛屿设防的权利，为此双方进行了多轮谈判，但是未能达成一致。1939 年 11 月，苏芬战争爆发。1940 年 3 月，赢得战争的苏联顺利获得芬兰部分领土，并成立了卡累利阿—芬兰共和国。1940 年 7 月 14 日和 15 日，在苏联的胁迫下，立陶宛、爱沙尼亚和拉脱维亚先后成立苏维埃政府，8 月初正式加入苏联，成为苏联的三个加盟共和国。1940 年 6 月 30 日，苏联占领罗马尼亚的比萨拉比亚和北布科维纳，前者并入摩尔达瓦加盟共和国，后者并入乌克兰加盟共和国。通过上述行动，苏联将西部国界向西推移了 150—400 公里。这虽然在一定程度上扩大了苏联的防御空间，但是由于卫国战争初期德军推进速度过快等多方面原因，“东方战线”并未起到很好的抵御作用。

1940 年 9 月，德意日三国签订军事同盟条约，国际形势进一步恶化。1941 年春，大批德军不断东调，纳粹对苏战争一触即发。为了不陷入东西两线作战，苏联利用日本急于南进并希望与苏联缓和关系的心理，于 1941 年 4 月 13 日与日本签订了《苏日中立条约》。该条约规定，如缔约的一方成为第三者的一国或者几国的战争对象时，另一方在整个冲突过程中将保持中立。条约的签订巩固了苏联东线的安全，改善了苏联的战略环境，是苏联外交的重大胜利。但是，由于在条约签订的同时苏联政府发表了“关于保证尊重满洲国的领土完整和不可侵犯”的声明，这损害了中国的领土主权，因此中国政府决不承认《苏日中立条约》。

第三节　建立反法西斯同盟——卫国战争期间苏联的国家安全战略

一、国家安全战略的主导思想与内容

1941 年 6 月 22 日，德国突然入侵苏联，苏德战争爆发。卫国战争期

间，苏联国家安全战略的主导思想是抛弃意识形态的约束，迅速调整外交策略，尽快与美英合作，建立反法西斯同盟，彻底打败法西斯德国。其主要内容是：以保卫社会主义国家为目标，以彻底消灭法西斯侵略者和解放敌占区领土为主要任务，主要依靠自己的力量，积极争取外援，建立世界反法西斯联盟，尽快在欧洲开辟第二战场以牵制侵略者，减少苏联的压力。①

二、苏德战争

随着苏联国家安全战略的重新调整，打败德国法西斯成为这一时期的核心战略任务。为此，苏联集中了几乎全国的兵力投入苏德战场，以求在战场上赢得胜利。战争爆发后，在以斯大林为首的苏联党中央的坚强领导下，经过浴血奋战，在付出了巨大的民族牺牲后，苏联先后取得了莫斯科保卫战（1941 年 10 月至 1942 年 1 月）、斯大林格勒保卫战（1942 年 6 月至 1943 年 2 月）和库尔斯克会战（1943 年 7—8 月）的伟大胜利。同时，战争开始不久，苏联即强烈要求美英在欧洲开辟第二战场，以缓解德军的军事压力。斯大林格勒保卫战取得胜利后，苏军转入战略大反攻，苏德战争进入新阶段。随着德军的节节败退，欧洲局势开始朝着有利于苏联的方向转变。东线战事的进程促使美英联军在 1944 年 6 月实施了诺曼底登陆战役。自此，苏军从东面、美英联军从西面对法西斯德国形成了包围之势，二战的战略态势发生了根本性变化。至 1944 年底，苏联基本上收复了全部国土，苏军乘胜攻入东欧。1945 年 4 月 16 日至 5 月 9 日，苏军取得柏林会战的胜利。9 日，法西斯德国宣布无条件投降。自此，欧洲战事结束。

苏德战争结束后，1945 年 8 月 8 日晚，苏联根据雅尔塔会议精神，宣布从次日起与日本进入战争状态。9 日凌晨，苏军分 4 路全面攻入中国东北地区，打击日本关东军。18 日，关东军总司令下令部队向苏军投降。苏军的对日战争虽然持续时间不长，但是对促使日本尽快无条件投降起到一

---

① 赵丕、李效东主编：《大国崛起与国家安全战略选择》，军事科学出版社 2008 年版，第 145 页。

定的作用。

三、外交上的合作与斗争

在外交上，苏联与美、英、中、加、澳等国建立反法西斯联盟，并通过三次国际会议为战后国际秩序安排和雅尔塔体系的建立赢得了重要的发言权。

（一）反法西斯同盟的建立

1941 年 12 月 7 日，日本偷袭美国在太平洋的海军基地珍珠港，旋即美英对日宣战，世界大战的规模随着美英的加入而迅速扩大。1942 年 1 月 1 日，美、英、苏、中、加、澳等 26 个反法西斯国家的代表在华盛顿举行会议，签署了《联合国家宣言》，签字国一致同意不与德、日、意法西斯单独媾和或签订停战协定。该宣言的签署，标志着世界反法西斯联盟的最终形成，这极大地改变了苏联所处的战略环境。

（二）德黑兰会议

至 1943 年底，苏德战场的战略态势发生了明显的变化。经过 1943 年的夏季反攻后，苏军先后解放了基辅等 160 余座城市，将战线向西推进了 400 余公里，苏军取得了战略主动。在欧洲，意大利法西斯头目墨索里尼被推翻。同年 9 月，意大利政府向同盟国无条件投降。为了商讨开辟第二战场和战后处置德国的方案，1943 年 11 月 28 日至 12 月 1 日，斯大林、罗斯福和丘吉尔在伊朗首都德黑兰举行了重要的国际会议。经过讨论，三方达成了包括 1944 年 5 月美英在欧洲开辟第二战场、战后分割德国、欧洲战事结束后半年左右苏联对日宣战、重建波兰，以及建立一个维护世界和平与安全的国际组织等内容的重要协议。会后，三国元首发表《德黑兰宣言》，表示无论战时或战后都将共同协作。

（三）雅尔塔会议

1944 年，美英联军在诺曼底登陆，并迅速将战线推进至德国西部边界，而在远东战场，日本也接连遭遇惨败，国际形势变得更加有利于盟国。在此背景下，1945 年 2 月 4—11 日，斯大林、罗斯福和丘吉尔在苏联的雅尔塔举行了第二次首脑会议。会议的主要内容包括：决定战后由美、英、法、苏四国分区占领德国，德国必须交付战争赔偿；决定波兰东部边界大体上以寇松线为准，同意波兰在北部和西部应获得新的领土，同意苏联提出的以波兰临时政府为基础对波兰政府进行改组，容纳国内外其他民主人士；[①] 苏联承诺在欧洲战争结束后 2—3 个月内参加对日作战，作为交换条件，必须维持的现状、大连商港国际化、苏联租用旅顺港为海军基地、苏中共同经营中东铁路和南满铁路、千岛群岛交予苏联；同意苏联的乌克兰和白罗斯加盟共和国为联合国创始会员国，决定美、英、法、苏、中五国为安理会常任理事国，规定实质性问题常任理事国一致同意的原则。

此次会议维护和巩固了美、苏、英三国的战时联盟，对协调同盟国对德、日作战，加速反法西斯战争的胜利进程和促进战后和平局面的形成起到重要作用，为联合国的建立奠定了基础。本次会议做出的二战后世界秩序的安排被称为雅尔塔体系，对二战后国际格局发展的影响延续至今。

（四）波茨坦会议

德国法西斯无条件投降后，为了商讨二战后处置德国的具体问题，解决战后的欧洲安排，以及争取苏联尽早对日作战，美、英、苏三国元首于 1945 年 7 月 17 日至 8 月 2 日在柏林近郊的波茨坦举行战时第三次会晤。会议围绕着占领德国的基本原则、波兰西部疆界、审判战争罪犯、苏联对日作战、德国的战争赔偿等问题展开了激烈的讨论。尽管存在许多分歧，但是会议依然起到协调各国立场、维持战时同盟的积极作用，对于夺取反法西斯战争的最后胜利具有重要意义。美、苏、英三国在会议上的激烈斗争也表明，三国在许多国际问题上的矛盾和分歧是难以掩盖的。随着战争的结束，美英与苏联之间固有的、因社会制度的差异而产生的矛盾将再次上升为双方的主要矛盾，进而演化成东西方之间的全面冷战。

---

① 这里主要指的是美英支持的、长期在伦敦活动的波兰流亡政府人员。

第四节 与西方全面对抗、争夺世界霸权——冷战时期苏联的国家安全战略

从1947年3月杜鲁门主义出台到1991年12月苏联解体，冷战持续了44年。冷战主要表现为以苏联与以美国为首的东西方两大军事集团之间在政治、经济与军事领域的全面对峙，以及在全球争夺霸权的斗争。这一时期，苏联的国家安全战略主要是依靠不断加强军事力量来确保国家安全。为此，苏联各届政府都将常规军事力量和战略核力量的建设视为国家安全战略的重中之重。然而，随着时代的发展，苏联的国家安全战略也开始从单纯的以军事力量保障国家安全向追求“全面安全”转变。尤其是戈尔巴乔夫执政以后，他对国家安全的含义做了新的解释和阐述，认为国家安全是一个“全面的概念”，“不仅包括军事领域，而且也包括政治领域、经济领域和人文领域”，“单纯依靠军事力量最终会削弱国家安全的其他原素”。[①] 戈尔巴乔夫对国家安全认知的转变导致苏联抛弃了与美国争霸全球的国家安全战略目标，彻底改变了苏联国内外的安全形势，最终加速了苏联的解体。

一、冷战初期苏联的国家安全战略

二战后，苏联与美国等西方资本主义国家的同盟关系迅速瓦解，东西方之间逐渐形成了分别以苏联和以美国为首的全面对抗的两大阵营，冷战由此开启。冷战初期，针对西方资本主义国家的反苏、反社会主义威胁，斯大林调整了二战结束初期的对外政策，[②] 苏联的国家安全战略开始转向

① 王京建著：《国家安全法学教程》，中国社会文献出版社2008年版，第54页。

② 二战后初期，斯大林依然希望苏联尽量维持战时同盟，争取同美英等西方大国和平共处。这不仅是因为在经受世界大战浩劫以后，苏联有发自内心的追求和平的良好愿望，而且希望同西方国家和平共处，为苏联争取尽可能长时间的和平环境，以恢复经济，增强实力。

与西方国家的全面对抗。

（一）成立经济互助委员会

经济互助委员会简称经互会，是苏联为抵制和反对西方资本主义国家对东欧国家的经济渗透而组织建立的一个由社会主义国家组成的经济合作组织。经互会成立于1949年1月，创始成员国为苏联、保加利亚、捷克斯洛伐克、匈牙利、波兰和罗马尼亚，总部设在莫斯科。同年2月和次年9月，阿尔巴尼亚[①]和德意志民主共和国加入经互会。此后，经互会相继吸收了蒙古国（1962年）、古巴（1972年）和越南（1978年）等国。[②] 经互会的宗旨是“联合和协调各会员国的力量，促进社会主义经济一体化和各成员国国民经济的有计划发展，加快这些国家的经济和技术进步的步伐，帮助提高工业不发达国家的工业化水平，促进成员国劳动生产率不断提高和人民福利的稳定增长”。[③]

经互会的出现有着复杂的历史背景。一是饱受二战摧残的苏联和东欧各国经济亟待恢复，而且其中绝大多数东欧国家资源匮乏，经济结构单一，不具备独立发展工业的条件，寻求外援是他们唯一的出路。二是苏东国家都面临西方的经济封锁。在“马歇尔计划”实施过程中，美英又意图将苏联排除在外。苏联为了加强在东欧社会主义国家中的领导地位，联合东欧国家对抗“马歇尔计划”，进而达到以社会主义市场对抗西方资本主义市场的目的，积极筹划成立集团化的经济合作组织。

（二）建立华沙条约组织

1949年4月，美国、加拿大以及布鲁塞尔条约五国[④]等12国外长在华盛顿签署《北大西洋公约》。自此，北约正式宣告成立。北约的成立是冷

---

① 1961年中苏关系破裂后，阿尔巴尼亚由于持亲中国立场，拒绝接受苏联的指令，于当年12月宣布停止参与经互会一切活动。

② 中国不是经互会成员国，仅于1956—1961年以观察员的身份列席了经互会的例行会议。

③ 甘士杰：“‘经互会’经济一体化的今昔”，《世界经济研究》1989年第4期，第19页。

④ 《布鲁塞尔条约》是比利时、法国、卢森堡、荷兰、英国五国于1948年3月17日在比利时首都布鲁塞尔缔结的同盟条约。

战的产物，其矛头直指苏联。对此，苏联首先做出了强硬的外交回应。苏联政府指出："《北大西洋公约》是一个纯粹侵略性的、反对苏联的条约，它是违背联合国宪章的宗旨和原则的，是和1942年英苏互助友好条约、1944年法苏互助友好条约以及苏美英三国在雅尔塔、波茨坦和历次国际会议的协定相矛盾的。"①

1954年10月20—23日，美、英、法、联邦德国、比、荷、卢、加、意、丹、希、冰、挪、葡、土等15国在巴黎举行会议，签署了《巴黎协定》，规定美、英、法三国终止对联邦德国的占领，联邦德国恢复主权，并作为主权国家参加《布鲁塞尔条约》和《北大西洋公约》，并开始重建军队。为了阻止联邦德国加入北约，苏联先后提出缔结对德和约、举行全欧会议讨论建立"欧洲集体安全体系"等建议，但均被美英等西方国家拒绝。《巴黎协定》签署后，苏联及东欧7国于同年11月29日至12月2日在莫斯科举行会议，商定：一旦《巴黎协定》生效，与会国将在组织武装力量等方面采取共同措施。1955年5月5日，《巴黎协定》批准生效。5月9日，联邦德国加入北约。苏联及东欧7国遂于5月11—14日在华沙召开会议，缔结《华沙条约》。

从当时世界两大阵营对抗的总格局来看，《华沙条约》是防御性的，是苏联面对美国武装西德强化北约必然采取的一个相应的战略措施。建立华约组织的目的是维护和巩固雅尔塔体制，保障东欧社会主义国家的安全，在当时的条件下是必要的。②

（三）成立共产党情报局

共产党情报局是冷战的产物。随着东西方关系的日趋紧张，苏联为了加强对东欧各国的控制，巩固社会主义阵营，决定成立欧洲9国共产党的联合组织。

1945年，南斯拉夫共产党总书记铁托向斯大林建议，成立一个各国共产党之间的国际协商机构，斯大林表示赞同。1946年6月，铁托率南共代

---

① 周尚文、叶宗书、王斯德著：《苏联兴亡史》，上海人民出版社1993年版，第457页。

② 陈之骅主编：《苏联史纲（1953—1964）》，人民出版社1996年版，第279页。

表团、季米特诺夫率保加利亚共产党代表团访问苏联。访问期间，铁托再次向斯大林建议成立共产国际联合组织。斯大林认为，可以建立一个情报机构，以便能经常开会讨论共同关心的问题。1947 年夏，苏联开始酝酿成立相关组织。9 月 22—27 日，苏联、南斯拉夫、波兰、保加利亚、罗马尼亚、匈牙利、捷克斯洛伐克、法国和意大利等 9 个国家的共产党和工人党各派出两名代表在波兰举行共产党情报局成立会议。共产党情报局总部设在贝尔格莱德，其主要任务是组织交流经验，必要时在一致同意的基础上协调各国共产党的活动。

基于苏联在国际共产主义运动中的特殊地位，斯大林将本国利益凌驾于共产党情报局之上，肆意干涉东欧各国内政。1948 年 6 月，苏联操纵共产党情报局做出了《关于南斯拉夫共产党情况的决议》，将南斯拉夫共产党开除出情报局。紧接着，苏联在其他东欧各国党内展开了一场“反对铁托分子”的运动，大肆清洗了一批具有独立自主倾向的领导人。

苏联在苏南关系恶化之时，借共产党情报局对南共进行制裁，并在东欧各国开展清洗运动，强化了苏联对东欧各国的控制，以苏联为首的社会主义阵营得以逐渐形成。

二、赫鲁晓夫时期苏联的国家安全战略

赫鲁晓夫上台后，为了摆脱斯大林时期苏美阵营对抗给苏联造成的战略压力，他对苏联的国家安全战略做出了较大幅度的调整，即缓和与美国的关系，强调与西方的和平共处，巩固社会主义阵营，发展核武器，力争缩小与美国的差距，“以取得与美国平起平坐的地位实现美苏合作、共同主宰世界的战略目标”。[①] 以此战略为指导，赫鲁晓夫在外交、军事等领域采取了一系列措施。

① 赵丕、李效东主编：《大国崛起与国家安全战略选择》，军事科学出版社 2008 年版，第 148 页。

（一）推出“三和”路线

以“和平共处”“和平竞赛”及“和平过渡”为主要内容的“三和”路线是赫鲁晓夫时期苏联对外战略的理论纲领。“三和”路线源于赫鲁晓夫在苏共二十大所做总结报告中有关苏联外交战略的新观点，主要内容有以下几点：①

1. 关于两个体系的和平共处

赫鲁晓夫认为，和平共处是苏联外交政策的基本原则，就是承认世界上有两种社会制度的存在，承认每种社会制度都有存在的权利，不同制度的国家的和平共处原则就意味着互不干涉内政、相互让步、相互妥协，即某些国际关系问题在解决条件成熟时双方要迁就，从而有利于维护世界和平。

2. 关于两种社会制度之间的和平竞赛

赫鲁晓夫认为，社会主义和资本主义两种制度的分歧，并不妨碍两者和平共处及和平竞赛。关于哪种制度更加优越的争执，不应当用军事冲突的办法来解决，而应当用和平竞赛的办法来解决。要通过在经济和文化的发展方面、在满足人民物质需求和精神需求方面、在对经济不发达国家的援助方面的和平竞赛来解决。

3. 关于防止现代战争的可能性

赫鲁晓夫认为，列宁关于只要帝国主义存在，战争便不可避免的观点，如今适应这一理论的客观前提已经不存在了。战争不仅仅是经济现象，只研究帝国主义条件下爆发战争的经济基础是不够的。如今，苏联拥有强大的经济和军事实力以及伟大的社会主义阵营，资本主义国家工人运动的高涨，殖民主义体系的瓦解等，都说明不能机械地重复列宁几十年前的结论。在现代条件下，战争不是注定不可避免的。

4. 关于和平过渡

赫鲁晓夫认为，由于世界舞台的根本变化，各个国家向社会主义过渡

① 详见周尚文、叶宗书、王斯德著：《苏联兴亡史》，上海人民出版社1993年版，第605—606页。

的形式将会越来越多样化。在一些具有长期民主传统的国家里，无产阶级可以不通过暴力革命的道路取得政权，议会共和国可以成为工人阶级专政的形式或与之相应的人民政权的形式。

“三和”路线外交理论的提出及实践对于遏制西方资本主义阵营的扩军备战浪潮、缓和国际紧张局势、解决历史遗留问题起到了积极的促进作用。

（二）出台火箭核战略

赫鲁晓夫时期，苏联的军事战略发生了很大的变化，其中尤为突出的就是火箭核战略的出台及其对苏联武装系统及兵力构成的巨大影响。

1953 年 9 月至 1955 年 3 月，苏联总参谋部开始强调核武器在未来战争中的重要地位，提出了“预先使敌人的核打击落空是核战争中胜利的最好保证”的战略原则。[①] 1960 年 1 月，赫鲁晓夫在最高苏维埃主席团会议上做了《裁军是巩固和平保障各国人民友谊的途径》的讲话，这标志着苏联在核时代新的军事战略的形成。这篇讲话的主要观点是：未来战争必然是以核大战的形式出现，战争初期具有决定性意义，不会像常规战争那样旷日持久。[②]

根据新的军事战略原则，这一时期苏联的武装系统和兵力构成发生了很大变化。20 世纪 50 年代中期，苏联是自己原有的常规导弹部队核子化。1957 年 8 月和 10 月，苏联率先掌握了洲际弹道导弹和人造地球卫星技术。同时，中远程轰炸机、新式战斗机、核潜艇等战略武器先后问世。1959 年，苏联建立了世界上第一支战略火箭军部队。苏联武装力量的军种也由原来的 4 个扩大到 5 个。[③] 至 1964 年，战略火箭军在组建后短短 4 年间就装备了 200 枚洲际导弹和 750 枚中程导弹，海军开始改装和建造常规动力的弹道导弹潜艇。空军远程航空兵开始装备带核弹头的空地导弹，最终苏

① 这也是赫鲁晓夫得出“战争不是不可避免的”结论的重要依据。

② 陈之骅主编：《苏联史纲（1953—1964）》，人民出版社 1996 年版，第 276 页。

③ 成立战略火箭军之前，苏联武装力量原有陆军、国土防空军、空军和海军四个军种。

军形成了三位一体的战略核突击力量。①

火箭核战略的出台及战略火箭军的问世，使苏联的军事实力迅速提升，苏联由此逐渐成为与美国平起平坐的世界军事大国。但是，军力的膨胀也助长了苏联的野心，导致20世纪60年代中期苏联与美国之间开始大规模的军备竞赛，苏美之间逐渐形成了“核恐怖”平衡和“冷和平”的局面。

（三）对社会主义国家及其他第三世界国家的外交

1. 对欧亚社会主义国家的外交

赫鲁晓夫上台后，开始调整与欧亚社会主义国家的关系，其主要目的是将本国的路线强加于阵营内各国，使它们更协调地贯彻和执行苏联的对外战略。② 因此，尽管赫鲁晓夫上台之初一再强调社会主义国家之间应该遵循平等、互不干涉内政、尊重各国独立自主的外交原则，但是在实践中，由于苏联力量强大（包括拥有核武器）、社会主义革命和建设历史悠久等强烈优越性，加上俄国霸权主义的历史传统的影响，赫鲁晓夫依然处处充当阵营首领，经常代表阵营或者代替阵营发表言论、采取行动，并以此压制和控制其他社会主义国家及其政党。③ 这是导致这一时期苏联与其他一些社会主义国家间出现严重分歧、论战甚至冲突的主要原因。最具代表性的就是苏联与南斯拉夫关系一度恢复后再度恶化，波兰爆发“波兹南事件”（1956年6月），匈牙利事件（1956年10月），以及苏中两党出现的严重分歧和论战（从苏共二十大到1963年中国权威刊物《人民日报》和《红旗》发表“九评”）等。

2. 向第三世界国家的扩张

20世纪50年代中期，西方列强对亚非拉地区控制明显减弱，而万隆会议（1955年）后，亚非拉民族解放运动出现了进一步高涨的形势。在此背景下，苏联举起同民族独立国家加强合作、共同反对帝国主义和殖民主

① 赵丕、李效东主编：《大国崛起与国家安全战略选择》，军事科学出版社2008年版，第149页。

② 陈之骅主编：《苏联史纲（1953—1964）》，人民出版社1996年版，第257页。

③ 周尚文、叶宗书、王斯德著：《苏联兴亡史》，上海人民出版社1993年版，第610页。

义的旗帜，以“经济援助”和“军事援助”为主要手段，逐步向亚非拉地区进行和平渗透，以扩大自己的势力范围。

在南亚和东南亚：1954 年，苏联与阿富汗签订了经济援助协定；1955 年初，苏联与印度签订了关于建设年产 100 万吨钢的比莱钢铁厂的协定，苏联向印度提供包括设计、技术、管理等几乎全部援助；1955—1956 年，苏联还与印度尼西亚、柬埔寨和锡兰（现称里兰卡）签订了一系列经济合作协定。在中东：苏联与叙利亚、黎巴嫩、伊朗、也门签订了经济合作协定。在非洲：苏联与埃及、几内亚、加纳等国签订了经济合作协定。通过“经援”，苏联的势力在上述地区和国家与日俱增。

除了“经援”以外，“军援”也是苏联向亚非拉扩张影响力的重要途径。如 1960 年，苏联提供给印度的“军援”就多达 24 亿美元，其中包括最新式的米格 - 21 战斗机，同期美国向印度提供的“军援”仅为 3 亿美元。[①] 1961—1964 年间，苏联向印尼出售的军火和军事装备就高达 12 亿美元，包括飞机、舰艇、地对空导弹、坦克、大炮、雷达和卡车等。[②]

三、勃列日涅夫时期苏联的国家安全战略

勃列日涅夫时期的国家安全战略基本上延续了之前主要依靠军事力量确保国家安全的路径，其主要表现为：一方面继续强调与西方资本主义国家的和平共处，对西方实施“缓和”战略；另一方面积极加强军备建设，与美国争夺战略优势和世界霸权。

（一）实施“缓和”战略

自 1964 年 10 月勃列日涅夫上台后，苏联的对外政策总体上继承了赫鲁晓夫的和平共处外交思想。在 1964 年 11 月纪念十月革命 47 周年的报告中，勃列日涅夫就指出“我们党近几次代表大会的决议和我们党的纲领所确定的对外政策总方针是始终一贯和坚定不移的”，苏联“过去和现在都

---

① 陈之骅主编：《苏联史纲（1953—1964）》，人民出版社 1996 年版，第 297 页。

② 《苏联社会帝国主义经济统计资料》，人民出版社 1977 年版，第 559 页。

奉行不同社会制度国家和平共处的政策”。[①] 在和平共处外交方针的指导下，从20世纪60年代下半期开始到70年代中期，苏联对西方实施了“缓和”战略。在1971年3月苏共二十四大上，勃列日涅夫提出了“和平纲领”，他说，“……一如既往，我们（苏联）始终坚持列宁和平共处的原则，不管它们的社会制度如何”，“我们可以百分之百负责任地宣布，我们对谁都没有领土要求，我们不威胁任何人，也不准备进攻任何人。我们主张所有民族自由独立地发展”。[②] 自此，“缓和”作为一种外交理论得以正式确定下来。

勃列日涅夫“缓和”战略的实施“使苏联获得了在与西方直接对抗中前所未有的好处”，[③] 其主要成果表现在：首先，苏联的超级大国地位得到了美国的认可。1972—1974年，美苏举行了三次首脑会晤，就限制战略核武器问题进行了多轮谈判，并达成若干协议。[④] 苏美首脑会晤提升了苏联的国际地位，增强了苏联对国际局势的影响力，同时也标志着东西方对话开始代替对抗，美苏缓和正式展开。其次，缓和了苏联与西方国家之间的关系。勃列日涅夫时期，苏联与西方关系缓和的最主要成果是欧安会的举行以及相关文件的签署。1975年7月30日至8月1日，在经历了近两年的前期准备后，欧洲安全和合作会议在赫尔辛基举行，来自欧洲、美国和加拿大等35个国家的代表共同签署了《欧洲安全和合作会议最后文件》。该文件是美苏妥协的结果，苏联基本上取得西方对战后欧洲边界现状的承认，巩固了苏联在二战后的既得利益。再次，苏联对西方的“缓和”加深了苏联与西方在贸易领域的互利合作。这一时期，苏联从西方获得了大量

---

① 《勃列日涅夫言论》（第1集），上海译文出版社1979年版，第32页。

② 林军著：《俄罗斯外交史稿》，世界知识出版社2002年版，第341页。

③ 盛昊云：“评勃列日涅夫时期的‘缓和’外交战略”，《今日东欧中亚》1996年第6期，第23页。

④ 美苏第一轮谈判始于1969年11月。1972年5月，美国总统尼克松与勃列日涅夫在莫斯科签订了《反弹道导弹条约》（the Anti – Ballistic Missile Treaty），同时签订为期5年的《美苏关于限制进攻性战略武器的某些措施的临时协定》。此轮谈判增进了美苏互信，对国际安全产生了积极的影响。美苏第二轮谈判始于1977年。1979年6月，美国总统卡特与勃列日涅夫在维也纳签订了《美苏限制进攻性战略武器条约》，亦称《第二阶段限制战略武器条约》。这是第一个真正规定裁减美苏双方核武的条约，此后由于苏军入侵阿富汗及苏联驻军古巴，美国国会延迟批准该条约。1986年，里根政府指控苏联违约，并退出条约。

贷款，引进了许多先进的技术和设备，大大促进了苏联的经济和军事发展。据统计，1970—1980 年间，苏联同西方资本主义国家的贸易额由 46 亿卢布增至 316 亿卢布，增长近 6 倍。1964—1970 年，苏联从西方获得的长期贷款为 38 亿美元，而 1971—1980 年猛增至 300 多亿美元。① 苏联与西方贸易关系中最突出的是能源贸易，20 世纪 70 年代也是西欧对苏联能源依赖逐渐形成的重要时期。

“缓和”战略是勃列日涅夫借 20 世纪 70 年代美国战略收缩之际推行的“缓兵之计”，其目的是用“缓和”来麻痹西方，束缚西方的手脚，争取时间加紧发展自己的力量，从而以压倒对方的优势日后与美国争夺世界霸权。② 事实证明，欧安会之后，苏联的“缓和”战略开始向“全球进攻”战略转变。

（二）调整军事战略与加强军备建设

勃列日涅夫时期，苏联一方面推行“缓和”战略，另一方面积极调整军事战略，加强军备建设，以夺取对美国的战略优势。

1. 调整军事战略

勃列日涅夫时期，苏联推行的是“积极进攻”的军事战略。这一军事战略是在新的历史条件下，即在经济、军事实力迅速提升后，苏联霸权主义的扩张野心和军事实力相结合的产物，是苏联全球扩张战略在军事上的体现。主要表现为：在军备建设上，以赶超美国为主要目标，全面争取军事优势；加强以欧洲为重点的全球战略部署，积极向外侵略扩张，苏联在欧洲部署了总兵力的 3/4，与北约重兵对峙；在战争准备上，既准备打核战争，也准备打常规战争；在作战思想上，强调先发制人，突然袭击，连续突破，速战速决；在作战指挥上，成立了和平时期最高国防决策机构——国防会议，由苏共总书记勃列日涅夫担任主席。相比赫鲁晓夫时期的军事战略中对核武器作用的过分夸大，勃列日涅夫做了一定程度的修

---

① 盛昊云：“评勃列日涅夫时期的‘缓和’外交战略”，《今日东欧中亚》1996 年第 6 期，第 24 页。

② 刘光慧：“勃列日涅夫时期苏联对外战略评析”，《北方论丛》1996 年第 4 期，第 86 页。

正，增强了战略的灵活性，但是赫鲁晓夫时期形成的“火箭核战略”并未发生实质性的变化。①

2. 加强军备建设

为了取得对美国的军事优势，勃列日涅夫特别注重军备建设。20 世纪 60 年代末至 70 年代初，勃列日涅夫一直强调“国防问题在我们的一切工作中占第一位”。他还宣称，为了使苏联军队能够胜任保卫国家安全的神圣职责，“一切都在所不惜”。② 正是在这种思想的指导下，苏联以空前的规模和速度扩充军备，在对美军备竞赛中取得了重大进展，美苏军事实力对比的天平逐渐向苏联倾斜。

战略核武器方面。20 世纪 60 年代末，苏联在战略核武器的数量上赶上美国。从 1972 年美苏签署第一阶段限制战略武器条约至 1980 年，美国的战略运载工具增加了 48 件，苏联则增加了 415 件，同年美国的核弹头数量达到 9000 个，苏联为 7000 个。60 年代末，美国率先在战略弹道导弹上安装分导式多弹头。苏联到 70 年代中期才能够生产多弹头弹道导弹，落后了美国 5 年，但苏联紧追不舍。1975 年以后，苏联开始部署多弹头的 SS－17、SS－18 和 SS－19 弹道导弹。到 80 年代初，苏联已经基本停止生产单弹头弹道导弹。③

战术核武器方面。美国在战术核武器方面的竞赛中最初领先，但是中途却落后于苏联。20 世纪 70 年代，苏联部署的 SS－20 多弹头中程导弹不仅射程远，而且命中精度高。1979 年，苏联拥有 140 枚此类导弹，1984 年增至 378 枚。苏联还生产和部署了 SS－21、SS－22 和 SS－X－23 短程战术弹道导弹。此外，还有先进的战术核武器运载工具——逆火式轰炸机也加紧生产和部署。④

常规武器方面。海军：苏联本来在数量和质量方面远远落后于美国，但是在 1962—1980 年，苏联共建造了约 700 艘军舰，而美国只建造了 377

---

① 王海、李植谷著：《苏联军事战略概论》，国防大学出版社 1989 年版，第 49—53 页。

② 王京建著：《国家安全法学教程》，中国社会出版社 2008 年版，第 54 页。

③ 俞行：“战后美苏军备竞赛的不断升级及其原因和影响”，《苏联东欧问题》1987 年第 3 期，第 52 页。

④ 同上，第 52、53 页。

艘，美苏差距大幅缩小。空军：70 年代，苏联全速进行空军现代化，尤其是 70 年代后期以来，苏联以每年生产 750 架的速度更新现役飞机，使半数以上飞机的役龄不超过 5 年，每年增加约 30 架逆火式轰炸机，同时还不断改进携带空中发射巡航导弹的图 -95 熊式轰炸机，米格 -27、米格 -29 等战术攻击机在质量上已同美国同类战斗机相差无几。陆军：苏联从 70 年代初开始赶超美国，T-64、T-72 型新式坦克，新型自行火炮，装甲战斗车，各式地对空导弹等许多地面重武器纷纷投入战备，这些武器装备在数量和质量上都超过了美国。①

（三）推行全球扩张战略

勃列日涅夫执政中期，苏联开始向全球推行扩张战略。这一战略的直接目的是在全球扩大社会主义阵营，与美国争夺世界霸权。就战略目标而言，勃列日涅夫的全球扩张战略与赫鲁晓夫没有本质的区别，不同的地方是后者更具有进攻性。在这一战略的指导下，苏联以欧洲为重点，加强对东欧的控制，同时积极向亚洲、非洲和美洲扩张。

1. 在东欧

东欧是苏联与美国争夺欧洲控制权的战略前沿和重点，为了加强对东欧的控制，苏联推出了勃列日涅夫主义。1968 年出兵捷克斯洛伐克之前，苏联曾发表了一系列声明和宣言，提出了“有限主权论”“国际专政论”和“社会主义大家庭论”等理论，这些统称为勃列日涅夫主义。1968 年 8 月 20 日，苏联以社会主义事业受到威胁为由，联合波兰、匈牙利、保加利亚和民主德国在内的 5 国大约 50 万部队悍然出兵捷克斯洛伐克，最终“布拉格之春”在苏联的武力压迫下夭折。这一事件是勃列日涅夫强化控制东欧最典型的表现，也是对勃列日涅夫霸权主义的“完美”诠释。

2. 在亚洲

勃列日涅夫时期的中苏关系长期处于紧张状态，这与勃列日涅夫对中

① 俞行：“战后美苏军备竞赛的不断升级及其原因和影响”，《苏联东欧问题》1987 年第 3 期，第 53 页。

国的防范与打压密切相关。勃列日涅夫上台后，苏联不断增加中苏边界地区的驻军，从赫鲁晓夫时期的10多个师增加到40多个师。1966年2月苏蒙签订《友好合作互助条约》后，苏联借此将军事力量向中蒙边界推进，对中国构成巨大军事威胁，中苏边界冲突频率随之增加。据统计，从60年代初到70年代前半期，苏中边界冲突事件达1.3万起。[①] 为了进一步遏制中国，苏联还与越南签订了《友好合作条约》（1978年11月），将越南纳入苏联的战略体系，并怂恿越南侵略柬埔寨，[②] 支持越南的反华、排华政策。此外，鉴于阿富汗所处的重要地缘战略位置，1979年12月苏联直接出兵入侵阿富汗，对阿富汗实行了全面军事占领。

3. 在非洲和拉美

非洲和拉美都是20世纪70年代美苏争夺的重要地区。勃列日涅夫时期，苏联通过经援、军援、代理人战争、广泛签订友好合作条约等多种途径向非洲进行渗透和扩张。如，苏联通过经援和军援的形式向埃及进行渗透，利用古巴干涉安哥拉等。拉美地区是美国的后院，是苏联与美国争霸的重点。这一时期，苏联以古巴为基地，通过支持拉美的民族民主运动，努力扩大苏联的影响力。

通过实施全球扩张战略，苏联在美苏争霸中逐渐占据了相对优势，提高了国际地位，但是也使自己在国际上陷入了严重的孤立境地。美国开始联合全球的力量遏制苏联的全球扩张，东欧国家与苏联更加“貌合神离”，离心倾向越来越强，第三世界国家反对苏联霸权主义的斗争也日益高涨。[③]

---

① 周尚文、叶宗书、王斯德著：《苏联兴亡史》，上海人民出版社1993年版，第649页。

② 1978年12月，越南黎笋政府以“统治柬埔寨的红色高棉曾侵入越南富国岛并屠杀在柬埔寨越南裔公民”为由，在苏联顾问的帮助下，凭借苏联提供的坦克和大炮向柬埔寨发动了大规模进攻，占领了柬埔寨大部分国土，1979年1月7日占领柬埔寨首都金边，同时扶持了伪政权——柬埔寨人民共和国。1989年9月27日，越南政府宣布从柬埔寨全面撤军。1990年8月，最后一批越军撤离柬埔寨。至此，越柬战争结束。

③ 赵丕、李效东主编：《大国崛起与国家安全战略选择》，军事科学出版社2008年版，第153页。

四、戈尔巴乔夫时期苏联的国家安全战略

1985年3月11日，戈尔巴乔夫当选为苏共中央总书记。在经历了勃列日涅夫时期的高速发展后，戈尔巴乔夫接手的苏联是一个由全盛转向衰落的苏联，是一个疲惫不堪，在政治、经济领域积累了大量亟待解决的问题的国家，对第三世界的援助及与美国的军备竞赛使苏联背负沉重的经济包袱。① 日益严峻的国内外安全形势促使戈尔巴乔夫上台后立即开始推行全方位的改革。然而，戈尔巴乔夫错误地判断了形势，迅速抛弃了前几任苏联领导人长期坚持的国家安全战略理念，推出了富有理想主义色彩的“新思维”改革，在安全领域向美国做出重大让步，改变奉行了几十年的积极进攻战略，实行纯防御军事战略，在全球实施战略收缩，这一系列措施导致苏联在复杂的国内外形势中迷失了方向，最终走向解体。

（一）改革新思维

改革新思维是戈尔巴乔夫主张的改革理论的总称。戈尔巴乔夫在苏共二十七大所做的政治报告、纪念十月革命70周年的讲话及《改革与新思维》一书中对新思维做了详细的阐述。新思维涉及戈尔巴乔夫对当时世界发展趋势的基本认识及苏联处理国际关系的基本原则。

新思维对世界发展趋势的基本认识主要包括：当前的世界是一个多样性的统一体，有着巨大的潜力和危险性；核战争威胁着人类的生存和发展，“核战争不可能成为达到政治、经济、意识形态及任何目的的手段”，② 在核冲突中“既不会有胜利者，也不会有失败者”；③ 全人类的利益高于阶级利益，新思维的核心思想就是“承认全人类的价值高于一切，更明确地

① 刘显忠：“戈尔巴乔夫改革前苏联的政治、经济及社会状况”，《当代世界社会主义问题》2016年第2期，第31页。

② ［苏］米·谢·戈尔巴乔夫著：《改革与新思维》，新华出版社1987年版，第177页。

③ 同上书，第180页。

说是承认人类生存高于一切”。[①] 资本主义仍然具有发展前途并富有生命力。[②]

根据以上基本认识，戈尔巴乔夫提出了苏联处理国际关系的根本原则，其中包括：继续坚持和平共处的普遍原则，“在核战争完全无法接受的情况下，处理国与国关系的准则，不应当是对抗，而应当是不同制度的和平共处”；[③] 必须遵循自由选择的原则，充分尊重各国人民按照自己的选择而生活，并在和平条件下独立自主地解决自身的问题；普遍安全的原则，通向安全的唯一道路是政治解决的道路，是裁军的道路；平等合作和利益均等的原则，为了促进和增加相互了解，必须鼓励对话，否则不可能进行平等合作；国际关系非意识形态化，各国都应把社会的道德伦理标准作为国际政治的基础，使国际关系人性化和人道主义化。[④]

新思维是戈尔巴乔夫为改革苏联面临的诸多问题，推动国家经济发展，摆脱国际孤立而提出的一系列理论设想，具有积极的历史意义。尤其是在国家安全观上，戈尔巴乔夫相比前几任苏联领导人主要强调军事安全的国家安全观，其提出的国家安全观涉及政治安全、经济安全和军事安全等多个领域，[⑤] 内容更加丰富，也符合时代的要求，这无疑是一种思想进步。但是，戈尔巴乔夫宣扬全人类的利益高于一切，放弃阶级斗争，放弃两种社会制度和意识形态的竞争与斗争，强调构建理想化的国际安全体系，主张实现国际关系的民主化、人道主义化和国家关系的非意识形态化等错误观念使苏联领导层在错综复杂的斗争形势下迷失了方向，选择了退让主义和投降主义，最终葬送了苏联。

---

① ［苏］米·谢·戈尔巴乔夫：《改革与新思维》，新华出版社 1987 年版，第 184 页。

② 刘金质著：《冷战史》（下），世界知识出版社 2003 年版，第 1300—1303 页。

③ 苏群译：《戈尔巴乔夫言论选集》，人民出版社 1987 版，第 283 页。

④ 同上书，人民出版社 1987 版，第 1303—1307 页。

⑤ 戈尔巴乔夫认为：苏联要求有军事安全，争取一个没有核武器的世界，保持自己“足够的防御力量”或把军备力量保持在“合理的足够程度”；苏联要求经济安全，认为苏联经济是世界经济的一部分，要积极参与“国际经济一体化”，坚决反对把经济关系作为政治斗争的手段和向苏联施加政治压力的工具；苏联要求政治安全，广泛密切交往，消除对抗因素，缓和冲突与危机局势。参见刘金质著：《冷战史》（下），世界知识出版社 2003 年版，第 1306 页。

（二）美苏军控谈判与裁军

经过赫鲁晓夫和勃列日涅夫两任领导人不断地扩充军备，到 20 世纪 80 年代中期，苏联已经取得了对美国的战略均势。然而，长期的军备竞赛使苏联财政不堪重负。戈尔巴乔夫坦言，军备竞赛是发展苏联经济面临的“最大困难之一”。[①] 为了保持美苏战略均势，减轻核军备竞赛带来的经济重负，戈尔巴乔夫改变了苏联之前的扩军政策，主张通过军备控制谈判等政治手段来保障苏联的安全。

1985 年 3 月戈尔巴乔夫上台伊始，美苏就重新启动了裁军谈判。这一次谈判中，美苏双方把削减进攻性战略武器、欧洲中程导弹和太空武器的谈判捆绑在一起，故被称为“一揽子裁军谈判”。谈判中，美国里根政府坚决不让步，而戈尔巴乔夫主动放弃对等裁军的原有立场，对美做出重大战略让步，使得美苏在欧洲中程导弹和削减核武器等谈判中取得了实质性进展。

1. 《中导条约》

1987 年 12 月 8 日，戈尔巴乔夫与里根在华盛顿签署了《中导条约》（全称为《 苏联和美国消除两国中程和中短程导弹条约》），该条约要求两国削减射程为 500—5500 公里的陆基巡航导弹和弹道导弹，这包括已经部署和虽已生产但尚未部署的导弹。尽管条约规定要销毁的核弹头的数目只占两国拥有的核弹头总数的 3%—4%，[②] 但它是美苏裁军谈判史上第一个真正减少核武器数量的条约，被誉为“冷战时期最成功的军控协议”。《中导条约》是戈尔巴乔夫为打破美苏核裁军僵局做出的努力，为双方的进一步裁军奠定了基础。

2. 《欧洲常规裁军条约》

1990 年 11 月 19 日，北约 16 个成员国和原华约 6 个成员国在巴黎签署了《欧洲常规裁军条约》（亦称为《欧洲常规武装力量条约》）。这是二战

---

① 庄去病：“美苏军控谈判及其对缓和的影响”，《国际问题研究》1988 年第 2 期，第 3 页。

② 截至 1991 年 5 月底，苏联共销毁导弹 1846 枚，比美国多销毁 1014 枚，由此可见《中导条约》的非对等性。参见赵丕、李效东主编：《大国崛起与国家安全战略选择》，军事科学出版社 2008 年版，第 154 页。

后两大东西方军事集团签署的第一个常规裁军条约，其主要目的是削减双方在欧洲地区的常规武装力量。[①] 苏联解体后，条约成员国由原来的 22 国增至 30 国。各成员国又于 1999 年 11 月签署了《欧洲常规武装力量条约修改协议》。迄今为止，只有俄罗斯、白罗斯、哈萨克斯坦和乌克兰 4 国批准了修订后的条约，但是没有一个北约国家批准该协议。俄罗斯之所以批准该条约，是因为俄罗斯政府认为，条约对保持欧洲战略平衡有着积极的作用，在一定程度上可以降低俄罗斯的安全担忧。但条约的隐患在于，新加入北约的波罗的海三国和斯洛文尼亚不是该条约缔约国，由此产生了一个“灰色”地带，理论上北约可在这些国家任意部署军队，这对俄罗斯是不利的。[②]

3. 《削减和限制进攻性战略武器条约》

1991 年 7 月 31 日，美苏签署了《削减和限制进攻性战略武器条约》，又称（STARTI）《第一阶段削减战略武器条约》。该条约规定，美苏双方把各自拥有的核弹头数量由 1 万多枚削减至不超过 6000 枚，运载工具减至不超过 1600 件。该条约于 1994 年 12 月正式生效，有效期 15 年，于 2009 年 12 月 5 日到期。

（三）纯防御军事战略

1987 年 5 月，华约组织发表了《关于华沙条约缔约国军事学说》，确立了新的军事战略。相比苏联之前的积极进攻战略，新军事战略具有“纯防御”的性质。该战略把制止战争作为首要任务，坚持“三不”原则，即在任何时候和任何情况下都不首先对别国采取军事行动、不首先使用核武器及不谋求军事力量优势，只将其保持在防御所必需的水平上。具体表现在：在未来战争设想上，改变了对核战争的看法，强调在不放松核战争准备的同时，尤其应该重视现代高技术常规战争；在国防建设上，改变了过去“重军抑民”的做法，强调在服从国家经济建设需要的前提下，走质量

---

① 《欧洲常规裁军条约》也是在苏联做出重大让步的基础上达成的。根据该条约，苏联在 40 个月内削减的军备超过北约盟国削减数量的总和。参见赵丕、李效东主编：《大国崛起与国家安全战略选择》，军事科学出版社 2008 年版，第 155 页。

② 李永志主编：《简明国际知识辞典》，世界知识出版社 2014 年版，第 239、240 页。

建军的道路；在军备竞赛上，主张保持美苏之间的“低水平均势”，并提出了“军备合理够用”的新概念；在作战指导上，强调防御是军事行动的基本类型；在军事部署上，出于“同等安全”的考虑，进行了某些调整或收缩。[①]

苏联此次军事战略调整涉及一些根本性的问题，是一次全面性的改造或重建。在战略的性质上，“纯防御的军事战略”不同于二战后提出的“积极防御战略”；在战略目标上，明确了军事战略的首要任务是制止战争，而不是单纯为了打赢战争；在战略手段上，强调为达成制止战争和保障安全的目的主要不是靠军事手段，而是靠政治与外交等非军事手段，军事实力要严格限制在“合理够用”的范围内；在战略途径上，摒弃了苏联一贯奉行的积极进攻战略思想，主张一旦遭到攻击，应该通过防御和反攻行动“御敌于国门之外”。[②]

基于以上战略原则，苏联在军事领域进行了一系列改革，主要表现在：削减军费开支，1986—1990 年，苏联的国防费用比已批准的计划共节约近 300 亿卢布，1991 年苏联军费预算为 965 亿卢布，虽绝对数额比上一年增加 256 亿卢布，但如除去价格上涨因素，实际数额则比上一年减少了近 60 亿卢布；裁减军事实力，1988 年 12 月，戈尔巴乔夫在联大宣布，苏联计划在 1990 年底以前单方面裁减军队员额 50 万和大量常规武器装备；压缩军工规模，苏联决定削减武器装备生产，除 1987 年停止生产化学武器外，逐步压缩核武器生产，同时将一些国防工业部门的设计院、研究所和工厂转向民品的开发和生产；改革军队结构，1989 年 3 月苏联决定将边防军、内卫部队和铁道兵从武装力量的编成中划出，并逐步对军队的结构和体制进行调整，将原有的 16 个军区裁并为 10 个。此外，陆军部队的编制编成也发生了变化；收缩兵力部署，陆续从捷克斯洛伐克、匈牙利等东欧国家和蒙古国撤军。[③]

---

① 王海、李植谷著：《苏联军事战略概论》，国防大学出版社 1989 年版，第 343—357 页。

② 同上书，第 359 页。

③ 周爱群：“苏联军队的改革”，《世界知识》1991 年第 10 期，第 28 页。

（四）全面战略收缩

在维护国家安全、处理与其他国家关系方面，戈尔巴乔夫坚持国际关系趋于民主化、非军事化和人道主义化的观点，认为维护国家安全的主要手段已经由军事转到政治。在这一思想的指导下，戈尔巴乔夫彻底改变了苏联之前实行的全球扩张战略，开始实施全面战略收缩。

1. 在欧洲

对苏联而言，欧洲的重要意义丝毫不亚于俄罗斯历史上的任何时期。勃列日涅夫曾说，苏联在考虑国际问题时，欧洲是高于一切的。[①] 尽管整个苏联时期苏联的对欧政策从属于对美政策，但是戈尔巴乔夫试图将苏欧关系作为一个独立的单元来考虑。因此，在缓和对美关系的同时，戈尔巴乔夫积极开展了对欧外交，并提出了“欧洲大厦”的构想。戈尔巴乔夫认为，“欧洲的确是我们共同的大厦”，欧洲人应该“保持大厦应有的秩序”，“共同做出努力遵守公共生活的各项合理准则”。[②] 为实现欧洲从军事对抗转变为和平共处，戈尔巴乔夫主动做出了重大战略让步，同意让德国统一（1990 年 10 月 3 日）并加入北约。德国的统一标志着二战后确立的雅尔塔体系在欧洲的解体。对于苏联与东欧社会主义国家的关系，戈尔巴乔夫指出，“一定要在完全自主的基础上建立社会主义国家之间的整个政治关系体系”，“双方的经济关系应建立在始终不渝地遵守互利和互助的原则基础上”。[③] 为此，苏联放弃了对东欧国家的政治、经济和军事控制，戈尔巴乔夫还主动出访南斯拉夫修好双边关系。

2. 在亚洲

戈尔巴乔夫时期，从蒙古国、阿富汗和越南等国撤军，改善中苏关系是苏联亚洲外交的主基调。1989 年 2 月，苏联宣布完成从阿富汗撤军任务，持续 9 年的阿富汗战争结束。1987 年，苏联开始从蒙古国撤军，至

---

① ［美］吉米·恬特，卢群、周慧、徐洪译：《忠于信仰——一个美国总统的回忆录》，新华出版社 1985 年版，第 300 页。

② ［苏］米·谢·戈尔巴乔夫著：《改革与新思维》，新华出版社 1987 年版，第 252 页。

③ 同上书，第 210—212 页。

1991 年底苏军大部分撤离。[①] 从 1988 年 4 月苏联启动从越南金兰湾军事基地的撤军任务至苏联解体前，苏联海军从金兰湾撤走了绝大部分舰船和人员。[②] 在中苏关系上，戈尔巴乔夫就任苏共中央总书记后，随即表了希望改善与中国关系的愿望。1986 年 7 月，戈尔巴乔夫在远东海参崴视察时释放了积极的信号，他表示：希望不久的将来苏中边界能成为和平与友好的地区。1989 年 5 月，戈尔巴乔夫访问中国，中苏发表了《中苏联合公报》，这标志着中苏关系在经历了 60、70 年代的对峙后，实现了正常化。

应该承认，戈尔巴乔夫的改革新思维及其对苏联安全观的全面调整，以及苏联在处理国际关系时奉行的全面缓和政策，在一定程度上改善了苏联国内外的安全形势。但是，戈尔巴乔夫超越历史发展阶段的理想化的安全观，以及对复杂国际安全形势的误判，导致了苏联社会的剧烈动荡，最终不仅未能维护苏联的国家安全，反而促使国家解体。这也充分证明了戈尔巴乔夫所倡导的改革新思维的严重历史局限性。

---

① 1993 年 12 月 30 日，蒙古国国防部正式宣布，俄罗斯（苏联）驻蒙军队全部撤离。

② 1991 年苏联解体后，俄罗斯继承了金兰湾基地的使用权。2002 年 1 月，俄罗斯外交部表示，俄罗斯在 2004 年后不再继续使用越南金兰湾军事基地。同年 5 月 3 日，俄罗斯提前将金兰湾的全部设施移交给越南，至此，俄军从越南撤军完毕。

第四章　叶利钦时期俄罗斯的国家安全战略

1991 年 12 月 26 日，苏联最高苏维埃举行最后一次会议，履行了苏联终止存在的法律手续，苏联自此解体，冷战宣告结束。苏联解体不仅改变了国际安全格局，同时也对以苏联继承者身份登上国际舞台的俄罗斯的国家安全造成了重大影响。为应对复杂的国内外安全形势，俄罗斯总统叶利钦以《俄罗斯联邦安全法》和《俄罗斯联邦国家安全构想》为法律依据和理论基础，逐步形成了俄罗斯新的国家安全战略，对维护国家安全产生了积极的影响，但同时也受各种因素的制约，该战略的实施未能有效扭转俄罗斯的安全困境。

第一节　独立之初俄罗斯的国家安全环境

东欧剧变和苏联解体使得二战后形成的两极对立体制发生了根本性变化，国际安全格局出现了两种发展趋势：一是，在失去了苏联的牵制后，美国极力尝试构造“单极世界”，实现其领导世界的政治目标；二是，日本、西欧经济快速发展，地区影响力上升，“一超多强”的政治格局逐步形成，多极化趋势不断加强。俄罗斯虽然继承了苏联大部分的领土、武装力量及其他政治遗产，仍然是国际格局中不可忽视的重要一极，但是动荡的政局、经济的衰退、社会矛盾的激化严重困扰着新生的政权，如何在新的国际形势下确保国家安全是俄罗斯面临的核心任务。

一、国际安全环境

（一）国际局势进入了总体缓和与局部动荡的新时期

一方面，两极格局的消失缓和了国际安全局势，苏联的解体大大降低了爆发世界大战，尤其是核大战的可能性，由冷战时期美苏对峙引发的紧张态势急剧降温。军事因素对国际局势的影响相对降低，各国进行了不同程度的裁军，美国军队人数由200万降至140万，俄军也由280万降至150万。[①] 此外，美俄在核裁军与防核扩散方面的合作取得了一系列进展，苏联在第一阶段削减战略武器条约中的国际核裁军义务被俄罗斯继承并予以执行，美俄双方在此基础上进行了关于第二阶段削减战略武器条约的谈判，核冲突的风险正在不断降低。另一方面，苏联解体使得部分地区成为“权力真空地带”，外部安全压力的相对降低使得地区内因核冷战而积压的民族宗教矛盾和领土纠纷集中爆发，局部冲突成为区域常态。据统计，冷战时期，世界各地发生的武装冲突和局部战争有197起，平均每年约4起，而在1991年冷战结束后的8年里，全世界共发生武装冲突和局部战争92起，平均每年10起。[②] 国内外学者普遍认为，这些战争和冲突的爆发主要有两方面的原因：一是因为西方国家仍然抱持冷战思维，对俄罗斯怀有高度的戒心，试图迅速填补苏联解体造成的“权力真空”，以扩大对俄的战略优势；二是因为没有苏联的牵制，西方国家凭借自身的政治、经济和军事优势，进一步强化了渗透力度，对他国内政进行强行干涉，破坏了区域内政府职能的正常发挥，激化了区域内各类矛盾，引发了社会危机，造成政局动荡，阻碍了国际局势和平发展的进程。

（二）单极化趋势与多极化趋势的斗争日益加剧

失去了苏联的制衡，美国凭借在经济、科技、军事、文化等领域的诸

① 朱阳明：《2000—2001年战略评估》，军事科学出版社2000年版，第2页。

② 王树春：《转型时期的俄罗斯国家安全战略》，中山大学出版社2002年版，第73页。

多优势，不断巩固自身在国际格局中的优势地位。随着克林顿入主白宫，美国抛出了“克林顿主义”，其核心思想是“美国作为冷战后唯一的超级大国，应当担负起领导世界的责任”。其在《国家参与扩展安全战略》报告中提出了“保持强大军事实力”“促进经济繁荣”和“推进全球民主化与人权”等战略性指导方针。美国开始以其强大的军事力量和经济力量为支撑，以推进民主与人权为借口，在世界范围内广泛传播其价值观和意识形态。

相较于美国的强势，“一超多强”格局中的其他强国则处于相对弱势地位，难以形成对美国的有效制衡。其中，欧盟的一体化进程虽然不断加快，经济实力持续增长，但尚未形成统一的政治诉求，且随着苏联等外部威胁的消失，欧盟内部对统一后德国的忧虑逐渐发酵；日本身处经济泡沫之中，持续低迷；中国等发展中国家虽然潜力巨大，但由于起步晚、基础差，在以西方为主导的国际政治经济秩序中仍处于劣势；而苏联的继承国——俄罗斯深陷国内的政治、经济危机，总体实力极大受损。

国际力量的此消彼长使得东西力量对比失衡，原来的东西矛盾相对下降，发达国家的内部矛盾则相对上升。面对美国的战略调整，尤其是在海湾战争以及科索沃战争后，欧盟以及日本等大国对美国的战略意图有所警觉，并通过不同的方式反对美国建立“单极世界”的主张。对欧盟而言，其目标便是取代美国成为欧洲事务的主导者，美欧围绕着美国在西欧的去留问题，对俄罗斯与独联体其他国家援助的主导权问题，以及对巴尔干、中亚与外高加索地区的“权力真空”由谁来填补等问题进行的斗争日趋表面化，双方矛盾呈现出不断上升的趋势。日本则充分发挥其亚洲经济发展引擎的作用，在带动周边国家经济增长的同时，试图“以经促政”，朝着政治大国的目标前进。

（三）传统安全威胁相对下降，非传统安全威胁逐步凸显

冷战后，和平与发展成为时代主题，国际竞争逐渐由传统的军事力量竞争转变为以经济为主的国家综合实力的竞争。随着科学技术的发展，世界联系更加密切，经济全球化和区域化得到飞速发展，对自然资源、技术人才、信息资源、国际市场的争夺日益激烈。但经济全球化也进一步加剧

了世界的发展差距，南北矛盾不断激化，为恐怖主义、宗教极端主义提供了生存的土壤。同时，全球性问题不断增多，生态环境、气候变化、疾病蔓延等问题逐渐引起了世界的关注。

二、地缘安全环境

苏联解体对俄罗斯的地缘环境造成的影响是巨大的，它使得俄罗斯作为一个地缘政治实体在世界地缘政治版图中的地位明显下降。[①] 成立于1922年的苏联由15个加盟共和国构成，国土面积约占世界的1/6，是冷战时期唯一能与美国抗衡的超级大国。苏联解体后，俄罗斯继承了苏联领土面积的76%，为1707.5万平方公里，人口较苏联减少近一半。俄罗斯不仅丧失了资源丰富的外高加索地区，出海口再次受到他国遏制，而且对中东、东欧等区域的影响力大幅下降，战略空间受到严重挤压，具体表现在：

（一）西部战略纵深不断压缩，西方成为俄罗斯最主要的外部安全威胁

沙俄时期，西部是俄罗斯扩张的主要方向，欧洲先进的技术、文化是俄罗斯扩张的力量源泉。苏联时期，占国土面积1/4的欧洲部分为国家提供了3/4的工农业产品，是苏联的政治、经济、文化和交通中心，欧洲始终是美苏争霸的战略重点地区和陈兵对峙的战略前沿，西部的安全在俄罗斯国家安全中具有重要的战略地位。苏联解体后，由于原苏联加盟共和国纷纷独立，俄罗斯丧失了对欧洲的影响力，弱化了对波罗的海的控制力，立陶宛、拉脱维亚和爱沙尼亚的独立使得俄罗斯丧失了近50%的波罗的海海岸线，加里宁格勒州成为俄罗斯的飞地。东欧诸国在脱离华约和经互会后，迅速倒向北约与欧盟，西方国家借机积极推进北约东扩计划，将俄罗斯势力撤出后形成的“真空地带”纳入其安全防御体系内，这使得俄罗斯失去了与北约之间的安全缓冲区，丧失了近2000公里的战略纵深，莫斯科距俄罗斯西部边境仅400多公里，莫斯科、圣彼得堡等俄罗斯的重要枢纽直接受到西方的安全威胁。布热津斯基甚至将俄罗斯西部地缘环境的恶化

① 林军：《俄罗斯外交史稿》，世界知识出版社2002年版，第456页。

评价为“戏剧性和令人痛苦的”。①

（二）南部地区的安全威胁与日俱增

乌克兰的独立对俄罗斯的影响是深层次的。一方面，对俄罗斯而言，这是一种文化割裂。基辅是俄罗斯文明的摇篮，历史上的基辅罗斯是俄罗斯民族建立的最早国家，是乌克兰、白罗斯、俄罗斯三个东斯拉夫国家的前身，如今随着乌克兰的独立，俄乌关系面临着新的考验。另一方面，乌克兰的独立削迫了俄罗斯在西南部的地缘优势。俄罗斯几个世纪以来取得的战略成果损失殆尽，俄罗斯不仅丧失了近一半的黑海海岸线，而且黑海舰队也被一分为二，俄罗斯由此失去了大部分的黑海权益。同时，高加索三国的独立使得俄罗斯失去了对抗西亚、中东伊斯兰势力的前沿，与俄罗斯积怨千年的土耳其也蠢蠢欲动。此外，中亚五国的独立进一步弱化了俄罗斯对战略资源的控制力与影响力，降低了俄罗斯在能源领域的战略优势。

（三）实力被严重削弱的俄罗对远东地区的影响力不断弱化

一方面，俄罗斯因国力的下降，被迫退出了其传统势力范围——蒙古国和朝鲜，使得俄罗斯对东北亚安全形势的掌控力下降。另一方面，面对日益崛起的中国与经济实力雄厚的日本，俄罗斯的落后一览无遗。正如曾任俄罗斯杜马外事委员会主席的弗拉基米尔·卢金所说：“过去，俄国虽然落后于欧洲，但却自认为比亚洲先进。但从那以来，亚洲的发展速度要快得多，……我们发现自己不再处于‘现代化的欧洲’和‘落后的亚洲’之间，而是处于‘两个欧洲’之间的一个奇怪的中间地带。”②

三、国内安全环境

苏联解体不仅使得俄罗斯的国际安全环境和地缘安全环境日益恶化，

① ［美］布热津斯基，中国国际问题研究所译：《大棋局：美国的首要地位及其地缘战略》，上海人民出版社 1998 年版，第 117 页。

② 同上书，第 125—126 页。

而且其国内安全状况也令人堪忧：政治上，由于转轨初期出现的“权力真空”，在苏联原有的管理体制遭到破坏后，新的管理体制并没有立刻建立起来，俄罗斯政局混乱，政治斗争激烈，主要表现为两个最高国家权力机关——以总统为中心的最高行政权力机关和以人民代表大会为中心的国家最高立法机关之间围绕经济政策、政治制度等问题的尖锐对立。经济上，受苏联解体和独立初期经济改革失误的影响，俄罗斯的经济形势严重恶化，财政赤字连年增加，内外债务不断累积，人民生活水平直线下降，整个经济陷于深刻危机之中。军事上，苏联解体本已使得俄罗斯军队建设受到沉重打击，再加上经济形势恶化，难以维持庞大的军事力量，军事改革进展缓慢，国防力量进一步削弱。

（一）政治方面

1. 政体制度之争

独立后的俄罗斯处于一种既保留有苏维埃的烙印，又有西方民主制度影子的混合制度，由于宪法对国家权力的归属存在争议，议会和总统围绕建立议会制还是建立总统制的政体争论不休。根据1978年俄罗斯苏维埃联邦社会主义共和国宪法（该宪法虽经多次修改补充，但至1993年底依然有效）的规定：“俄罗斯联邦人民代表大会是俄罗斯联邦最高国家权力机关”，“有权审查和解决属于俄罗斯联邦管辖的任何问题”（宪法第104条）。同时，宪法第121条又规定：“俄罗斯联邦总统是俄罗斯联邦最高公职人员和俄罗斯联邦执行权力领导人。”由此，俄罗斯出现了两个都有宪法依据的最高国家权力中心。

这种两个权力中心的领导格局导致了总统与人大会之间的权力冲突，由于双方都强调自己拥有最高权力，冲突最终演变为“双重政权”之间的激烈政治斗争，群众游行、示威、集会和罢工接连不断。最终，1993年10月叶利钦调遣军队炮打白宫（议会大厦），人民代表大会被武装力量强行解散。12月，叶利钦以全民公决的形式通过新宪法，确立了总统集权的国家政权体制，结束了“双重政权”的乱局，初步稳定了国内形势。

2. 政党之争

独立之初，俄罗斯国内出现了上千个政党和政治组织。由于这些政党的政治纲领各异，政治斗争手段尚不规范，俄罗斯的政治生活处于一个混乱无序的状态，集会和示威游行等街头政治不断上演。1993 新宪法通过后，议会逐渐成为各党派竞争的主要场所。俄罗斯宪法赋予了总统极大的权力，形成了“强总统、弱议会、小政府”的权力格局，引发了议会中多数政治力量的不满，他们强烈要求限制总统的权力，呼吁对宪法进行修改。以俄罗斯共产党为首的“左”派经过两次国家杜马选举后，逐渐成为议会中的第一大党，在其推动下，限制总统权力成为议会斗争的主要方向。

由于在议会中占有多数席位的俄共等反对派的存在，叶利钦政府的执政能力被削弱，诸多政策难以落实，加上叶利钦执政初期国内改革措施频频失误，社会矛盾不断激化，政府与议会关系长期紧张，双方的主要精力都放在议会斗争中，这也是导致俄罗斯国内形势难以得到改善的原因之一。

3. 民族分离主义抬头

原苏联以主体民族划分行政区域的做法使生活在联邦主体的各民族公民未享有真正的平等权利，这种义务相同权利不同的差别待遇激化了少数民族对俄罗斯主体民族的不满，民族观念在区别对待中不断加强，民族主义逐渐兴起。1990 年 11 月，车臣发表了《车臣共和国主权宣言》，宣布脱离俄罗斯联邦而独立，此举刺激了俄罗斯境内的民族独立运动。1991 年 11 月，车臣总统杜达耶夫宣布车臣为独立的主权共和国。1992 年 3 月 11 月，鞑靼斯坦议会通过共和国宪法，宣布鞑靼斯坦为主权国家。此外，卡累利阿、雅库特、科米、图瓦、卡尔梅克、楚瓦什等共和国相继发布主权宣言。

（二）经济方面

苏联解体中断了俄罗斯与其他原苏联加盟共和国之间的经济联系，加上俄罗斯在向市场经济发展模式转变过程中存在政策失误，俄罗斯面临着十分严峻的经济形势。苏联时期的经济模式以单一的公有制为主，经济决策权高度集中于中央，中央根据不同地区的特点制订相应的发展计划。其中，无论是宏观、中观还是微观的生产计划，均由国家统一制订，就连工资标准和生活消费品的供应也被列入国家的统一决策中，这种僵化的计划经济管理模式深深地影响着俄罗斯经济转轨进程。此外，由于冷战期间东西方阵营对立，苏联的对外贸易以“经互会”成员国为主，基本上属于一种封闭性的自给自足经济发展模式，随着“经互会”解散和苏联解体，俄罗斯的对外贸易急剧萎缩。这些困难使得俄罗斯经济在其独立初期陷入了无序的混乱状态。

为了摆脱苏联时期高度集权的僵化发展模式，解决生产力与生产关系的矛盾，促进生产力的发展，转轨初期的叶利钦政府将希望寄托于向市场经济的快速过渡。1992 年初，一场以“休克疗法”为模式的经济体制改革在俄罗斯全面铺开。然而，“休克疗法”并未能取得意料中的效果，相反使俄罗斯陷入了经济危机、财政危机、金融危机和社会危机交织并发的困境。以 1992 年各项经济指标为例：当年，俄罗斯经济生产大幅下降，国内生产总值下降了 14.5%，而 1991 年国内生产总值降幅仅为 5%；通货膨胀急剧增长，通货膨胀率高达 2510%；对外贸易持续下降；人均收入大幅减少，居民实际货币收入下降 47.5%，贫困线以下人口增加到总人口的 1/3。①

（三）军事方面

受制于转轨时期一系列政治经济危机，俄罗斯军事领域的安全状况也令人堪忧，表现在：

1. 国防开支大量减少

苏联时期，为确保维持与美国的军事力量平衡，苏联长期将大量的财政用于军队建设。如在 20 世纪 70 年代，苏联平均每年的国防开支约为其国民收入的 20%—25%，但是在 1992—1995 年间，俄罗斯的军费不断减少，国防开支约减少了 45%。由于缺少基本的国防预算保障，俄军不得不降低训练次数与水准，部分武器装备无法得到定期维护，这些均导致俄军的战斗力急剧下降。

2. 国防工业陷入困境

1991 年，俄罗斯的军品生产比苏联时期减少了 30%，1992 年再度减

① 苏淑民：《俄罗斯政治与外交》，知识产权出版社 2013 年版，第 226 页。

少了30%，到1994年时仅相当于1991年的6%，许多军工企业被迫关闭或是减少开工。许多从事军事工业生产的科研工作者因此失去了生活来源，甚至连基本生活都无法得到保障，这直接造成了军事科技人员的大量流失。1991年，俄罗斯从事军事工业的科研人员和职工队伍总数为650万，1998年时仅剩300多万，其中许多高级军事技术人才被西方国家挖走。[①] 这极大地打击了俄罗斯的军事研发能力。

3. 俄罗斯军人的社会地位不断下降

1992年，俄罗斯政府拖欠军队的债务高达700多亿卢布，其中包含100多亿卢布的军人薪资。同时，军队取消了政治思想工作，加重了俄军的信仰危机，军队中吸毒、自杀者屡见不鲜。为了保障日常的生活需要，军人开始从事第二职业赚取外快，甚至做起了非法军火生意。这严重影响了俄军官兵的形象，削弱了俄军的战斗力

第二节 《俄罗斯联邦国家安全构想》（1997年）

苏联的国家安全战略是以两大阵营在意识形态和社会制度的对抗为基础的，军事实力、军备竞赛、争夺势力范围是其维护国家安全的重要手段。冷战后，国际形势发生了急剧变化，俄罗斯面临新的安全挑战。为此，独立后的俄罗斯以《俄罗斯联邦安全法》为主要法律基础和政策依据，通过总结俄罗斯在政治、经济、军事、外交等领域的经验教训，出台了《俄罗斯联邦国家安全构想》（以下简称《构想》），第一次对俄罗斯面临的安全威胁进行系统性分析，形成了具有俄罗斯特色的国家安全战略体系。

一、对安全形势的判断

任何国家安全战略的制定都是建立在对国际安全形势的变化及对自身

① 海运、李静杰：《叶利钦时代的俄罗斯（军事卷）》，人民出版社2001年版，第340页。

实力的判断基础之上的，俄罗斯国家安全战略的制定也遵循了这一基本原则。

（一）国际安全形势总体趋缓

《构想》指出，冷战后国际安全形势发生了巨大的变化，其中传统的军事安全因素在不断下降，经济、科技及文化等因素在国际关系中的作用不断提升，交流与合作的增多使得国际政治、经济、安全等治理机制趋于完善，以和平方式解决国际争端将成为常态。国际形势的缓和，使得各主权国家开始将更多的精力致力于国内的发展建设，意识形态与社会制度的对抗正不断减弱，经济合作、人文交流使得国家间联系日益密切，大国间爆发武装冲突的可能性进一步降低。①

《构想》认为，国际格局的多极化发展趋势优化了世界安全形势。俄罗斯应该顺应时代发展的潮流，摆脱冷战期间沉重的军备负担，实现经济的转轨、政治制度的完善，促进俄罗斯社会的整体发展。但是，多极化将是一个漫长的过程，独立后的俄罗斯面临综合国力整体下降的困境，尤其是东欧剧变、苏联解体造成的负面影响还在持续发酵，周边国家的政局动荡、武装冲突将长期影响着俄罗斯的国家安全，俄罗斯不仅需要建设一支能够应对大规模局部战争的军事力量，还要努力把俄罗斯建成多极化中重要的一极，这既是俄罗斯国家建设的主要目标，也是俄罗斯维护国家安全利益的重要手段。②

（二）国外安全威胁

外部安全威胁是影响俄罗斯国家安全的重要因素。苏联解体改变了俄罗斯版图和地缘环境，俄罗斯面临着来自政治、经济和军事方面的诸多安全威胁。政治上，外部敌对势力加紧对俄罗斯和独联体国家的渗透，意图

---

① Указ Президента РФ от 17. 12. 1997 N 1300 “Об утверждении Концепции национальной безопасности Российской Федерации”, http://legalacts.ru/doc/ukaz - prezidenta - rf - ot - 17121997 - n - 1300/.

② Там же. .

破坏俄罗斯的统一和独联体一体化进程，削弱俄罗斯的国际影响力。经济上，俄罗斯向市场经济转轨的过程中存在着经济独立性被削弱的可能，开放性的市场环境可能会造成人员与技术的流失，导致技术和工业潜力萎缩，进而影响俄罗斯在国际经济秩序重建中的话语权。军事上，俄罗斯周边地区的武装冲突和大规模杀伤性武器的扩散使俄罗斯的边界安全存在巨大隐患。具体表现在：

1. 西部地缘战略环境

北约东扩成为俄罗斯最主要的威胁，欧洲的安全格局被以美国为首的西方国家所主导，俄罗斯被排挤在欧洲安全体系之外。苏联解体并没有使西方国家彻底放松对俄罗斯的防范，冷战中遗留下来的意识形态斗争还在延续，俄罗斯依旧是美国遏制的主要目标之一。而俄罗斯在独立初期奉行向西方“一边倒”政策，其积极主动融入西方世界的尝试并没有改变北约向东欧地区扩张的趋势。北约首次东扩，吸纳了波兰、捷克和匈牙利，随后又向波罗的海沿岸国家扩展，逐渐形成了对俄罗斯的战略包围。随着地缘战略空间逐渐被蚕食，俄罗斯在《构想》中明确指出：“北约东扩并向欧洲主导性军事政治力量的演变使得欧洲大陆再一次面临着分裂的威胁。”① 北约东扩不仅将其军事力量推近到俄罗斯西部边境，削弱了俄罗斯对欧洲安全事务的影响，还对独联体一体化进程造成了不利影响，独联体国家成为东扩的潜在对象，这严重破坏了独联体内部的凝聚力。

2. 南部地缘战略环境

俄罗斯的南部包括两大区域，即高加索地区和中亚地区，南部区域不仅蕴藏丰富的战略资源，同时也是抵御伊斯兰势力的前沿阵地。高加索地区因复杂的宗教文化，常常处于政治动荡和军事冲突中；同时，两地丰富的资源储备成为各国竞争的焦点，西方势力加紧了对该区域的渗透力度。而与俄罗斯积怨颇深的土耳其不仅想支持车臣独立，还想通过扩充军力和组建“伊斯兰北约”来限制俄罗斯在黑海地区的影响力。②

---

① Указ Президента РФ от 17. 12. 1997 N 1300 “Об утверждении Концепции национальной безопасности Российской Федерации”, http://legalacts.ru/doc/ukaz-prezidenta-rf-ot-17121997-n-1300/.

② 王树春：《转型时期的俄罗斯国家安全战略》，中山大学出版社2002年版，第83页。

3. 东部地缘战略环境

俄罗斯的东部相对而言比较稳定，但也存在着诸多不安全因素：一是，美日韩军事同盟使得俄罗斯仍面临冷战时期的军事对峙；二是，俄罗斯与日本存在着领土争端，这将对俄罗斯东部的边境安全以及日俄关系的改善产生直接的影响；三是，朝核问题持续发酵，随时有可能引发局部冲突甚至战争。此外，与中国等国家对亚太地区影响力不断上升相反，俄罗斯的影响力处于下降趋势，这主要是因为：俄罗斯在亚太经济体中的实力相对较弱；受经济的影响，俄罗斯远东地区部队战斗力受到削弱；远东地区远离国家权力的中心，联邦中央“鞭长莫及”，离心倾向逐步加重，存在脱离俄罗斯的潜在威胁。①

（三）国内安全威胁

国内安全状况是决定俄罗斯国家安全的根本性因素，国内安全威胁包括：经济危机，具体指的是生产力下降、物质资料匮乏、通货膨胀严重；政治危机，具体指的是激烈的党派斗争、行政措施缺乏连续性、中央权威下降、地方分离势力崛起；社会危机，具体指的是社会财富被特权阶层窃取、官僚腐败严重、犯罪现象频发、贫富分化严重；军事危机，具体指的是军事改革缓慢、武器装备缺乏更新与保养、军心涣散、战斗力直线下降等。

在众多威胁中，经济领域的威胁最有可能成为一系列矛盾的导火索，一旦处理不慎，便将激化各类矛盾，进而引发社会危机与政权危机。因此，《构想》将经济安全列为“国家安全的基础和主要内容”，“是保障国家安全的关键所在”。② 经济安全包括本国经济形势的稳定与可持续发展、维护本国市场和开拓国际市场、参与国际经济竞争的能力等方面的安全。③俄罗斯的经济安全主要表现为两方面：其一，虽然在国内确立了市场经济体制，但旧的经济发展观念还在延续，市场制度尚未完善，经济生产依

① 薛兴国：《俄罗斯国际安全理论与实践》，时事出版社 2010 年版，第 98—99 页。
② 许新主编：《叶利钦时期的俄罗斯（经济卷）》，人民出版社 2001 年版，第 428 页。
③ 姜振军：《俄罗斯国家安全问题研究》，社会科学文献出版社 2009 年版，第 145 页。

然十分薄弱，经济结构对能源出口的依赖比重过大，各地区的社会经济发展并不均衡，发展差距在不断拉大；其二，开放的市场环境削弱了俄罗斯经济的独立性，科学技术与高级专家的外流制约了俄罗斯的经济发展潜力。

政治方面，1996年6月发布的《俄罗斯联邦总统安全咨文》中指出，俄罗斯在国内政治领域面临的主要威胁是“民主体制的不完善、宪法确立的民主原则和政治现实之间的相互脱离”以及“地区分离主义和民族主义”。[①] 这些威胁不仅会引发“政治力量和权力机构的对立”，从而影响俄罗斯建立“真正的民主社会”，而且还会危及俄罗斯的国家主权和领土完整，如果俄罗斯像苏联一样再次解体，就只能沦为“二流国家”。

由此可见，对独立之初的俄罗斯而言，如何应对内部安全威胁是制定俄罗斯国家安全战略首要考虑的内容。

二、国家利益的界定

国家利益是制定国家安全战略的立足点与出发点，对独立之初的俄罗斯而言，如何维护国家利益始终是其安全战略的根本性任务。在叶利钦执政的八年期间，国家发展战略的目标随国内外形势的变化而不断调整，俄罗斯的国家利益观也在不断变化。

（一）以经济利益为主（自俄罗斯独立到1994年底）

经济利益是国家利益的基本内容之一。经济利益主要是指保证国家生存和发展的资料以及生产活动展开的需求，比如国际间贸易、金融、科技和生产合作等，而当国家的生存安全有了保障时，经济利益通常会成为国家政策的首要考虑因素。[②]

苏联解体后，俄罗斯以西方的政治经济制度为蓝本，开始了国家的转

---

① 冯玉军、刘桂玲：“俄罗斯国家安全战略渐趋成熟”，《世界知识》1996年第20期，第15页。

② 陈宪良：“叶利钦执政时期俄罗斯的国家利益观”，《俄罗斯中亚东欧研究》2012年第4期，第70—71页。

轨进程，对其国内外政策进行了一系列调整，不再将美国为首的西方国家视为战略对手，并积极地与之发展友好关系。西方国家也降低了对俄罗斯的敌意，并承诺对俄罗斯进行经济援助。这种变化使得俄罗斯认为，国家的外部安全威胁有所下降，俄罗斯应将重点集中在国内经济建设上，彻底根除苏联时期遗留下来的问题。在 1993 年的《俄罗斯联邦对外政策构想》中就提到，“俄罗斯如果在经济上得不到振兴，就不可能成为 20 世纪末至 21 世纪初强国俱乐部中享有充分权利的成员，因而也很难在国际舞台上保护国家和人民的利益”。①

同时，国内经济形势的恶化也迫使俄罗斯将主要精力用于解决发展的问题。“休克疗法”这一激进式经济改革虽然快速地实现了私有化，但并未使俄罗斯摆脱经济危机，其经济状况反而每况愈下。对此，叶利钦认为，要想渡过危机，必须赢得西方国家的帮助，尤其是资金方面的支持，他希望西方实施针对俄罗斯的“马歇尔计划”。

（二）侧重地缘利益与安全利益（1994 年底到 1996 年底）

独立之初的俄罗斯将国家经济复苏的希望寄托于西方，其虽然得到西方的部分经济援助，但大部分承诺都是“口惠而实不至”，附加了诸多政治条件。西方借援助干涉俄罗斯内政，在处理国际事务时不顾俄罗斯的感受而肆意妄为，甚至通过北约东扩不断挤压俄罗斯的战略空间。

俄罗斯认为，北约是冷战期间两大敌对阵营对抗的产物，苏联解体后北约已无存在的必要，然而北约不仅没有解散，相反通过东扩不断强化其存在，而这一过程却将俄罗斯排除在外，这自然引起了俄罗斯的警觉。俄罗斯与北约之间逐渐累积且难以消除的不信任感导致双方关系出现了裂痕，为抵御西方的战略压力，俄罗斯开始加强与独联体国家的关系，促进独联体的一体化进程，尤其是加强军事与政治领域的合作。

---

① 陈宪良：“叶利钦执政时期俄罗斯的国家利益观”，《俄罗斯中亚东欧研究》2012 年第 4 期，第 71 页。

（三）国家利益观逐步系统化（1997 年后）

经过独立之初几年的实践，俄罗斯国家利益观逐渐系统化，俄罗斯结合国内外安全形势的变化，层次分明地将国家的安全利益分为国内利益、地区利益和全球利益三个层次。

国内利益包括政治、经济、社会与文化等多个领域，其目标是“维护社会稳定，发展经济，保持必要的国防潜力，保障边界不被侵犯，维护主权的完整与领土的统一，防止俄罗斯联邦的分裂”。[①] 在这诸多利益中，经济利益处于首位。1997 年出台的《构想》提出了国家经济利益高于一切的原则，明确指出国家安全首先是经济安全，要求各党派、社会各阶层都应以经济利益为重，各行各业各部门的利益都必须服从于国家的经济利益。[②] 同时，《构想》还强调，维护领土完整与国家统一是国内利益的核心内容。独立后的俄罗斯不仅面临着民族分裂主义问题，还存在着各联邦之间、地方与中央之间相互争权的问题，这些都严重威胁着俄罗斯的领土完整与国家统一。

俄罗斯横跨欧亚的地缘特性决定了欧洲与亚洲是关系到国家利益的重要地区，关系着俄罗斯的地缘安全环境。基于俄罗斯国家安全环境的地缘政治特殊性和历史性，欧洲成为其国家安全的最主要战略方向，而亚洲的地位也日益突出，并逐渐成为俄罗斯安全战略的重点考虑地区。[③] 具体而言，首先，对独联体。独联体国家是原苏联加盟共和国，与俄罗斯在地理、民族、经济等方面保持着密切的联系，对俄罗斯的复兴以及国家安全都具有重大利益，军事上加强与独联体国家的安全合作和共同防御能力对俄罗斯的国家安全具有重要意义，是俄罗斯与北约抗衡的重要依托。所以，俄罗斯不可能放弃对独联体地区的影响力，而是将其视为保卫俄罗斯国家安全的重要屏障，是其“战略缓冲地带”的防御前沿。其次，对欧洲。俄罗斯始终将自己视为欧洲国家，总是希望能在欧洲的事务中发挥其

① 薛兴国：《俄罗斯国际安全理论与实践》，时事出版社 2010 年版，第 99 页。

② 友谊主编：《叶利钦时代的俄罗斯（军事卷）》，人民出版社 2001 年版，第 138 页。

③ 陆俊元：“俄罗斯联邦国家安全战略之地缘政治分析”，《今日东欧中亚》1997 年第 3 期，第 8 页。

特有的影响力。叶利钦曾指出："俄罗斯自古以来就和欧洲是一体的，我们应该与欧洲委员会和欧洲经济共同体等欧洲机构连成一体，应该加入政治和经济同盟。"[①] 再次，对亚太。与亚太地区建立友好关系，能够确保俄罗斯远东地区领土及边界的安全与稳定，有助于为解决经济发展及内部矛盾营造良好的外部环境。此外，世界经济的增长点向亚洲转移，俄罗斯也有必要借助亚洲国家的发展态势壮大自身，以维系其在亚太的影响力与战略利益。

全球利益主要是指巩固并复兴俄罗斯的大国地位。一方面，广阔的领土为俄罗斯的大国复兴提供了内在潜力，高素质的人口和自成体系的科技创新能力使得俄罗斯具备了成为世界大国的基本潜质。另一方面，俄罗斯继承了苏联的政治遗产（俄罗斯成为联合国安理会五大常任理事国之一）和军事遗产，对世界许多地区和国家仍具有相当大的影响力。如何利用这些地缘优势、资源潜力、政治与军事影响力，事关俄罗斯能否在新形势下占据主动，并将自己建设成多极化中重要一极的战略目标的实现。因此，为有效维护国家的全球利益，俄罗斯需要与所有国家保持正常的经济、政治、文化联系，与其他大国以及新兴经济体发展平等的伙伴关系，共同建立新的国际政治经济秩序，并争取在其中发挥重要作用。

三、战略目标的确立

在俄罗斯安全观的指导下，俄罗斯提出："保障俄罗斯联邦国家安全的主要目标是建立和保持国家稳定的经济、政治、国际和军事战略态势，以便为个人、社会和国家的发展创造良好的条件，消除削弱俄罗斯联邦作为国际关系主体的作用和影响、破坏俄罗斯联邦在国际舞台上维护国家利益能力的危险。"[②] 俄罗斯依据国家利益的优先次序，将国家安全战略目标划分为三个层次：国内目标、国际目标和全球目标。

---

① 学刚、姜毅主编：《叶利钦时代的俄罗斯（外交卷）》，人民出版社2001年版，第7页。

② 薛兴国：《俄罗斯国家安全理论与实践》，时事出版社2010年版，第106页。

（一）国内目标

俄罗斯的国内战略目标可以概括为：通过落实国家民主原则与完善法律制度，实现市场经济改革，加强军队建设来保护“俄罗斯的精神、智能和文化财富”，缓和社会矛盾，实现社会稳定，改善俄罗斯国内面临的各种安全状况，并进一步实现俄罗斯的复兴。[①]

1. 在政治上，巩固以总统制为核心的政治体制，完善联邦制

俄罗斯独立后虽然建立了与西方相似的民主选举、多党政治、三权分立等政治体制，但仍出现了“炮打白宫”事件。这一方面是因为其法制建设不完善，宪法内并未明确划分各权力机构的权力范围，引发各部门的权力之争，造成政局动荡；另一方面，在俄罗斯，法制观念还未深入人心，各党派之间的政治斗争超出了法律范围，宪法所赋予的权利尚未完全落实，公民的民主权利缺乏有效的保障。而政局的混乱导致地方势力乘机坐大，中央与地方权责划分需进一步明确，为维护俄罗斯的统一，建立并完善行之有效的联邦制度成为确保国内政治统一的关键。

2. 在经济上，确保经济安全，保障经济发展

即：“实现国家经济稳定，并能在保障国家政治、军事和社会稳定的前提下，有效地满足社会消费。”[②] 经济实力是综合国力的重要指标，国家的一切活动都需要必要的资金支持，如果经济安全无法得到保障，就不可能解决国家所面临的国内和国际领域的任何难题。只有经济发展得到保障，才能为个人的生存、社会的稳定、军事的增强、国家的统一创造条件。1996 年，叶利钦以总统令的形式推出了《俄罗斯联邦国家经济安全战略（基本原则）》，其中详细列出一系列反映经济质量的“界限性”指数，如国内生产总值的变化与结构、工业的产值和速度数据、经济部门和地区结构变化、国家自然资源的潜力状况、经营机制适应内外因素变化的能力、人均国内生产总值等。同时，还提出了 2000 年稳定宏观经济的主要目

① Указ Президента РФ от 17. 12. 1997 N 1300 “Об утверждении Концепции национальной безопасности Российской Федерации”, http: //legalacts. ru/doc/ukaz – prezidenta – rf – ot – 17121997 – n – 1300/

② 许新：《叶利钦时代的俄罗斯（经济卷）》，人民出版社 2001 年版，第 427 页。

标，包括：经济年增长率不低于5%；年通货膨胀率不超过5%—8%；预算赤字控制在国内总产值的2%之内；积累率达到国内总产值的27%—29%；提高居民的实际收入与消费水平；要求在5—7年内使社会支出至少增加1/3，使其比重达到国内总产值的18%。[1]

3. 在军事上，建立一支强有力的现代化军队，确保核遏制力量的优势

为了能够及时应对可能出现的安全威胁，俄罗斯需要建立一支能确保打赢战争的现代化军队。俄罗斯军事学说明确指出，俄罗斯军队建设的目标是建立一支与当今形势和俄罗斯国家能力相适应的、能确保维护国家主权和领土完整、保障公民安全以及社会和国家其他至关重要利益的现代化军队。[2] 同时，俄罗斯加强了对核武器的战略依赖，在综合实力下降的背景下，核武器成为俄罗斯应对外部安全威胁最有效、最经济的手段，只有保持足够的核威慑力量，才能防止大规模常规战争和地区战争向俄罗斯蔓延，保障俄罗斯的领土安全。

（二）地区目标

俄罗斯地区战略目标是构建有利于国内发展的安全的外部环境。首先，要遏制北约的东扩势头。在意识到难以消除西方国家对俄罗斯的对抗意识后，俄罗斯开始致力于维护其传统势力范围。中东欧地区被俄罗斯视作与北约的缓冲地带，如何遏制北约东扩，构建有利于自己的欧洲安全格局成为俄罗斯地区目标的首要任务。其次，加紧推进独联体一体化发展进程，独联体不仅是俄罗斯对抗北约的重要依托，也是俄罗斯重振大国地位的重要战略伙伴。俄罗斯加强与独联体的关系一方面有利于维护其与独联体的共同边界安全，这直接关系到俄罗斯的领土安全，是应对北约东扩的最后屏障；另一方面，与独联体的经贸合作、人文交流，有助于俄罗斯综合国力的快速恢复，能够巩固并提升俄罗斯的国际地位。再次，积极参与亚太事务。俄罗斯致力于稳定东部的战略环境，借助亚太经济增长的强大

---

① 周荣坤："俄罗斯国家经济安全战略的原则与构想"，《经济研究参考》1998年第40期，第35页。

② 友谊主编：《叶利钦时代的俄罗斯（军事卷）》，人民出版社2001年版，第155页。

动力，凭借地处欧亚的地缘优势，积极融入欧亚两大经济体系，平衡国内东西发展水平，实现与欧亚经济的接轨。

俄罗斯一直十分注重周边的安全形势，谨防外部势力的渗透。正如时任俄罗斯国防部长的罗季奥诺夫曾提到的："俄罗斯作为欧洲国家，在与独联体毗邻的前华约东欧国家拥有十分重要的利益。这些国家加入直接或间接针对俄罗斯的军事政治集团，都将严重影响俄罗斯的安全，极大地损害其战略地位。"① 但鉴于俄罗斯国内严峻的经济、政治形势，俄罗斯既要向西方展示自己捍卫地区利益的决心，又要以和平、稳妥的方式解决各类安全隐患，所以在俄罗斯的经济实力与军事实力尚未恢复的情况下，俄罗斯要想实现上述地区目标仍然困难重重，这一时期其地区目标主要还是为国内目标的实现创造稳定的外部环境。

（三）全球目标

俄罗斯的全球战略目标是推动多极化世界的建立，实现俄罗斯的复兴，成为国际社会中重要的一极。

叶利钦认为，俄罗斯是世界上"独一无二"的欧亚国家，拥有世界上最广阔的领土，具有巨大的资源潜力，军事实力可与美国抗衡，科技潜力也不输于美国，只是在经济上大幅落后于美国，但不管从其潜力还是对国际事务的影响力来看，它仍然是一个伟大的国家。② 鉴于这一认识，1994年2月，叶利钦在《总统国情咨文》中特别指出，"俄罗斯的对外政策要始终体现俄罗斯的大国地位"，要在世界上"占有应有的地位"，俄罗斯不能"处于世界文明的边缘"，并要"参与解决一切重大国际事件"。③

总体来看，叶利钦时期俄罗斯国家安全的战略目标主要是围绕着恢复"强国地位"展开的：在国内层面，大力发展经济，带动社会其他领域的发展，同时强调建立强大的军事力量；在地区层面，努力确保在欧亚地区和传统势力范围的影响力，参与到地区经济、安全、政治机制的构建中；

---

① 学刚、姜毅主编：《叶利钦时代的俄罗斯（外交卷）》，人民出版社2001年版，第283页。

② 俞邃："冷战后俄罗斯安全战略的调整及其对华影响"，《太平洋学报》1996年第1期，第4页。

③ 薛兴国：《俄罗斯国家安全理论与实践》，时事出版社2010年版，第101页。

在全球层面，推动国际格局的多极化发展，并成为其中的重要一极，以此抗衡西方的战略压力。

第三节　叶利钦国家安全战略的实践

叶利钦时期俄罗斯的国家安全战略经历了一个不断实践、不断调整、不断总结经验教训的完善、发展的过程。俄罗斯以 1992 年颁布的《俄罗斯联邦安全法》为基础，以军事战略（《俄罗斯联邦军事学说基本原则》）和外交战略（《俄罗斯联邦对外政策构想基本文件》）为蓝本，经过反复实践，最终于 1997 年形成了《俄罗斯联邦国家安全构想》。该构想对俄罗斯的安全问题有了一个全面而系统的看法，是对俄罗斯在军事、经济、政治、外交方面活动的总结与概括，是第一个真正意义上的安全文件。[①] 这一时期俄罗斯的国家安全战略实践在军事、经济、政治、外交等领域都有较为充分的体现。

一、军事安全领域

军事力量是俄罗斯维护国家安全的最重要也是最有效的手段之一。1992 年 3 月和 5 月，叶利钦先后发布了关于组建俄罗斯国防部和俄罗斯联邦武装力量的命令。在此基础上，脱胎于苏联军队的俄罗斯军队开始了漫长的重建与改革历程。然而，组建之初，由于对安全威胁的错误判断，以及受国内经济危机的影响，俄罗斯军事改革成效不大。国防体系混乱、武器装备陈旧、军人地位骤降，种种问题导致俄罗斯的国防力量难以承担保卫国家安全的重任，这些问题在 1995 年爆发的第一次车臣战争中完全暴露出来。直到 1994 年，俄罗斯意识到北约东扩对国家安全构成严峻挑战之后，才开始加快军事改革的步伐，对军事战略进行了调整。叶利钦时期，

---

① 王树春：《转型时期的俄罗斯国家安全战略》，中山大学出版社 2002 年版，第 145 页。

俄罗斯的国家安全战略实践包括军事战略的调整、建立并完善独联体国家集体安全机制以及军事改革等几个方面。

(一) 军事战略的调整

独立之初，俄罗斯继承了苏联末期的“单纯防御”战略，形成了一种新的“单纯防御”战略，但在融入西方的尝试失败后调整为“积极防御”战略，并随着外部安全形势的进一步恶化，确立了“现实遏制”战略。

1. “单纯防御”战略

俄罗斯的“单纯防御”战略是对戈尔巴乔夫“合理足够”战略[①]的继承。因此，俄罗斯继续奉行戈尔巴乔夫时期的“三不”承诺，即“不首先使用核武器”“不首先采取军事行动”“不使作战越过边界”。[②] 该战略的主要内容包括：“在军事威胁判断上，认为俄罗斯没有敌人，俄罗斯的武装力量也没有现实对手，但军事威胁还存在，不排除使用武力解决政治问题的可能性；在军队建设上，提出要走职业化和小型化的质量建军道路；在军队性质上，放弃了苏军无产阶级性质和党对军队的领导等政治原则，取消了军队中的政治机关，宣布俄军已成为‘非政治化’的国家军队，军队只为宪法、人民和国家服务；在军队职能上，取消苏军对内执行任务的职能，宣布俄罗斯的武装力量在任何时候和任何情况下，都不用来对付平民，不用军队解决联盟内部问题，包括民族间的武装冲突。”[③]

在此军事战略指导下，俄罗斯不仅承担了苏联在《苏联和美国消除两国中程和中短程导弹条约》（简称《中导条约》，1987 年 12 月 8 日）和《削减和限制进攻性战略武器条约》（START—1，又称《第一阶段削减战略武器条约》，1991 年 7 月 31 日）的义务，还与美国签署了《第二阶段削减战略武器条约》（START—2，1993 年 1 月 3 日）。START—2 是在俄罗斯做出重大让步的情况下签署的，为此俄罗斯同意削减全部多弹头陆基战略

---

① “合理足够”战略亦称“适度”战略，是戈尔巴乔夫在苏共第 27 大上提出的新的国防战略理论，其主张是把苏联军事实（潜）力降低到合理、足够的水平和需要的限度内。引自：军用主题词表编制管理委员会编：《军用主题词释义词典》，军事科学出版社 1993 年版，第 30 页。

② 薛兴国：《俄罗斯国家安全理论与实践》，时事出版社 2010 年版，第 128 页。

③ 友谊主编：《叶利钦时代的俄罗斯（军事卷）》，人民出版 2001 年版，第 178 页。

洲际导弹，使得俄罗斯战略核武器的强项被严重削弱。然而，在亲西方外交背景下，俄罗斯的战略损失被忽视，俄罗斯希望该条约的签署能进一步改善自身的国家形象，有助于获得西方更多的经济援助和投资，它预示着俄罗斯与西方的关系将进入新时代。

俄罗斯的“单纯防御”战略实际上是为“一边倒”外交服务的，是对“安全困境”的一种逆向思维。俄罗斯试图通过维持基本的防御力量甚至削弱自身的军事实力，来降低其他国家对俄罗斯的不安全感，并希望此种“诚意”能够获得西方国家的认可，为俄罗斯融入西方世界进行铺垫。同时，也可借此摆脱庞大的军费开支，将更多的资源用于政治体制改革与经济发展上。然而，事实证明俄罗斯低估了西方国家对其的警惕性，只要俄罗斯保持庞大的核武器库，以美国为首的西方国家就难以消除对俄罗斯的防范之心，遏制俄罗斯必然会成为西方国家的长期战略目标。因此，“单纯防御”战略实质上是一种“消极防御”的军事战略，它是俄罗斯错误地研判了国家的安全环境而出现的战略失误，使西方获得了进一步扩大战略优势的机会，给俄罗斯造成了重大的战略损失。

2. “积极防御”军事战略

“单纯防御”军事战略没有达到有效维护俄军事安全、保障国家利益的预期目标，在实施不到两年之后，俄罗斯很快做出了战略调整。1993 年 11 月，俄罗斯在《俄罗斯联邦军事学说的基本原则》（以下简称《基本原则》）中提出了在核威慑基础上的“积极防御”战略。

首先，在对安全威胁的判断以及战争准备等方面做出了调整。在威胁判断上，《基本原则》认为，对俄罗斯的最大威胁已不是来自北约，而是来自俄罗斯周边潜在的地区性冲突，俄罗斯不再把世界上任何国家和国家联盟看作潜在的敌人，俄罗斯和美国已不再互为敌人并正在发展伙伴关系；在战争准备上，《基本原则》强调在防御的基础上，放弃了“不首先使用核武器”的承诺，确立了进攻行动在防御作战中的地位，即强调军队在战时应灵活运用进攻和防御两种作战样式，以确保“掌握战略主动和粉碎侵略者”“战争应尽快到敌人领土上进行”，而不是以“恢复边界原有态势为目标”。①

① 章平：“俄罗斯军事学说评析”，《东欧中亚研究》1994 年第 3 期，第 81 页。

其次，战略核力量的使用情况发生了变化。其一，用于防御的范围扩大。俄罗斯向与俄罗斯签署了集体安全条约的独联体国家提供核保护伞，从军事上将独联体国家紧密联系起来，以军事合作为基础，为独联体一体化发展提供强有力的军事保障。其二，用于攻击的范围扩大。凡是向俄罗斯发动进攻的核大国及其盟国，无论是参与还是支持核大国向俄罗斯发动战争的国家，均被纳入到核武器的攻击范围内。其三，在应对大规模常规武装冲突时，俄罗斯依然有使用核武器的权利。

3. “现实遏制”军事战略

1994 年 1 月，北约第 13 次布鲁塞尔会议通过了美国提出的关于同原华约成员国和其他欧洲国家建立“和平伙伴关系计划”，这是北约东扩的一个重要战略信号。自此，北约东扩进入正式实施阶段。北约东扩使俄罗斯认识到现有军事战略已经不能有效应对来自西方的战略威胁，俄罗斯的军事战略迫切需要调整。

1995 年 10 月，俄罗斯国防部制定了《对付俄罗斯国家安全主要威胁的构想》，明确指出北约已经成为俄罗斯面临的最主要外部威胁，这与 1993 年的《俄罗斯联邦军事学说的基本原则》不把北约视为俄罗斯的威胁有了根本性差别。随后，叶利钦在 1996 年的《总统国家安全咨文》中首次提出了“现实遏制”战略，强调要保持足够水平的核潜力，坚持现实遏制原则。1997 年出台的《俄罗斯联邦国家安全构想》对“现实遏制”战略做出进一步阐述：其一，靠近俄罗斯领土的大国或联盟及其建立的军事组织和北约东扩对俄罗斯的国家安全构成了威胁；其二，为了应对可能发生的侵略，必须要保持足够的核力量；其三，确保核武器的打击能力，加强核武器的灵活运用，降低爆发核战争、大规模常规战争和地区武装冲突的风险；其四，如果俄罗斯及其盟国受到他国的武装入侵，俄罗斯将保留动用其现有的一切力量与手段的权利，包括核武器的使用。①

1999 年 3—6 月爆发的科索沃战争对国际安全格局造成了极大的冲击，也使得俄罗斯对自身的安全环境及北约的军事力量有了更清晰的认识。在 1999 年出台的《俄罗斯联邦军事学说草案》中，俄罗斯对其核战略进行了

① 夏义善：“试析俄罗斯的核战略”，《国际问题研究》1999 年第 2 期，第 19 页。

重大调整，把核武器视为制止战争和打赢战争的最有效武器、确保大国地位和维护国家安全的主要支柱。[①] 俄罗斯还宣布，在维护自身安全以及盟友安全时，俄罗斯可以先发制人地使用核武器，这将核威慑的有效作用提到了前所未有的新高度。

同时，为了扩大威慑的效果，俄罗斯还采取了诸多措施：首先，加强宣传攻势，彰显核力量。为向国际社会展示俄罗斯为维护国家安全不惜打核大战的意志和决心，俄罗斯加紧了战略导弹部队的训练，开展了多项实弹演习，并将演习情况通过媒体公开报道。其次，注重“双重遏制”作用，基于俄罗斯的综合国力和国际地位难与苏联相提并论的现实，俄罗斯认为“如果说以前单纯地把遏制美国和北约作为战略核力量的唯一任务，那么在新的军事政治条件下，考虑到俄罗斯常规力量的局限性，战略核力量还应负担起防止局部和地区战争的任务”。[②] 再次，将优先发展战略核武器列为军事战略中的首要任务。叶利钦曾提到，俄罗斯只有在与美国谈判战略核武器的时候，俄美关系才是平等的。俄罗斯的国家安全主要由军事力量保障，俄罗斯世界大国的地位也需要战略核武器的支撑。因此，尽管俄罗斯财政困难，其仍然坚持要提高战略核武器的研发能力，其中的重点就是提高战略导弹的突防能力、命中精度和摧毁能力，加强其机动性和生存能力。

正如基辛格所说，“威慑力量不单是来自物质关系，而且也是来自一种心理关系，当我们既有强大的军事力量，同时又有使用这种力量的意志时，威慑的力量就最大。当某一方的冒险意志不坚强时，不论它的威慑力量有多么强大，它的威慑力量的效力总是最小的”。[③] 就“物质关系”而言，俄罗斯拥有足以和美国相抗衡的核武器库，其前几次军事战略之所以收效甚少，主要是因为缺乏使用这种力量的坚强意志，即“心理关系”不够强大。这与苏联解体对俄罗斯造成的影响有着直接的关系。苏联解体

---

① 石泽、翟德泉：“‘现实遏制’核战略——俄罗斯新军事学说的核心要素”，《瞭望新闻周刊》1999 年第 51 期，第 27 页。

② 同上，第 28 页。

③ ［美］基辛格，北京编译社译：《核武器与对外政策》，世界知识出版社 1959 年版，第 125 页。

后，俄罗斯从一个超级大国变为一个内外交困的地区性强国，这使得俄罗斯在面对西方时失去了以往的大国信心和姿态，加之独立初期俄罗斯的国家安全和经济发展都过度依赖西方，其军事战略在某种程度上成为缓和与西方关系的外交筹码，自然难以产生强大的“心理效应”，其战略威慑程度可想而知。随着西方对俄战略威胁不断加深，俄罗斯才逐渐认识到必须利用包括核力量在内的一切手段维护国家安全，受此推动，俄罗斯的军事战略才逐渐成熟起来，威慑效果也逐渐彰显。

（二）建立并完善独联体国家集体安全机制

俄罗斯对独联体的军事战略主要是建立并完善独联体国家集体安全机制，表现在两个方面：

一方面，积极谋求在独联体国家的驻军权，加强在独联体国家的军事存在，以此维持对独联体国家的影响力。从叶利钦时期开始，俄罗斯的海外驻军主要集中在独联体地区，具体包括：驻乌克兰塞瓦斯托波尔黑海舰队 1.4 万人；驻塔吉克斯坦杜尚别第 201 军事基地 7000 人；驻亚美尼亚久姆里第 102 军事基地 4000 人；驻阿布哈兹古达乌塔第 7 军事基地 4000 人；驻南奥塞梯茨欣瓦利第 4 军事基地 1700 人；驻摩尔多瓦德涅斯特河沿岸地区维和部队 400 人；驻吉尔吉斯斯坦坎特空军基地 250 人（吉伊塞克湖东岸还驻有海军第 954 反舰武器试验基地）；驻哈萨克斯坦拜科努尔第 5 国家试验靶场 3000 人（在哈还驻有“萨雷 - 沙甘”等多个试验靶场和“巴尔喀什 - 9”雷达站）；在阿塞拜疆加巴拉（2012 年 12 月暂停租用）、白罗斯甘采维奇各驻有 1 个雷达站，分别驻军 2000 人；在白罗斯维列伊卡驻有海军第 43 通讯站；在吉尔吉斯斯坦卡拉巴尔塔市驻有海军第 338 通讯站。叙利亚塔尔图斯海军物资技术保障站是俄罗斯在独联体外唯一的军事基地，驻有 150 人。[①] 通过不断扩大和加强在独联体驻军的规模和力量，俄罗斯努力从军事和安全方面强化在该地区的影响力。

另一方面，加强与独联体国家的双边或多边军事合作，建立共同防御体系，成立防御联盟。1992 年 5 月 15 日，俄罗斯、哈萨克斯坦、乌兹别

① 世界知识出版社编：《世界知识年鉴 2013/2014》，世界知识出版社 2014 年版，第 608 页。

克斯坦、塔吉克斯坦、亚美尼亚、吉尔吉斯斯坦等国家首脑在塔什干会晤时签署《独联体集体安全条约》。阿塞拜疆、格鲁吉亚、白罗斯等国分别于1993年9月24日、9月7日、12月31日签署该条约。条约于1994年生效。通过签署该条约，俄罗斯初步建立起独联体国家集体防御体系，增强了原苏联国家的联合防御能力。同时，成立了独联体国防部长理事会，在《独联体防御联盟构想》中提出了分三步建立军事联盟的思路，即由各独联体先建立本国军队，再组建联合军队集群，最后建立统一的联合武装力量。①

20世纪90年代中期开始，俄罗斯对独联体国家军事战略逐渐成型。1995年，独联体出台了一系列文件，包括《独联体集体安全构想》《集体安全构想实施计划》《集体安全条约成员国今后军事合作的发展方向》《共同保卫独联体外部边界条约》及《俄罗斯联邦与独联体成员国关系的战略方针》等。随着这些条约的生效，独联体国家的边界成为共同防御的边界，俄罗斯借此取得了在部分独联体国家的驻军权，建立起共同防御体系，俄罗斯承诺提供使用包括核战略力量在内的一切军事手段来保障独联体国家的安全。

尽管独联体国家与俄罗斯的军事合作取得了一定进展，但是仍然难以掩盖各成员国之间因民族利益以及对国际形势的不同判断而引发的分歧。俄罗斯对独联体的发展构想是将其打造成军事、政治、经济一体化的国家联合体，但受自身力量的限制以及对出于安全形势的考虑，其主要侧重于发展独联体国家的军事关系，为独联体国家以及自身提供有效的安全保障。但以格鲁吉亚和乌克兰等为代表的部分独联体国家认为，在新形势下，军事安全与经济安全同等重要，而维护国家经济安全的有效途径就是快速提升本国的经济实力。因此，如何从外部获得更多的经济援助实现本国经济的快速发展是这些国家考虑的首要问题，而同样深陷经济衰退泥潭的俄罗斯显然无法满足这一要求，这导致部分独联体国家开始向西方寻求经济援助。1998年夏，俄罗斯爆发金融危机并蔓延到独联体后，这种倾向更加明显了。1999年4月，格鲁吉亚、乌兹别克斯坦、阿塞拜疆、乌克兰

---

① 刘桂玲："独联体现状及发展趋势"，《现代国际关系》1998年第6期，第24页。

不顾俄罗斯的反对，参加了北约成立50周年的庆祝活动，这无疑反映了俄罗斯对独联体的军事战略不得不直面某些国家较为严重的离心倾向。

（三）军事改革

叶利钦执政早期的军事改革因受国内政治斗争与经济衰退的影响，改革进程较为缓慢。随着1997年《关于改组俄罗斯联邦武装力量及完善其结构的首要措施》等文件的出台，俄罗斯的军事改革正式拉开了大幕。

俄罗斯军事改革的目标是：建立一支与国家经济实力相适应、能够切实保障国家安全的现代化职业军队。改革主要分两个阶段：第一阶段为1997—2000年，侧重军队结构的合理化，减少不利于增强国家防御能力的财政开销；第二阶段是2001—2005年，进一步调整军队结构，完善指挥体系，研发新式装备。改革的主要内容为：裁军与兵种优化、重建指挥与领导体系、改革兵役制度、装备研发与军工管理等。

1. 裁军与兵种优化

俄罗斯继承了苏军75%的兵力，约282万人。因经济衰退，俄罗斯无法维持如此大规模的兵力，从1992年5月开始裁军，至1996年已经裁减112.28万人。按1997年的改革方案，俄罗斯还将再裁减50万人，到1999年初，俄罗斯的总兵力已经降至120万人，仅相当于20世纪80年代末苏军总兵力的26.9%。[①] 俄罗斯裁军的目的是在尽可能保障俄军战斗力的基础上减少不必要的军事开支，所以裁军对象主要是各军兵种中缺编严重、装备较差的作战部队和后勤保障部队；并侧重精简了中央指挥机关，人数裁减了约1/3，将国防部等机构的资金预算降到军队总预算的1%。

同时，俄罗斯还对兵种进行了调整，将防空军和空军合并，兵种变为战略火箭军、空军、海军和陆军。此次调整中，海陆空三军的兵力都有所削减，但战略火箭军合并了军事航天力量和反弹道导弹防御部队，大大地提高了战略遏制力量的战备水平。

2. 重建指挥与领导体系

改革战区指挥体系。苏联时期，军区的设置按区域原则，各军区仅对

① 友谊主编：《叶利钦时代的俄罗斯（军事卷）》，人民出版社2001年版，第373页。

辖区内的陆军具有指挥权，对空军存在部分指挥权，不适应新形势下多兵种的联合作战趋势。1998 年，叶利钦签署了《俄罗斯联邦武装力量军区条例》，规定军区拥有对辖区内一切武装力量的指挥权，并直接对总参谋部负责。重新设立了六大军区：莫斯科军区、列宁格勒军区、北高加索军区、远东军区、西伯利亚军区和伏尔加河—乌拉尔军区。

调整国防领导体系。撤消国防会议，将其与国家军事监察署合并，隶属于联邦安全会议，使得国防部之上仅有一个联邦安全会议作为指挥监察机构，提高了俄罗斯的军事决策效率。

3. 改革兵役制度

取消义务兵役制，全部实施合同兵役制，打造职业化军队。但因军费短缺，其分步骤推进职业化军队建设：第一步，在 2000 年率先将维和部队和在军事冲突地区执行任务的兵团实现合同制；第二步，2005 年后依据国家的经济情况全部实现建设职业化军队目标。①

4. 装备研发与军工管理

装备研发方面。1994 年制定的《俄军武器装备发展长期规划》要求优先发展空军装备、精确制导武器及机动力量运载工具，进一步提高战略武器的可靠性。1997 年的《2005 年前国家武器装备发展计划》则强调开发和制造未来武器，研制重点放在侦察、指挥、通信和电子对抗等领域，发展可进行战争打击的情报系统。俄罗斯的装备研发计划为俄军提供了一系列现代化武器装备：1996 年，首艘“北风级”战略核潜艇开始建造。1997 年 12 月，俄军开始部署“白杨 - M”导弹，并最大限度地保持导弹预警和空间侦察系统的可靠性。

军工管理方面。首先，调整了国防工业管理体制，撤消了 9 个国防工业专业职能部，成立了俄罗斯国防工业部门委员会，并于 1996 年升级为国防工业部，1997 年其职能则由经济部与俄联邦国家邮电和信息委员会接替。其次，调整了军转民计划，制订了《1995—1997 年国防工业转产专项计划》，1997 年又将“全面军转民”调整为“以武器出口促进军转民”。②

---

① 友谊主编：《叶利钦时代的俄罗斯（军事卷）》，人民出版社 2001 年版，第 387 页。

② “俄罗斯军民结合促进国防高技术的政策与管理措施”，http：//www. defence. org. cn/article - 13 - 29072. html。

二、经济安全领域

(一) 盖达尔政府的“休克疗法”

苏联解体后，俄罗斯面临的首要任务之一是使国家经济体制从传统的计划经济体制向市场经济过渡。当时占主流的经济改革方案有三种，分别是“渐进的”“激进的”（休克疗法）和“适度激进的”经济改革方案。以叶利钦和盖达尔为代表的俄罗斯民主派认为，俄罗斯的经济改革目标是向市场经济过渡和实现宏观经济的稳定，但是随着俄罗斯经济形势的恶化，原来拟定的分阶段的措施需要一次性完成，因此必须立即进行“激进的”经济改革。

叶利钦之所以选择“激进的”改革方式，主要出于三方面的原因：首先，严峻的经济形势是促使俄罗斯实行激进改革的直接原因。1991 年，俄罗斯的 GDP 下降 5%，工业总产值下降 8%，国民收入下降 10.5%，而消费品价格上涨 101.20%，市场供应严重短缺。国家不得不实行严格的票证供应，但这难以长期维系民众的基本生活需求，社会局势紧张到了极点。其次，苏联历次经济改革的失败是叶利钦选择走向市场经济的历史原因，苏联时期虽然经过了多次经济改革，但并没有发挥市场的自主导向作用，政府对经济生活干预过多，商品经济难以发展，而高度集中的计划经济体制所带来的弊端已经十分明显，俄罗斯要想摆脱当前的经济困境，唯有建立真正的市场经济体制，充分发挥市场的调节作用，才能为俄罗斯的经济注入活力。而西方国家市场经济所带来的经济繁荣与俄罗斯经济的衰退形成鲜明的对比，使俄罗斯社会产生了一种错觉，那就是俄罗斯只要实现经济的转型，就能很快摆脱危机，并快速缩短与发达国家的距离，最终达到发达国家的经济平均水平。再次，民主派虽然取得了俄罗斯的领导权，但俄罗斯共产党的势力依旧强大，双方围绕国家发展道路的选择争论不休，为了保卫已经取得的民主成果，只有从根本上摧毁以国有制为基础的计划经济体制，实现改革的不可逆，才能确保民主派政治地位的稳定。

鉴于以上原因，“激进的”经济改革方案——“休克疗法”被提上日程。从1992年初开始，盖达尔政府采取了一系列激进改革措施：

其一，一次性全面开放价格。俄罗斯政府取消了90%的消费品和80%的生产资料定价，完全由市场的供求关系决定价格；实行浮动汇率制，卢布可自由兑换。然而，由于较早放开了燃料和原料的价格，企业生产成本骤增，商品价格快速上涨，超出了民众的购买能力，消费市场持续低迷，需求的减弱反过来影响了供给，生产企业又开始压缩生产，社会经济生活不断恶化。

其二，实行紧缩的财政政策，在财政上开源节流。一方面，提高税率，使税收总额达到国内生产总值的45%，同时取消所有的税收优惠政策，一切商品均需要交纳28%的增值税，并对进口商品征收消费税。另一方面，压缩预算支出，削减公共投资、国防开支等，限制地方政府用银行贷款弥补赤字，并对预算开支情况进行严格监督。政府为扩大财政收入，摆脱财政危机采取的激烈措施取得了反效果：由于税负过重，企业进一步减产，失业人数激增，政府不得不加大社会救助补贴，财政支出反而不断上升。

其三，实行紧缩的货币政策，为抑制通货膨胀，控制货币发行量，提高央行贷款利率（从2%提到9%），实施贷款限额管理，建立存储准备金制。紧缩的财政政策使得企业流动资金短缺，债务关系复杂，为防止大规模企业倒闭，减少失业人数，政府被迫放弃了紧缩性政策，开始大量增发货币。

其四，强制推行大规模私有化。在缺乏资本原始积累的情况下，采取有偿私有化与无偿私有化相结合的方式，制定了强制私有化与主动私有化相结合的原则，以加快私有化进程。事实证明，盖达尔政府推行的私有化改革导致大批国有企业落入特权阶层手中，苏联时期长期积累的社会财富被一小撮寡头窃取殆尽，社会迅速两极分化。

（二）切尔诺梅尔金的政策调整

“休克疗法”使得俄罗斯陷入了转型经济危机的旋涡当中，社会生产大幅下降，通货膨胀持续发酵，人民生活水平不断恶化，政府财政压力激增，这又给叶利钦政权带来了严重的政治危机。为扭转局面，1992年12

月，切尔诺梅尔金被叶利钦任命为新总理，随后他采取了一系列措施对“休克疗法”进行了修正。

在财政政策上，将“紧缩”转为“适度紧缩”，把稳定财政、货币同稳定生产结合起来，价格上则继续对重要的产品和服务进行国家调控。在私有化政策上，将“证券私有化”改为“现金私有化”，并保持一定的国有经济成分，加强国家的宏观调控，实行计划经济与市场经济相结合的经济秩序。在对外经济政策上，实行“软赤字”政策和“外汇走廊”政策，以此遏制通货膨胀和稳定卢布汇率。这些措施在一定程度上将经济改革由“激进”转为“渐进”，暂时稳定了社会经济秩序。

1996 年，俄罗斯政府出台了《1997—2000 年政府中期纲要构想：结构改革和经济增长》，这意味着俄罗斯彻底放弃了“休克疗法”，开始对经济政策进行全面调整，以实现经济复苏。其主要措施包括：停止大规模私有化，改为“点状方案”个别进行；不再依赖国外投资，注重挖掘国内生产潜力，保护和扶持民族工业的发展；经济体制上向社会市场经济倾斜；加强社会保障体系，防止居民的生活水平持续下降等。

切尔诺梅尔金的经济改革取得了一定的成效。俄罗斯的经济形势逐渐趋于稳定，工业生产逐步回升，国家财政赤字和通货膨胀都有所缓和，国民经济开始出现微弱增长，失业人口和贫困人口比重降低，俄罗斯的经济由危机转为萧条性稳定。[①]

（三）1998 年金融危机与普里马科夫的改革

切尔诺梅尔金虽然暂时稳定了俄罗斯的经济形势，但“休克疗法”造成的经济创伤短期内难以愈合，社会矛盾仍在不断积累，人民的不满情绪还在持续发酵，在野党不断对叶利钦政权发起挑战。1998 年 3 月，叶利钦突然解散了切尔诺梅尔金政府，任命基里延科接任政府总理。但是，新政府提出的经济政策并未改善俄罗斯的经济状况，更重要的是，基里延科政府在“8·17”金融危机面前束手无策，这使得叶利钦不得不在基里延科组阁不到半年的时间内再次解散政府。9 月 11 日，叶利钦任命普里马科夫

① 薛兴国：《俄罗斯国家安全理论与实践》，时事出版社 2010 年版，第 124 页。

为政府总理，授权其采取必要措施解决俄罗斯面临的经济危机。

“8·17”金融危机是1997年亚洲金融危机引发的，它被认为是1992年以来俄罗斯经济发展方针造成的必然结果，使得俄罗斯社会经济发展的一些重要指标倒退了15—20年，给国家造成的损失总额达3000亿（“危机前”的）卢布，导致俄罗斯陷入政治、经济、社会的全面危机之中。普里马科夫临危受命，立即着手稳定财政货币、稳定生产、解决工资和退休金拖欠等问题。

首先，既坚持发展市场经济，也加强国家的宏观调控，一切以优先发展生产为原则。主要包括：将货币紧缩转变为刺激经济发展的景气政策；降低税率、扩大税基，降低企业利润税、提高高收入者所得税，加强税收监管；抑制通货膨胀；刺激工农业发展，对国民经济进行结构性改造，发展符合社会需要的民族经济，不再主要依靠出口原料、材料、燃料来换取消费品。其次，加强社会保障，尽快解决工资与养老金的拖欠问题，缓和社会危机。普利马科夫先是拨款14亿卢布补发了两个月的军人工资，拨出5亿卢布支付了完成国防工业订货的企业职工的工资，支付了大学生的助学金，实施严格的反垄断调节，决定从1998年10月开始准时发放工资与退休金，并逐步偿还先前拖欠的工资，从1999年起逐月补偿居民因卢布贬值和涨价而遭受的损失。最后，继续加强国有资产私有化，通过更新固定资产来提高生产效率，鼓励投资，将混合所有制视为符合俄罗斯经济发展需要的可行性选择。①

普利马科夫的经济政策缓和了社会危机，使俄罗斯的经济形势趋于稳定，但俄罗斯经济仍存在诸多问题，短期内难以得到根本改善。这些问题主要表现在：首先，政策效果相互限制，使得各种问题的解决存在内部矛盾。如，为解决拖欠的工资与退休金问题，俄罗斯政府短期内增发了一定的货币量，这将进一步推高通货膨胀率。新政府为支持民族工业发展，改变了税收和关税政策，可能会对俄罗斯的对外贸易和投资环境造成消极影响。其次，经济结构仍是俄罗斯面临的主要困难，短期内难以得到改善。俄罗斯的几次经济改革都未能改变其经济结构的二元化（轻重比例的失

---

① 万成才：“普利马科夫政府经济政策亮相”，《瞭望》1998年第41期，第41页。

调），国民经济陷入了"出口能源和原材料换回食品和消费品"的低级循环；其经济对外依存度高，国际经济形势的变化会严重影响其经济发展状况。再次，经济始终受政治因素的困扰。比如，在选举期间，俄罗斯各政党忙于竞选，对经济改革的关注自然有所减弱；国内政局的动荡不仅严重降低了国外投资者对俄罗斯政府的信任度，也降低了民众对俄罗斯经济政策的支持度；政策的不连贯性，使得自由经济模式和社会经济两种模式不断交替，不利于经济的稳定发展。①

1999年5月，叶利钦再次更换政府，免去了普里马科夫的总理职务，但是随后的斯捷帕申政府和普京政府依然继承并发展了普利马科夫的主要经济政策。1999年，俄罗斯的经济形势进一步好转，出现了稳定增长的趋势，税收相对增加，财政状况有所好转，通货膨胀率降低，汇率趋于稳定，工资和退休金按时发放，人民收入有所增加，生活水平不断提高。

总的来看，叶利钦的经济改革取得了一定的成果，最重要的是市场经济体制的框架已经基本形成：所有制结构改造基本完成，市场主体实现了多元化；价格全面放开，通货膨胀基本得到控制；财政体制由国家财政向社会公共财政转化，形成了新的预算体制和税收制度，建立了分税制的分级财政体制；两级银行体制基本形成，央行独立并转变职能，商业银行趋向规范管理，利率已经放开，金融市场迅速发展；外贸基本自由化，货币已实现国内可兑换；社会分配制度发生变化，社会保障体制改革取得进展，社会保障基金来源多元化；国家的经济作用重新界定，政府职能已经转换，中央地方经济关系不断调整。②

然而不可忽视的是，叶利钦近八年的经济改革频频失误，俄罗斯社会为此也付出了沉重的代价。究其原因，其中重要的一点就是在全盘推翻了苏联时期那种高度中央集权的僵化的经济发展模式后，俄罗斯没有建立起新的、成熟的市场经济体制，各方面都存在着很多问题，与西方成熟的市场经济有很大差距，这种不完善的经济体制自然难以推动生产力的发展。此外，以叶利钦为代表的民主派推行的"休克疗法"忽视了俄罗斯当时所

---

① 高际香、白云："从普利马科夫政策倾向看俄罗斯经济"，《经济论坛》1999年第5期，第26页。

② 许新主编：《叶利钦时代的俄罗斯（经济卷）》，人民出版社2001年版，第473页。

处的社会发展阶段及特殊经济环境，强制推行全盘西化政策，采取激进的经济改革方案，使俄罗斯陷入了经济危机、政治危机及社会危机交织的困境当中。叶利钦的经济改革再一次告诫世人，一切经济改革的出发点必须立足于国情，不能简单地完全照搬他国的发展模式，而要因地制宜，创造出适合本国土壤的独具特色的经济发展模式。

三、政治安全领域

政治安全在俄罗斯的国家安全保障体系中居于核心位置，没有可靠的政治安全，国家就难以稳定、巩固和发展。政治安全主要包括对内政治安全和对外政治安全两方面，在这里主要侧重于探讨对内政治安全，其核心问题是国家的政权稳定问题，实质是公民的政治权利和人身自由，社会、政党、团体、组织的自由，国家领土完整、主权独立以及宪法制度处于有效的被保护状态。[①] 自独立以来，通过推行一系列政治改革，俄罗斯完成了政治体制的基本转轨，总统制、联邦制、议会民主、三权分立、多党政治、自由选举等西方政治体制的主要内容被移植到俄罗斯政治当中。然而，由于各种因素的制约，俄罗斯的政治体制转轨过程充满了尖锐矛盾和激烈斗争，严重威胁到俄罗斯社会的稳定。

（一）政治体制改革

1. 俄罗斯的政治体制转轨的三个阶段

第一阶段，总统制的确立（1990—1991 年）。从 20 世纪 90 年代初开始，俄罗斯就逐步放弃了苏联的一党执政高度集权模式，开始仿照西方国家建立议会民主制和总统制。1990 年 5 月，俄罗斯联邦召开了第一次人民代表大会，叶利钦经过三轮投票当选为俄罗斯联邦最高苏维埃主席（议长）。同年 10 月，“民主俄罗斯”运动成立，这是在苏联实行多党制以后出现的最大反对派组织，也是叶利钦的政党基础。1991 年 3 月，借苏联举行关于是否保留联盟国家的全民公决的机会，俄罗斯联邦附带就俄

---

① 薛兴国：《俄罗斯国家安全理论与实践》，时事出版社 2010 年版，第 44—45 页。

罗斯是否设立总统职位的问题举行全民投票，绝大多数选民表示赞成，这表明总统制在俄罗斯已经拥有广泛的社会基础。受此鼓舞，1991 年 4 月，叶利钦带领民主派推动俄罗斯联邦最高苏维埃批准了《总统选举法》。同年 6 月，叶利钦当选为俄罗斯首任总统，这标志着俄罗斯总统制的正式确立。

第二阶段，从“苏维埃制”向“超级总统制”过渡阶段（1992 年初至 1993 年末）。这一阶段，总统与议会（俄罗斯联邦人民代表大会和最高苏维埃）两大权力机关围绕着俄罗斯新宪法的制定以及最高权力展开了激烈斗争。总统叶利钦要求制定一部总统制宪法，即将俄罗斯确立为总统制的国家，从而实现其独揽大权的目的。而以议长哈斯布拉托夫为代表的议会则主张制定一部议会制宪法，他们希望俄罗斯从此走上议会制道路。对各自主张的坚持导致总统和议会之间的矛盾不断加深，逐渐演变成深刻的“宪法危机”。1993 年 10 月，叶利钦调动军队“炮打白宫”，结束了持续近两年的“双重政权”局面。随后，叶利钦签署关于“改革立法机构”的总统令，废除了“苏维埃体制”，将立法机关改名为“国家杜马”。同年 12 月，俄罗斯新宪法以全民公决的方式获得通过。经过近两年的激烈斗争，叶利钦最终战胜了自己的对手，“超级总统制”得以确立。

第三阶段，“超级总统制”的运行阶段（1994 年后）。新宪法通过后，俄罗斯的政治生活开始走上宪法轨道，宪法成为指导俄罗斯各种政治行为的基本准则。从此，各政党也逐渐改变之前的斗争方式，以议会（主要是国家杜马）为平台、以宪法为依据成为俄罗斯政治斗争的主要形式。“超级总统制”赋予了叶利钦极大的权力，在 1996 年的总统选举上，叶利钦多次自称为“鲍里斯一世”，足见俄罗斯总统的权力与沙皇相比也毫不逊色。从 20 世纪 90 年代俄罗斯政局的发展来看，在 1996 年之前，“超级总统制”运转基本是正常的，叶利钦的所作所为也基本上是在宪法的框架之内，但是之后叶利钦健康状况欠佳，难以充分履行总统的职权，加之国际政治经济安全形势波动较大，俄罗斯国家安全面临严重威胁。为平息风险，转化矛盾，叶利钦几次解散政府。叶利钦的做法不仅激起了反对派要求修宪和削弱总统权力的呼声，而且还引起了民主派内部的不满，多名实权人物甚至要求叶利钦辞职。这些均表明，至叶利钦执政末期，“超级总统制”的弊端已经显露无遗了。

2. 俄罗斯政治体制中的政权结构

（1）总统。1993 年的俄罗斯联邦宪法规定，俄罗斯总统由直接选举产生，每届任期四年，连选连任不得超过两届。宪法规定：总统是国家元首，是俄罗斯联邦宪法、人、公民权利和自由的保证人；总统根据联邦宪法和联邦法律确定国家内外政策的基本方向；总统经国家杜马同意任命政府总理、有权主持俄罗斯联邦政府会议、接受俄罗斯联邦政府的辞呈、向国家杜马提出任命联邦中央银行行长职务的候选人、向国家杜马提出解除联邦中央银行行长职务、根据总理的提名任命和解除俄罗斯联邦政府副总理、联邦部长职务；向联邦委员会提出任命宪法法院、最高法院、高等仲裁法院法官职务的候选人，以及总检察长候选人，向联邦委员会提出关于解除俄罗斯联邦总检察长职务的建议，任命其他联邦法院法官；组建和领导俄罗斯联邦安全委员会，批准俄罗斯联邦的军事理论；成立俄罗斯联邦总统办公厅；任命和解职俄罗斯联邦总统的全权代表；任命和解职俄罗斯联邦武装力量最高指挥官；有权否决国家杜马通过的法律，有权解散杜马等。①

（2）议会。俄罗斯联邦议会是俄罗斯联邦代表和立法机关。议会由两院——联邦委员会和国家杜马组成，联邦委员会由俄罗斯联邦每个主体各派两名代表组成，国家权力代表机关和国家权力执行机关各一人。国家杜马由 450 名代表组成，每五年选举一次。联邦委员会的主要职能是：批准俄罗斯联邦各主体之间的边界变更，批准总统关于实行战时状态的命令，批准总统关于实行紧急状态的命令，决定在联邦境外能否使用联邦武装力量的问题，确定总统选举，罢免总统，任命宪法法院、最高法院、最高仲裁法院法官职务，任命和解除总检察长职务，任命和解除审计院副主席及其半数审计员职务等。国家杜马的主要职能是：对总统任命的政府总理表示同意，决定对政府的信任问题，听取政府有关其活动结果的年度报告（包括国家杜马提出的问题），任命和解除中央银行行长职务，任命和解除

① 徐向梅主编：《世界主要政党规章制度文献——俄罗斯》，中央编译出版社 2016 版，第 22—23 页。

审计院主席及其半数审计员的职务，宣布大赦，对总统提出弹劾以便罢免其职务等。①

（3）联邦政府。俄罗斯联邦的执行权力由俄罗斯联邦政府行使。俄罗斯联邦政府由总理、副总理和各部部长组成。俄罗斯联邦政府的主要职能是：制定并向国家杜马提出联邦预算，并保证其执行；向国家杜马提供关于联邦预算执行情况的报告；向国家杜马提交其活动结果的年度报告，包括国家家杜马提出的问题；保证在联邦实行统一的财政、信贷和货币政策；保证在联邦的文化、科学、教育、卫生、社会保障和生态领域实行统一的国家政策；管理联邦财产；采取措施保障国防、国家安全，实现联邦对外政策；采取措施确保法制、公民权利和自由、维护财产和社会秩序、同犯罪做斗争；行使俄罗斯联邦宪法、联邦法律和俄罗斯联邦总统令所赋予的其他职权等。②

（4）司法机构。俄罗斯联邦的司法机构包括宪法法院、最高法院（各级法院）、最高仲裁法院（各级仲裁法院）和检察院（各级检察院）。上述司法机关根据联邦宪法行使相应的司法权。

（二）联邦制的发展

由于苏联时期民族矛盾的积累，以及独立之初俄罗斯国内政治经济形势的恶化，俄罗斯的民族分离主义倾向不断强化，某些联邦主体利用宪法所赋予的民族自决权，试图摆脱中央政府的控制，谋求成立民族国家，这严重威胁着俄罗斯国家的统一。为此，叶利钦对俄罗斯的联邦制进行了调整，其过程可以划分为以下两个阶段。

1. 条约联邦制阶段

苏联解体后，俄罗斯面临严重的联邦制危机，各联邦主体不断向联邦中央索求“主权”，掀起了民族共和国独立运动和地区“共和国化”。为维护联邦的主权统一与领土完整，俄罗斯于 1991 年颁布了《公民法》，从法

---

① 徐向梅主编：《世界主要政党规章制度文献——俄罗斯》，中央编译出版社 2016 版，第 26—29 页。

② 同上书，第 31—32 页。

律上消除了对非俄罗斯民族的歧视。此外，俄罗斯联邦中央在做出重大让步的前提下，经过艰苦谈判，最终于 1992 年 3 月与大多数联邦成员签署了联邦条约。① 该条约赋予了俄罗斯 89 个地区联邦主体的地位，承认了各民族共和国的主权地位，扩大了地方的权限。该条约以人权概念代替了民族权概念，强调人权和公民权至上。该条约的签署不仅奠定了新的国家结构的基础，还遏制了各共和国独立的趋势，降低了国家解体的风险。

2. 宪法—条约联邦制阶段

以 1993 年新宪法的通过为标志，俄罗斯进入了宪法—条约联邦制阶段。新宪法强调俄罗斯是各民族共同缔造的统一国家，取消了民族共和国退出联邦的权力，删除了少数民族共和国是“主权国家”的提法，确立了中央联邦的主导地位，这无疑是对当时盛行的“主权风”的极大打击，遏制了民族分离主义势力。但是，新宪法同时赋予了各少数民族共和国或地区可以就权限问题与中央政府谈判的权力，这些共和国或地区要求与联邦中央政府签署分权协议，希望通过变通宪法的一些条款来获得相应的特权。为了保障新宪法的顺利执行以及政局的稳定，叶利钦采取了以宪法为主导，辅以签署双边条约的方式来协调联邦中央与地方的关系。1994 年初，叶利钦与鞑靼斯坦签署了双边条约，以和平的方式解决了具体的分权问题，并颁布了《俄罗斯公民和睦协定》，以推动各民族之间的和平共处。这种以宪法为主，加上双边条约协商联邦中央与地方关系的联邦制被称为“宪法—条约联邦制”。此后，巴什基尔共和国、雅库特共和国、北奥塞梯、卡巴尔—卡尔巴尔共和国也与联邦中央签署了类似的分权条约。

3. 俄罗斯联邦制的特点

叶利钦时期，俄罗斯的联邦制具有以下特点：俄罗斯的联邦主体形式相对多样化，既有以少数民族共和国为代表的民族区域实体，又有以边疆区、州为代表的行政区域实体，还有以自治州、自治专区为代表的自治实体；联邦制实行民族区域与行政区域相结合，抛弃了单纯按民族区域组成的原则，也没有照搬西方的按行政地域组成的模式；俄罗斯联邦是联邦成员国地位平等和非平等的矛盾统一体，虽然宪法规定了各联邦主体地位的

① 鞑靼斯坦共和国和车臣共和国拒绝签署联邦条约，巴什基尔共和国为有条件签约。

平等，但与鞑靼斯坦等民族共和国签署的双边条约又产生了非平等的联邦主体，而正是这种形式才能够满足俄罗斯联邦维护统一的现实需要。[①] 对于一些不愿向联邦中央政府妥协的民族分裂势力，叶利钦则坚决采取武力手段加以解决。例如，面对车臣独立对俄罗斯联邦制构成的严峻挑战，叶利钦予以坚决回击。通过对车臣采取高压政策，在政治上扶持反对派，经济上冻结车臣的预算补助，直到直接出兵进行军事打击等多种手段，俄罗斯联邦中央政府维护了国家的统一。

（三）政治体制改革存在的问题

叶利钦时期，俄罗斯政治危机、经济危机和社会危机丛生，党派之间的政治斗争也从未停止，这些政治斗争反映了俄罗斯政治体制改革中存在诸多深层次的问题。

首先，俄罗斯缺乏统一的国家思想。伴随着苏联解体，社会主义意识形态也随之崩溃，俄罗斯社会出现了思想真空。尽管叶利钦在形式上移植了西方的民主价值观，但是事实证明，西方的资本主义意识形态和民主价值观在短时期内难以适应俄罗斯的社会土壤。虽然在1996年叶利钦也曾提出统一国家思想，但是各派政治力量对俄罗斯国家的历史与现实认知存在差异，导致它们在国家发展道路的选择上产生了巨大分歧，俄罗斯社会被社会主义思潮、社会民主主义思潮、民族主义思潮、自由主义思潮所充斥，难以形成权威性的、被社会普遍认可的统一的国家思想，民众信念丧失，对国家的未来充满迷茫。

其次，“超级总统制”使总统拥有极大的权力，俄罗斯政治对决策者的依赖过大，不利于政权的长期稳定。1993年新宪法规定，总统有权决定国家对内对外政策的基本方向，有权任命包括总理在内的高层政府官员，有权解散政府、解散国家杜马，其权力之大远非西方国家总统可比。然而，“超级总统制”下产生的强势总统虽然有利于提高政府的决策效率，有利于独立初期国内形势的稳定，但是决策的科学性与民主性存在严重缺陷。尤其到了叶利钦执政后期，由于叶利钦疾病缠身，管理国家力不从

① 薛兴国：《俄罗斯国家安全理论与实践》，时事出版社2010年版，第119页。

心，“超级总统制”的弊端逐渐显现。为了巩固政权，转移决策失误的责任，叶利钦多次解散政府，撤换总理，这极大损害了政府的威信，而国家杜马等机构因受制于宪法，可作为的空间很小。

再次，不成熟的政党政治和金钱政治严重扰乱了国家正常的政治生活。1993 年新宪法的诞生表明俄罗斯已经从过去的一党制发展为多党制。然而，俄罗斯的多党制并不成熟。叶利钦时期，最多的时候曾出现过上千个形形色色的政党，多数政党政治主张大同小异，缺乏特色。而各政党能否参政议政并不以议会席位来决定，是否亲总统才是关键。如 1995 年赢得国家杜马 157 个席位，成为杜马第一大党的俄共却不能进入政府，掌控政府的是仅获得 55 个议席的“我们的家园——俄罗斯”。此外，金钱政治深深影响着俄罗斯的政局。叶利钦时期的头号寡头别列佐夫斯基曾说过，企业家应该加强在国家生活中的作用，国家应该多听取企业家的意见。由于金融寡头为叶利钦第二次总统竞选胜出立下汗马功劳，叶利钦连任后投桃报李，给予了金融寡头一系列特权。别列佐夫斯基甚至被任命为俄罗斯国家安全会议副秘书及车臣事务首席谈判代表，一跃成为叶利钦核心圈成员之一。金融寡头对俄罗斯政治的干预由此可见一斑。

四、外交领域

俄罗斯独立后，其意识形态和社会制度都发生了根本性变化。叶利钦时期，俄罗斯国内外安全形势的巨变导致俄罗斯外交在如何维护国家利益这一根本问题上一时难以找到明确的方向，俄罗斯的外交政策也因此几经调整。

（一）独立初期融入西方的“一边倒”外交政策（1991—1992 年）

苏联末期，戈尔巴乔夫缓和与西方关系的努力为以后俄罗斯修复与西方关系奠定了基础。独立后，俄罗斯将加入以美国为首的西方国际政治、经济及安全体系，争取西方经济援助作为其外交的首要目标。为此，叶利钦在外交上实行“一边倒”，全面迎合、追随西方，同时却忽视了与其他传统伙伴国家的关系。

俄罗斯向西方“一边倒”外交选择的理论基础是“欧洲—大西洋主义”。其主要观点是：第一，从历史传统和文化背景看，俄罗斯从来都是欧洲的一部分，只是蒙古人入侵和布尔什维克革命割裂了它，俄罗斯应回归欧洲，向欧洲文明国家靠拢；第二，从冷战后国际舞台的力量对比看，西方国家已经占据优势，是决定国际局势发展的主导力量；第三，从价值观念看，过去美苏对抗和东西方对抗的根源在于社会制度的不同和意识形态的差异，随着俄罗斯在社会制度和意识形态方面与西方趋同，俄罗斯与西方国家已经“没有任何无法克服的分歧和利益冲突”；第四，俄罗斯激进经济改革要获得成功，摆脱经济危机，离不开西方的经济援助。正是源于这一思想认识基础，以总统叶利钦、外交部长科济列夫、代总理盖达尔等为代表的“民主派”坚信，奉行亲西方的外交政策是当时俄罗斯唯一明智的选择。①

在“一边倒”外交思想指导下，1992 年初叶利钦对西方主要国家进行了旋风式的访问，与西方各国元首频频会晤，在核裁军问题上做出巨大让步，在处理国际和地区事务时尽可能按照西方意愿办事，消除与西方之间存在的“不和谐”“对抗性”成分。②

在核武器的控制与削减方面，美俄联手对苏联遗留在独联体国家的核武器进行了处理。1992 年 1 月，叶利钦访美前夕在接受媒体采访时宣布，俄罗斯“不再考虑把美国作为俄罗斯的潜在对手”，因而将“把俄罗斯洲际弹道导弹的瞄准目标从美国所有城市移开”。同年 5 月，美国、俄罗斯、乌克兰、白罗斯和哈萨克斯坦签署了《里斯本五国协定书》，将乌、白、哈三国的核武器统一运往俄罗斯进行销毁。6 月，叶利钦访美期间，俄美不仅签署了《俄美伙伴友好宪章》，其中再次明确宣布俄美将以西方的价值准则规范新的俄美关系，而且双方还签订了《关于进一步削减战略武器的谅解协议》等有关双方政治、安全和经济关系的 6 份文件。根据上述协议，俄罗斯放弃了苏联时期长期坚持的俄美“核均势”原则，默认了美国对俄罗斯的领先地位，协议规定俄罗斯全部销毁陆基多弹头洲际导弹，俄

① 海运、李静杰总主编，学刚、姜毅主编：《叶利钦时代的俄罗斯（外交卷）》，人民出版社 2001 年版，第 6—7 页。

② 同上书，第 11 页。

罗斯的核优势不复存在。在此基础上，1993年1月，俄美正式签署第二阶段削减战略武器条约。

在国际热点问题上，俄罗斯摒弃了以往坚持国家传统利益的做法，基本上唯西方马首是瞻，如支持西方对利比亚、南斯拉夫和伊拉克的制裁，支持西方国家在波黑和伊拉克设立禁飞区。同时，其刻意拉开了与原苏联传统盟友的距离，终止了对古巴的援助，转而攻击其人权状况和国内政策。此外，其还向西方承诺不向朝鲜出售进攻性武器、停止对朝鲜的各项援助等。

西方对俄罗斯的善意也给予了一些积极的回应。如西方七国宣布向俄罗斯提供240亿美元的援助计划，俄罗斯与加拿大签署了2500万吨的粮食协议，与法国达成了40亿法郎的低息贷款协议等。然而，此后西方对俄罗斯的实际援助让俄罗斯倍感失望，尤其是西方七国曾经承诺的240亿美元援助严重缩水，兑现了不足一半，叶利钦期盼的俄版"马歇尔计划"并未出现。同时，俄罗斯在其他方面也感受到西方的排斥，如七国集团并未赋予俄罗斯真正的成员地位，而且西方国家抓住俄罗斯放松与中东欧及独联体国家关系的机会，积极发展与这些国家的关系。西方国家正是利用了俄罗斯有求于已的心理，不断地扩大战略上的优势，这导致俄罗斯的外部安全环境进一步恶化。

（二）东西兼顾的"双头鹰"外交（1993—1995年）

由于战略收益极为有限，俄罗斯的"一边倒"外交政策受到国内的广泛抨击。迫于压力，叶利钦对盖达尔政府进行改组，俄罗斯的外交转向东西兼顾的"双头鹰"外交轨道。1993年出台的《俄罗斯联邦对外政策构想》确立了俄罗斯外交政策的指导原则，把维护国家利益作为外交政策的基本出发点，尽管仍然将"经济强大的西方"作为外交的重点方向，但同时也强调应该对东方国家和独联体国家有所重视。[①]

这一阶段，俄罗斯的外交战略目标是：尽快恢复俄罗斯的大国地位，并在国际事务中发挥一个大国应有的作用；要尽力保证俄罗斯在独联体势

① 薛兴国：《俄罗斯国际安全理论与实践》，时事出版社2010年版，第137页。

力范围内的影响力，确保俄罗斯在亚太事务中发挥主导作用，最终实现与美国的平等关系。俄罗斯恢复大国地位的依托主要来自对国际关系格局的判断：俄罗斯认为“21 世纪的国际秩序不会是美国统治下维持的和平，或是任何一极或多极主宰的局面，美国没有能力实行单独统治”，“俄罗斯虽然面临各种复杂的矛盾和困难，但仍然是一个大国，不仅拥有核武器和强大的军事力量，还有着开发宇宙的高新技术、丰富的地缘经济和良好的地缘政治条件，所以俄罗斯能够在国际上发挥与其地位相称的国际作用，应在全球范围内寻求其利益”。①

为了实现上述战略目标，叶利钦有针对性地开展了一系列外交活动。在加强与东方关系方面，从 1992 年末到 1993 年 1 月，叶利钦相继访问了韩国、中国和印度，并签署了《俄韩关系原则条约》《关于中俄相互关系基础的联合声明》等。叶利钦表示，“要在东西方之间保持平衡的政策”。在与独联体国家关系方面，叶利钦一直强调俄罗斯在该地区拥有“特殊利益”。从 1992 年下半年开始，叶利钦不断推动完善独联体组织机构，与独联体国家开展军事合作，扩大集体安全范围，促进独联体内部经济一体化。在处理与西方关系方面，1994 年以来，俄罗斯无论是在内部车臣问题还是南斯拉夫和伊朗等国际热点问题上，开始采取较为强硬的立场，向西方说“不”。

（三）“多极化”外交（1996—1999 年）

1996 年 1 月，普里马科夫取代科济列夫，出任俄罗斯外交部长。此后，“多极化”外交思想逐渐成为俄罗斯新的外交战略指导思想。

这一时期，俄罗斯外交的主要目标是推动建立以多极化为原则的国际关系体系，坚决捍卫俄罗斯的国家利益。1997 年 4 月叶利钦批准的《俄罗斯联邦国家安全构想》对俄罗斯的外交任务和实施手段做了详细阐述，再次明确把推进“多极化外交”作为国家安全构想的支柱和基石。1998 年 5 月 12 日，叶利钦在外交部发表了《俄罗斯在多极世界形成时期的地位和作用》的讲话，系统地阐述了“多极化”外交思想，其主要内容包括：

---

① 丁建伟：“浅析叶利钦时代外交战略的调整”，《社科纵横》2000 年第 2 期，第 74 页。

其一，确认多极化是当代世界在新形势下的客观要求和发展趋势。两极格局的瓦解，不仅使得中东欧国家减弱了对苏联继承国俄罗斯的依赖，同时西方世界对美国的安全需求也有所降低，世界的向心力大大削弱，主要的国际力量在外交活动中更具独立性，西欧、日本、中国、俄罗斯都具有成为独立一极的能力或是潜力，但多极格局尚未形成，由“单极”向“多极”过渡也不会轻而易举。

其二，反对将一个单极世界模式强加给国际社会，俄罗斯要努力成为多极世界中重要的一极。叶利钦认为，“有的国家总是试图把一个单极世界模式强加于世界，这是不现实的，甚至可能是很危险的”，“历史证明建立世界霸权的企图，任何时候都不会实现”。①

其三，确立了积极且全方位、独立且平等、避免走向对抗的外交基本原则。为了在多极化过程中形成优势，俄罗斯要尽可能地抓住一切机会，同世界所有的国家发展关系，与世界主要大国发展平等的伙伴关系，同时不打算与任何国际力量中心对抗，也不单方面依赖于任何的国际力量中心。

从“一边倒”“双头鹰”到“多极化”外交，俄罗斯外交在实践中不断摸索前进，逐渐形成了较为成熟的理论框架与指导思想，对俄罗斯在当代世界中的角色定位也有了更清晰的认识。在外交倾向上，由最开始的依靠和追随西方，转变为独立自主的全方面外交，其关注的利益范围更加广泛，战略眼光也更加长远。在外交目标上，由积极融入西方世界转为力争成为多极化中重要的一极，俄罗斯不再依靠外力，而是凭借自身巨大的资源潜力、地缘优势以及强大的武装力量来实现大国的复兴之路。在发展与他国的关系上，改变了原先的意识形态模式，一切对外关系与外交活动均为国家、民族利益服务，尤其是对独联体国家这些涉及俄罗斯国家安全的重要战略地区，俄罗斯明确表示将会采取一切手段来维护自己的国家利益。

（四）对叶利钦时期俄罗斯外交的评价

叶利钦时期，俄罗斯的外交战略虽然几经调整，但总体上看是不成功的。这一时期俄罗斯外交的根本目的是想营造一个有利于完成国内改革的

---

① 丁建伟：“浅析叶利钦时代外交战略的调整”，《社科纵横》2000 年第 2 期，第 75 页。

外部环境，但事实上俄罗斯的外部环境不断恶化，与西方的关系也逐渐紧张。因此，叶利钦外交并未达到预期的战略目标，究其原因主要包括以下两个方面。

一方面，俄罗斯对自己定位过高，低估其综合国力受损的程度，高估了自身国际影响力。美国学者阿什利·泰利斯在其《国家实力评估：资源、绩效、军事能力》一书中指出，一个国家的综合国力主要涉及经济、军事、政治等方面，具体指的是一个国家在给定时间上具有掌握经济创新周期的能力，进而通过这种控制能力形成有效的军事能力，再据此创造出一个稳定的政治环境，并从中加强现存的经济优势，为保持国家的战略优势以及从国际体系中获益创造条件。① 冷战时期苏联之所以能与美国抗衡，便是凭借其计划经济的优越性，在较短的时间内迅速打造了强大的军事力量，向外输出自己的影响力，形成了以苏联为核心的社会主义阵营，成为与美国抗衡的超级大国。作为继承者，俄罗斯仅仅继承了原苏联的大部分武装力量，而这一支力量还因国内的经济危机而难以获得有效保障，原先的社会主义阵营早已分崩离弃，其巨大的资源潜力短期内难以通过现有经济模式发挥出来，经济增长动力严重缺乏，进而无法促进军事与政治实力的提升，这些导致俄罗斯的综合国力恢复十分缓慢，其国际地位自然显著下降。然而，在综合国力被严重削弱的背景下，俄罗斯却错误估计了自身的影响力。“多极化”外交的倡导者普里马科夫外长就曾明确表示：“没有俄罗斯的参与，世界上任何一个重大事件都解决不了。”② 但事实证明并非如此。

另一方面，结构性矛盾的存续使得叶利钦虽然有意全面改善与西方的关系，但是最终却事与愿违。苏联解体后，俄罗斯一度想全面西靠，彻底融入西方阵营，但是西方并未接纳俄罗斯，相反通过北约东扩等挤压俄罗斯的战略生存空间。可以说，苏联时期存续下来的俄罗斯与西方之间的结构性矛盾是双方关系难以根本改善的最主要原因。即使俄罗斯启动了全面

① ［美］阿什利·泰利斯著，门洪华译等译：《国家实力评估：资源绩效军事能力》，新华出版社2002年版，第13页。

② 顾烨丽：“叶利钦时代俄罗斯外交政策的反思”，《西伯利亚研究》2009年4月，第29页。

的西化改革，但其与西方在长期对抗中形成的遏制与反遏制等结构性矛盾很难消弭，导致西方对俄政策依旧以削弱和遏制为主。然而，俄罗斯对此认识不够，单方面幻想融入西方世界，以期待获得西方的经济援助并重塑大国地位，正是这种外交目标的不切实际和理想化让西方得以在俄罗斯独立之初迅速占领中东欧“安全真空”，对俄罗斯构成极大战略压力。

第四节　叶利钦国家安全战略实践的影响

尽管叶利钦时期俄罗斯的国家安全战略尚在构建之中，其政策影响力也有限，但是作为苏联的继承者，俄罗斯的国家发展潜力不可低估，国际影响力依然不容忽视。事实上，尽管20世纪90年代国家处于发展逆境，但是俄罗斯一直在探索构建国家安全战略的各种路径，尽可能地恢复自身优势，积极地参与到地区和国际事务中。这对俄罗斯应对国内安全挑战、缓和国际和地区安全紧张局势、促进世界多极化的发展发挥了重要的作用。

一、对国内安全的影响

（一）政治安全方面

20世纪90年代，叶利钦先后主导了俄罗斯新宪法（1993年）和《俄罗斯联邦国家安全构想》（1997年）的制定与实施，在此基础上，通过采取一系列政治改革措施，初步建立了俄罗斯新的国家行政体系，其中重点是建立并完善了“总统制”，实行多党制并实现了自由选举，初步改革了联邦制。通过这些措施，叶利钦基本稳定了政权，巩固了自己对国家的控制，同时公民的自由、人权也得到基本保障，社会渐趋稳定。此外，叶利钦坚决顶住西方压力，为打击车臣分离势力与维护国家安全，先后发动了两次车臣战争，此举虽然饱受西方诟病，但是不可否认俄罗斯借此既维护了国家统一和领土完整，还起到“敲山震虎”的作用，其他有离心倾向的联邦主体不得不有所收敛。叶利钦采取的这些手段与措施无疑较为有力地保障了俄罗斯的政治安全，俄罗斯作为一个主权独立、领土完整的新的国家形态逐渐清晰。然而，独立以来俄罗斯国内政治斗争不断，经济危机也反复出现，叶利钦尽管推行了一系列政治改革措施，然而俄罗斯政府的更迭依然频繁，国家发展缺乏统一的指导思想，“强势总统”导致弊端丛生，诸多问题的“悬而难决”成为俄罗斯国家政治安全面临的新挑战。

（二）经济安全方面

维护国家的经济安全是叶利钦时期俄罗斯国家安全战略的核心目标之一。为此，叶利钦敦促各届政府出台了包括《俄罗斯联邦经济安全战略（基本原则）》和《俄罗斯联邦国家安全构想》等在内的一系列纲领性文件，采取措施实现经济转轨，恢复经济，以保障国家的经济安全。总的来看，尽管叶利钦的经济改革措施（以“休克疗法”为代表）至今仍备受学界非议，但是不能否认，叶利钦推行的经济改革彻底打破了苏联时期的计划经济模式，市场经济体制得以基本建立，完成了所有制结构的改革，形成了私营、合资、股份制与国有经济多种经济成分并存的所有制格局，而全面放开价格增强了市场对经济的导向作用，改变了苏联时期政府主导市场的局面。可以说，始于 1992 年的八年经济改革虽然问题不少，弊端也很多，但是到 1999 年俄罗斯的经济较独立之初已有所好转，开始出现复苏性增长，这不仅为俄罗斯维护包括经济安全在内的国家总体安全提供了较为坚实的物质基础，更为重要的是为俄罗斯未来发展构建了全新的市场经济体系。

（三）军事安全方面

保障国家的军事安全一直是俄罗斯（苏联）国家安全战略的重要目标。因此，尽管 20 世纪 90 年代俄罗斯政治经济改革面临极大困难，但是叶利钦依然将保障俄罗斯的军事安全列为国家安全战略实践的重中之重。为此，俄罗斯逐渐确立了建立一支与国家经济实力相适应、能够切实保障国家安全的现代化职业化军队的军事改革目标。通过精兵简政，调整军队结构，改革兵役制度，重建军队指挥系统，俄罗斯军队建设取得初步成效，俄军逐步摆脱了苏联解体带来的后遗症，战斗力明显增强，这在1999年底爆发的第二次车臣战争中就得到体现。此外，针对北约东扩造成的战略压力，俄罗斯放弃了独立之初不切实际的"纯防御"核安全观，核战略调整为"积极防御"（1993年），进而转为"现实遏制"（1996年），强调俄罗斯要坚持遏制原则，奉行核遏制政策，保持足够水平的核潜力，防止核攻击或是利用常规武装力量和武器侵略俄罗斯及其盟国。科索沃战争后，基于对俄罗斯自身安全环境以及西方军事力量更加清晰的认识，在紧接着公布的《俄罗斯军事学说》（草案）中，俄罗斯再次对其核战略进行重大调整，把核武器视为制止战争和打赢战争的最有效武器、确保大国地位和保卫国家安全的主要支柱，并宣布俄罗斯在为维护自身及盟国安全时，可先发制人使用核武器，这将核威慑的作用提高到前所未有的新高度。正是对核战略的及时调整，使得俄罗斯在面临源于西方日益增强的军事安全压力而自身常规武装力量又不足以有效对抗时，能够尽最大可能地保障俄罗斯的国家安全。

二、对国际安全的影响

（一）对独联体国家的影响

独联体国家与俄罗斯都曾是苏联的加盟共和国，与俄罗斯既有不可分割的经济联系，也有密切的安全联系。独联体国家是俄罗斯与西方的"战略缓冲带"，是俄罗斯抗衡北约及实现大国复兴的重要战略依托。因此，将独联体国家纳入俄罗斯国家安全战略有利于改善俄罗斯的地缘政治环境，修补因苏联解体而严重受损的战略防御体系，确保俄罗斯的周边安全。基于此战略考量，叶利钦通过与相关独联体国家签署《独联体集体安全条约》，组建独联体集体安全条约组织（集安组织），在独联体国家驻军，加强与独联体国家的军事技术合作，建立共同防御体系等措施不断强化独联体安全合作机制，在一定程度上缓解了西方的战略压力，维护了俄罗斯周边的安全与稳定。

然而，俄罗斯与独联体国家在安全合作上取得的进展却难以掩盖各方因民族利益及对国际形势的不同看法而引发的分歧。对俄罗斯而言，源于地缘政治、安全等因素的考虑是其发展与独联体国家关系的首要出发点，而对独联体国家来说，开展独立自主的外交关系、获取经济利益与维护国家安全都是对俄罗斯外交的几个并行不悖的目标，双方合作的广度与深度取决于彼此战略目标的重合度。事实上，叶利钦任内俄罗斯经济实力的削弱使其在推行与独联体国家的军事一体化时缺乏必要的物质基础，加之独联体国家对俄罗斯大国沙文主义存在戒心，俄罗斯与独联体国家之间建立密切军事合作关系的意图难以实现，俄罗斯对独联体国家的战略实践效果不尽如人意。相反，在西方发展模式和繁荣经济的吸引下，加之西方佐以积极的外交努力，部分独联体国家“西靠”的意图越来越明显。1997 年 10 月，由格鲁吉亚、乌克兰、阿塞拜疆和摩尔多瓦四国组成的“古阿姆”集团正式成立，尽管它们宣称这是一个磋商性的非正式地区联盟，但是难以掩盖其亲欧美立场，这些独联体国家的动向对俄罗斯的独联体政策无疑构成严峻挑战。

（二）对美国构建“单极世界”战略

推动世界的多极化并成为其中重要的一极是俄罗斯国家安全战略的主要目标之一，这与美国构建“单极世界”的战略构想发生直接冲突，对美国的对外战略形成了一定的牵制。与世界其他多数国家一样，俄罗斯认为多极化将是国际格局演变的未来发展趋势，要保证国际秩序的公正与合理，实现世界的持久和平，需要在全球层面保持国际战略力量的大体平衡。因此，为防止美国在打造“单极世界”之时损害俄罗斯的利益，俄罗斯独立后不久即开始逐渐加强与其他大国的合作与交流，包括在欧洲利用欧美之间存在的分歧与矛盾，开展与欧洲大国的合作，弱化美国对欧洲事务的影响力，并在亚洲加强与中国和印度的战略伙伴关系，推进双边和多边合作，平衡美国的战略压力，对美形成战略牵制。同时，俄罗斯逐步强化本国参与国际事务的意识，积极参与国际热点问题的解决进程，而冷战后美国在核裁军、防止核武器扩散、打击恐怖主义等方面确实也需要俄罗斯的支持与合作，这使得美国在处理与俄罗斯关系密切的国际事务时不得不有所克制。

然而，受苏联解体的影响，俄罗斯综合实力被严重削弱，加之国内危机不断，其已不再具有苏联那样的国际地位与国际影响力，而美国在与俄罗斯的战略博弈中更加积极主动，利用包括军事压力在内的一切手段打压俄罗斯的战略实力，如推动北约东扩、加大对独联体的渗透等，而俄罗斯对美国行为的牵制作用却是有限的。

（三）对亚太安全的影响

亚太地区是俄罗斯国家安全战略的重要方向，特别是当其在欧洲地区面临着北约的战略压力时，俄罗斯更需要亚太地区的安全与稳定。冷战后，亚太地区遗留下许多安全隐患，其中朝鲜核危机及日俄北方领土争端直接与俄罗斯有关。而亚太地区并没有建立起与欧洲相似的集体安全保障机制，地区安全主要依靠双边或多边的军事同盟来维持，这无疑不利于俄罗斯发挥建设性的作用。因此，在叶利钦外交战略从亲西方转向东西方并重之后，俄罗斯对亚太地区事务的参与度明显增强，这有利于推动亚太地区多边安全机制的建立。如：针对朝核问题，俄罗斯曾表示支持日本提出的建立日、俄、美、中四国领导人会谈建议，并提出了建立“东北亚多边磋商机制”“地区冲突调解中心”等建设性意见；在中亚地区，俄罗斯与中国充分借鉴两国边界谈判机制，推动俄、中、哈、吉、塔五国签署了边境地区信任和裁军协定。俄罗斯这一系列外交实践，为亚太地区新安全观的形成注入了新的理念与活力，为亚太地区多边安全机制的建立打开了思路。而俄罗斯积极参与亚太地区安全机制建设实践，有利于实现亚太地区大国力量的平衡，也促进了世界多极化的发展。

第五章　普京时期俄罗斯的国家安全战略（2000—2008 年）

20 世纪 90 年代，叶利钦打破了旧的体制，确立了以总统制为核心的政治制度，建立了市场经济体制，为俄罗斯的公民社会和市场经济搭建了初步框架，其间虽然历经波折，但是俄罗斯逐渐从混乱、无序的转轨阶段进入稳定的发展阶段。2000 年普京上台后，他根据安全形势的变化，以《俄罗斯联邦国家安全构想》《俄罗斯联邦军事学说》和《俄罗斯联邦对外政策构想》等纲领性文件为指导，对俄罗斯的国家安全战略进行了调整：一方面，俄罗斯推行更为灵活、务实的外交政策，以“9·11”事件为契机，缓和与以美国为首的西方国家关系；另一方面，以“主权民主”的思想为指导，凝聚国内力量，采取一系列政治、经济、军事措施，国家综合国力取得显著提升，极大地扭转了叶利钦时期俄罗斯的安全困境。

第一节　普京时期俄罗斯的安全形势

叶利钦执政期间，俄罗斯虽然在一定程度上实现了社会转型，建立了新的政治经济体制，也一度激发了国内的民族主义情绪，大国复兴思想重新抬头，但是直到叶利钦执政末期，俄罗斯依然未能摆脱持续衰落的颓势，国内外安全形势未得到根本改善。在国外，西方国家始终保持对俄罗斯的战略遏制，继续推行北约东扩，在独联体国家推行颜色革命，侵蚀、分化俄罗斯的传统势力范围。在国内，金融寡头严重扰乱国家的政治生活秩序，中央与地方之间的政治斗争弱化了中央权威，地区分离势力不断抬头，社会矛盾因经济的不景气而更加难以调和。

一、国际方面

2000 年版的《俄罗斯联邦国家安全构想》将俄罗斯的外部安全威胁概括为三个方面：一是俄罗斯对世界政治、经济、军事影响力下降，对传统势力范围控制力有所削弱；二是他国军事力量、军事基地不断向俄罗斯边境逼近，俄安全压力不断增加；三是俄罗斯边界地区以及独联体外部边界地区出现武装冲突。这些不利因素时刻威胁着俄罗斯的主权和领土完整，甚至可能导致对俄罗斯直接的军事入侵。① 具体而言，普京上任之初俄罗斯面临的国际安全威胁主要包括以下几个方面：

首先，北约依然是俄罗斯面临的首要外部威胁。1997 年 5 月，俄罗斯与北约签署了《北约与俄罗斯相互关系、合作与安全基础文件》，双方达成了几点共识：一是双方约定不再将彼此视为潜在敌人并加强信任与合作；二是继续实行裁军，同时北约的职能向扩大政治与维和方面转变；三是在国际关系中不使用武力并尊重各国的领土完整与独立；四是双方进行保持欧洲安全与稳定、以外交手段防止冲突、核扩散以及反恐等国际问题的合作；五是北约承诺不计划在新成员领土上部署核武器。② 该文件一度被认为是俄罗斯与北约关系的新开端。然而，北约很快背离了双方共识，对俄罗斯展开了一系列战略挤压行动。1999 年 3—6 月，北约对南联盟实施大规模空中打击，科索沃战争爆发，俄罗斯对巴尔干地区的影响力受到极大削弱，被迫中断了同北约的正常关系。1999 年 3 月，波兰、捷克、匈牙利成为北约的新成员国。1999 年 4 月，北约通过了“北约战略新概念”，积极参与现代防御，以维护成员国安全为由，运用军

① 薛兴国：《俄罗斯国家安全战略理论与实践》，时事出版社 2010 年版，第 145 页。
② 李述森：《当代俄罗斯对外战略转型研究》，当代世界出版社 2006 年版，第 96—97 页。

事、政治、文化等多种手段对中亚及高加索地区进行渗透。北约的系列行动从西南、西北以及南部对俄罗斯形成了战略包围，使得俄罗斯丧失了近2000 公里的战略纵深，地缘战略环境急剧恶化。

其次，美俄战略核力量对比失衡。1972 年苏联和美国签订的《反弹道导弹条约》曾对美俄双方保持战略核力量的总体平衡起到了关键作用。然而到了 20 世纪 90 年代，美国在追求单极霸权的战略思想指引下，开始发展导弹防御体系，并于 1999 年通过了相关法案。同时，美国还威胁俄罗斯如果不同意修改《反弹道导弹条约》，美国将单方面退出该条约。美国这一举动打破了美俄战略核力量均势，破坏了双方的战略稳定，极有可能引发新一轮的国际军备竞赛。

再次，独联体离心倾向增强。俄罗斯一直将独联体作为对抗北约东扩的战略依托，但因综合实力的下降以及西方的渗透，独联体一体化进程十分缓慢。尤其是 1998 年俄罗斯金融危机的影响外溢到独联体层面，独联体各国对俄罗斯的信任度进一步降低，开始积极寻求西方的援助与经济合作。西方也乘机参与到独联体地区的战略资源开发中来，不断强化西方的影响力。在此背景下，一些独联体国家对与北约合作表现出积极的意愿。1999 年 4 月，格鲁吉亚等四个独联体国家不顾俄罗斯反对参加北约成立 50 周年庆典。有的独联体国家打算退出独联体集体安全条约，认为该条约已不符合新的地缘政治现实，表示“不能同意俄罗斯就深化独联体国家一体化进程所执行的政策”。①

由上可知，世纪之交的俄罗斯所面临的国际局势不容乐观，西方通过北约东扩压缩俄罗斯传统势力范围，美俄战略核平衡因美国试图单方面退出《反弹道导弹条约》而面临被打破的危险，俄罗斯受困于国内危机对独联体的控制力下降，独联体国家求“独”的心态加重，这些都使俄罗斯陷入更加严重的战略被动局面。

---

① 郑羽主编：《独联体十年：现状 · 问题 · 前景》（上卷），世界知识出版社 2002 年版，第 432—433 页。

二、国内方面

（一）经济层面

俄罗斯经济在1999年出现了一定程度的恢复性增长，同比表现总体尚可：工业产值方面，仅上半年工业生产就增长了1.5%，石油和化工部门的增长值高达12.3%；对外贸易方面，1—8月贸易收入与上年同期相比（23亿美元）增长了约七倍，达到了184亿美元；通货膨胀得到有效控制，降为24%；就业环境得到改善，失业人数在1—9月期间减少了40万人。[①]这些积极势头的出现一方面离不开俄罗斯政府的经济政策调整，另一方面与国际能源价格上涨不无关系。首先，俄罗斯借助国际石油价格的上涨势头以及自身的能源优势增加了外汇收入，仅石油出口一项便占据了外汇收入的1/3。其次，卢布的贬值增强了俄罗斯商品在国际市场中的价格优势，从而促进了商品出口，刺激了食品行业及轻工业的生产增长。此外，这也与俄罗斯采取紧缩财政政策有关，俄罗斯联邦在维持一定的社会保障水平的同时，减少了预算支出，稳定了经济形势。

1999年，俄罗斯经济虽有所好转，但也仅仅是走出了1998年金融危机的阴影，经济隐患并没有得到妥善解决。其一，外贸虽有所增长，但总体趋势却在不断萎缩，1999年的对外贸易总额比上一年下降了13%，其中进口298亿、出口699亿美元，分别下降了32%和2%。[②] 其二，税收制度紊乱，“错综复杂且频繁波动”的税收制度使得企业税赋沉重、偷税漏税严重，政府官员更是以“税收规定的解释权”作为索取贿赂的工具，官商腐败，经济犯罪猖獗。其三，俄罗斯的巨额外债在短期内难以消除，始终面临着高额的外债利息。其四，受叶利钦对外贸易自由化的影响，俄罗斯国内金融市场被外资操纵，严重威胁着俄罗斯的经济安全。

① 李允华：“1999年以来俄罗斯形势及前景评述”，《东欧中亚研究》2000年第4期，第17页。

② 同上。

（二）政治层面

1999 年是俄罗斯政治斗争较为激烈的一年，各政治力量围绕着弹劾总统、修宪、贪腐等问题不断展开斗争，俄罗斯政府更是频繁更迭。

1. 弹劾总统之争

俄罗斯共产党于 1998 年秋提出了弹劾总统的动议，虽然遭到叶利钦的多番阻挠，但最终于 1999 年 5 月 14 日付诸表决。该动议列举了五大弹劾的理由：1991 年瓦解了苏联；1993 年炮轰议会大厦；1994—1996 年发动了车臣战争；“休克疗法”对俄罗斯经济的破坏；削弱武装力量等。这五项指控获得的投票数在 238—283 之间，因未获得宪法所规定的国家杜马 2/3 议员（300 名）的支持而未通过。

2. 修宪问题

虽然反对派对叶利钦的弹劾失败了，但他们并不甘心，转而开始设法限制总统的权力。1999 年 9 月 22 日，国家杜马提出了关于限制总统权力的修正案，其主要内容是要求总统在解除总理职务时需要经过杜马的同意，以此形成权力制衡。但投票结果只有 247 名议员赞成，未能达到 300 票的通过要求，即使进行了二次投票，限制总统权力的修正案依旧没有通过。

3. 贪腐问题

1999 年 8 月 19 日，俄罗斯曝光了一桩黑社会洗钱案，金额高达上百亿美元，涉及俄罗斯部分高官要员和大公司、大银行。① 据媒体报道，俄罗斯官员经常将贪污受贿的巨款转移到国外，当时处于洗钱案调查中心的美国银行首席执行官证实，该行的分行有两个与叶利钦女婿有关的总额为 270 万美元的账户。此外，俄罗斯总检察长更是声称掌握了一些俄罗斯高官在西方有存款的证据，而该检察长曾于 1999 年初调查俄航非法转移资金案，该案同样涉及叶利钦的女婿。为此，叶利钦与联邦委员就撤换总检察长的问题展开了多次交锋，但三次表决均被否决。这几次涉及贪腐的大案无疑都对叶利钦及其家族的名誉造成负面影响，尤其是在杜马和总统大选

① 此案涉及叶利钦家族，包括其女婿及亲信多人。

临近之时，这些都成为各政治力量争论的焦点之一。

无论是弹劾、修宪还是贪腐问题，实际上都是各政治派系对叶利钦执政党发难，而叶利钦面对持续不断的政治斗争，经常以更换政府总理来缓和政治压力。在一年半的时间内，切尔诺梅尔金、基里延科、普里马科夫、斯捷帕申、普京相继被任命为政府总理。前两位总理之所以会去职，主要是因为未能稳定俄罗斯的经济，因而成为叶利钦摆脱政治责任的牺牲者，而后几任总理的更换更多是出于政治斗争的考虑。如 1999 年 5 月，叶利钦以“经济形势并未好转”解散了普里马科夫政府，任命斯捷帕申为新任总理，其实际原因在于：一方面，普里马科夫与左翼反对派联系过于密切，在普里马科夫政府人员任命中，俄罗斯共产党占据了要职；另一方面，普里马科夫凭借稳定国内经济形势而获得较高声望，威胁到叶利钦的权威。之后，叶利钦又因斯捷帕申未能阻止“全俄罗斯运动”领导人与卢日科夫“祖国运动”结盟而解除其职务，普京遂被提名为新总理。

（三）军事层面

车臣问题国际化与第二次车臣战争进一步暴露俄罗斯军队建设的短板。1994 年底叶利钦发动的第一次车臣战争，最终以签署《关于确定俄罗斯联邦和车臣共和国相互关系基本原则的联合声明》、杜达耶夫被炸身亡、俄军限期从车臣全境撤军而暂时告一段落。这不仅极大地削弱了中央政府的权威，也是对车臣分离主义势力的纵容。至 1999 年，车臣分离主义势力的独立野心不断膨胀，其不仅想在车臣地区推行宗教极端主义的“伊斯兰法”，更企图在高加索地区建立一个“车臣伊斯兰国”，暗杀、劫持人质、爆炸等恐怖事件时有发生。① 尤其是车臣分离分子建立“达吉斯坦伊斯兰国”的企图，更是让俄罗斯失去了妥协和回旋的余地。面对车臣分离主义势力的挑衅，普京接任总理后便迅速调集了 10 万部队打击、围剿车臣武装分子，第二次车臣战争爆发。尽管俄罗斯于 2000 年 2 月攻克格罗兹尼，收复了车臣 2/3 的地区，设立了多个军管区，但是车臣恐怖分子并未放弃武

① 洪海军、范建中：“车臣问题对俄罗斯联邦制度的挑战”，《世界经济与政治论坛》2004 年第 6 期，第 80 页。

装斗争，他们采取多种方式与俄军对抗，这使得单纯依靠军事行动很难从根本上解决日益复杂化的车臣问题。

军事行动在解决车臣问题上“独木难支”，也与俄罗斯的军费投入不断削减、军事改革进展缓慢及俄军的作战能力不断下降有关。一方面，俄罗斯虽然制订了军事改革的一系列计划，但相应的法律法规不健全，经济危机与政治斗争也牵制了政府高层的大部分精力，其联邦军事组织的改组以及国防工业综合体系的改革难以有效落实并加以推进；另一方面，大量专家与知识产权的外流削弱了俄军的技术研发能力，难以保证新型武器的研发与对现有军事装备的维护水平。总之，第二次车臣战争尽管取得了战场上的胜利，但是也全面暴露了俄军战斗力下降的事实。

（四）社会层面

俄罗斯的社会问题十分复杂，且始终难以妥善解决，究其原因，主要是因为：第一，统一民族思想缺失是社会思潮泛滥的根源。戈尔巴乔夫的“新思维”动摇并摧毁了社会主义思想的统治地位，各种西方价值观不断冲击俄罗斯社会，因缺乏政府的有效引导，新的统一思想迟迟未能形成，为民族利己主义、沙文主义、宗教极端主义等不良思想的蔓延提供了可乘之机。第二，萧条的经济状况是引发社会危机的导火索。一方面，失业人口增多、贫富差距扩大严重威胁着社会的稳定，混乱的社会秩序不仅是犯罪分子的温床，也弱化了对恐怖主义的警惕性与防御力，对俄罗斯社会秩序与领土完整构成了冲击；另一方面，生产力的停滞与倒退，使得俄罗斯的生活水平直线降低，人口出生率有所下降、对外移民倾向不断增强以及不良的生活习惯，都在不断改变社会人口结构，国家未来的人力资源堪忧。第三，政府职能的缺失使得社会矛盾难以得到缓和与解决，俄罗斯政府官僚的腐败以及特权阶层的敛财行为造成政府公信力的缺失，俄罗斯民众对政府的期望值与拥护度、认可度日益下降，政府的信任危机不断蔓延。

以1999年为例。首先，1999年俄罗斯的通货膨胀率和失业率分别为35%和12%，各类犯罪事件屡禁不止，再加上车臣分子实施恐怖活动，社会治安形势十分严峻。其次，官商勾结、贪腐盛行、经济犯罪猖獗，国外势力也乘机潜入，造成大量资金外流。据统计，从 1991 年到 1999 年，俄罗斯外流资金累计总数超过 1400 亿美元。最后，社会两极分化不断严重，1999 年俄罗斯有 57% 的居民收入达不到最低生活标准（1050 卢布），生活在贫困线以下、而占人口 4% 的高收入阶层（月收入 8000 卢布）与最低收入贫困居民之间的差距比为 8∶11。[①]

第二节　普京国家安全战略的调整

普京执政后，以《俄罗斯联邦国家安全构想》为主，以《俄罗斯联邦军事学说》《俄罗斯联邦对外政策构想》等纲领性文件为辅，建立起新的国家安全理论体系，其中对国家安全观、安全形势、国家利益界定及战略目标都做出了重大调整。

一、安全观的转变

叶利钦执政后半期，在 1996 年 6 月通过的《总统国家安全咨文》中，尽管俄罗斯将北约东扩列为俄罗斯面临的首要外部威胁，并提出了“现实遏制”军事战略，但是在 1997 年出台的《俄罗斯联邦国家安全构想》中并未过于强调北约东扩对俄国家安全威胁的现实严重性。由于对美国构建单极世界的野心认识不足，对北约东扩的趋势判断有误，俄罗斯的战略环境到 20 世纪 90 年代末进一步恶化。进入 21 世纪以后，随着 2000 年版《俄罗斯联邦国家安全构想》的出台，俄罗斯的安全观才逐步转向务实。

首先，新《安全构想》指出，俄罗斯的安全观是多元化、系统化的，其以国家为核心，构建起个人、社会、国家三者相互联系的安全体系。其中：个人安全包含公民宪法权利和自由的实现、个人安全的保障、生活水

① 李允华：“1999 年以来俄罗斯形势及前景评述”，《东欧中亚研究》2000 年第 4 期，第 21 页。

平与质量的提高；社会安全主要包括俄罗斯精神的复苏，民主、法制的有效运转；国家安全则是政权制度的巩固，主权领土的完整与统一，政治、经济、社会的稳定以及与国外平等互利的国际合作。① 这种三位一体的安全体系构成了俄罗斯国家安全的主体架构，明确了国家安全的发展方向，实现了个人安全、社会安全、国家安全、国际安全的层次划分与纵向贯通。

其次，新安全观的内容是综合化的，维护安全的手段是多样化的。传统安全在影响俄罗斯国家安全因素中的比重不断下降。军事手段依旧是维护国家安全最重要、最有效的手段，但却无法妥善解决非传统安全带来的问题，俄罗斯开始强调军事手段与非军事手段的综合运用，对政治、经济、外交、能源等领域的安全关注度不断上升。值得注意的是，俄罗斯开始强调经济安全，将经济安全视为国家发展与实现大国复兴的最原始、最强劲的动力，是俄罗斯政治体系构建、能源开发、军力提升的物质基础。俄认为，只有经济发展好了，才能够保障国家领土的完整、社会的稳定，以及作为一个大国的海外利益。如果经济安全无法得到保障，国家则很难摆脱所面临的各种困境，国家安全亦将岌岌可危。

至此，俄罗斯初步构建起国家安全战略的主体架构，即安全主体的多元化、安全内容的综合化及安全手段的多样化。新安全体系的建立标志着新世纪俄罗斯国家安全战略的雏形基本形成。

二、安全形势与安全利益

（一）对安全形势的判断

21 世纪初，俄罗斯面临的安全形势不容乐观，世界多极化与单极化的冲突影响了国际秩序的正常运转，国际组织的作用受到削弱，地区武装冲突难以调和，非传统安全问题不断凸显。

首先，以美国为首的西方国家肆无忌惮地单方面使用武力解决国际问

① 薛兴国：《俄罗斯国家安全战略理论与实践》，时事出版社 2010 年版，第 147 页。

题，严重威胁了世界的和平与稳定。1999 年春北约对南联盟的空袭以及美国导弹防御体系的建立，使得俄罗斯面临的军事威胁不断增大。对此，俄罗斯不仅要做好随时应对“地区战争”的准备，还要考虑好应对“大规模战争”的准备。同时，不稳定因素的增加使得核战争的危险也在增加，开始仅适用常规武器的地区战争存在着转为适用核武器的危险性。[①] 这些使得俄罗斯面临的外部威胁不断增加，包括：国际安全保障机制的削弱（尤其是联合国和欧安会）、军事政治联盟的加强（北约东扩）、外国军事力量和地区冲突向俄罗斯边境的延伸等。俄罗斯认为，美国在国际事务中的单边主义行为弱化了国际安全领域的安全机制，以国际法为基础的国际关系体系面临解体的危险，军事手段在处理国际纠纷中的过多使用对世界的和平与发展构成了严重冲击。

其次，两极格局的解体加强了世界的联系，尤其是经济全球化的趋势不断加强，使得经济因素在国家安全体系中的地位不断上升。俄罗斯认为经济中的消极发展趋势会引发其他领域的危机，如经济的衰退可能导致权钱交易、官商勾结，进而激化社会矛盾，扩大两极分化，引发街头政治，破坏政治稳定，弱化政府职能，最终导致中央政府权威的丧失，地方分离主义势力的抬头甚至崛起，严重威胁国家的统一与完整。

再次，国内矛盾的堆积为宗教极端势力、民族分裂势力和恐怖主义提供了可乘之机，俄罗斯不仅要应对传统的内外部威胁，还要时刻警惕新的安全威胁——跨境威胁出现。跨境威胁兼具内外部威胁的特征，是外部敌对势力潜入国家内部，利用当地的民族、宗教、社会矛盾开展恐怖活动，对国家政权进行破坏，进而达到自身政治意图的行为。尤是其在恐怖主义由政治威胁演变为军事、政治的复合型威胁，国内外恐怖主义彼此相互勾结以及大规模杀伤性武器扩散的大背景下，跨境威胁的破坏力急剧上升。俄罗斯对跨境威胁十分重视，2003 年 10 月国防部颁布的《俄罗斯联邦武装力量发展的紧迫任务》中列举了六项具体的跨境威胁：“在境外建立、组装和训练武装组织以便投送到俄罗斯及其盟国进行境内活动；对俄罗斯及其盟国采取敌对的信息行动；国际恐怖组织的活动；得到境外直接或间

---

① 薛兴国：《俄罗斯国家安全理论与实践》，时事出版社 2010 年版，第 149—150 页。

接支持的分离主义、民族主义或宗教极端主义旨在破坏俄罗斯宪法制度、威胁俄罗斯领土完整和公民安全的活动；跨境犯罪；可能在俄罗斯境内进行的运输或利用俄境作为中转的毒品交易。"①

（二）国家利益的界定

面对新形势的变化，俄罗斯重新界定了国家利益，主要包括：一是要保持并增强俄罗斯的大国地位及对国际事务的影响力，努力成为多极化发展中重要的一极；二是坚定地维护国家主权的独立与领土的完整；三是努力促进经济发展，满足人民的物质需要与精神需要，实现生活水平的稳定提高；四是确保俄罗斯在世界海洋和宇宙空间活动的安全，能够自由出入世界最重要的经济区域和交通要线。②

为了更好地维护国家利益，俄罗斯将国家利益划分为国内利益、次地区利益、地区利益和全球利益四个层次。与叶利钦时期的利益划分相比，多划分出一个次地区利益，重点突出了独联体的重要性，使得俄罗斯国家利益的层次更加清晰。

国内利益是俄罗斯赖以生存和延续的根本利益，涉及国家的主权独立、领土完整、政治稳定、经济发展、文化繁荣等诸多方面。俄罗斯在经历了独立后近十年的动荡，逐渐意识到经济发展的重要性与战略性，国家利益的发展离不开经济的稳定发展，国家战略的展开必须以丰富的物质资源支持作为保障，故而经济利益对国家利益极为重要。

次地区利益主要指的是独联体国家。俄罗斯与独联体国家因彼此的历史渊源与地缘环境而存在着广泛的利益联系。一方面，独联体与俄罗斯的经贸联系虽因苏联的解体而被迫割裂，但俄罗斯依然是区域经济发展的引领者，是独联体国家重要的贸易伙伴，而构建独联体统一的经济空间亦有利于俄罗斯经济的恢复与发展，是俄罗斯经济战略的优先选择方向。另一方面，独联体与俄罗斯存在广泛的共同安全利益与国际政治利益，俄罗斯

---

① Сергей Иванов. Актуальные задачи развития Вооруженных Сил Российской Федерации. РИА . 02 октября 2003г .

② 友谊主编：《叶利钦时代的俄罗斯（军事卷）》，人民出版社 2001 年版，第 164 页。

的军事力量是独联体国家维护国土安全的重要依靠，独联体的政治诉求也需要俄罗斯在国际活动中进行传达并给予保障。而俄罗斯与独联体国家的集体防御则是俄罗斯对抗北约东扩的重要战略举措，也是其实现大国崛起的重要战略依托。

地区利益则以欧洲为主和亚洲为辅。首先，欧洲与俄罗斯既彼此防范，又彼此依赖，防范是为了安全，依赖是因为利益。安全诉求差异是欧洲与俄罗斯关系发展的重要挑战，确保欧洲和平、稳定的发展环境始终是双方最重要的议题之一。就欧洲国家而言，实现欧洲地区的安全离不开俄罗斯的协调与合作，加强与俄罗斯的战略互信能够有效地降低区域冲突的烈度，为各国发展创造稳定的外部环境。对俄罗斯而言，俄欧关系的改善能够冲破以美国为首的西方国家对俄罗斯的包围与遏制，扩大俄罗斯的地缘战略纵深。此外，俄罗斯本来就有浓厚的欧洲情结，始终将自己视为欧洲国家，在历史上长期吸收、借鉴欧洲先进的技术与文化，与西欧各国有着较深的历史渊源。考虑到世界的权力中心依旧处于大西洋沿岸，因此以跻身世界强国为目的的俄罗斯必然会对欧洲更加重视。其次，亚洲是俄罗斯平衡对西方战略的杠杆，积极发展与亚太国家的关系，其可以避免被世界完全孤立，避免战略上的腹背受敌。同时，亚洲在新时期表现出强劲的崛起态势，搭上亚洲经济高速发展的便车能够有效地提高俄罗斯西伯利亚和远东地区的开发程度，这不仅有利于缩小国内各地区间的发展差异，还可以为经济复苏注入强大的增长动力。

全球利益则是在妥善处理与美国关系、缓解美俄之间战略对抗的同时，维持自身对国际事务的影响力，以期在构建国际政治、经济新秩序中占据有利地位。俄罗斯除了与美国存在着一定的经贸利益外，在其他许多领域也存在着共同的利益与广泛合作的基础。美俄都不希望世界再度陷入战争与动荡，维护国际关系体系的稳定与安全、防止地区冲突的蔓延与升级、巩固核不扩散机制是美俄重要的合作内容。而随着非传统安全问题的升级与全球化问题的加剧，跨国犯罪、恐怖主义、宗教极端主义和环境问题更需要美俄携手才能共同治理。

从俄罗斯的利益划分可以看出，其“以点带面”的大国复兴战略构想较为明显：在确保自身综合实力发展的前提下，尽可能地维护好传统的势力范围，再利用自身独特的亚欧地缘特色，向东西方逐步扩散自身的影响力，最终达到跻身于世界一流强国的目标。

（三）战略目标的确立

21 世纪初的俄罗斯在国际地位上已经从苏联时期与美国抗衡的超级大国沦落为西方强国忽视的小伙伴。正如普京在其《千年之交的俄罗斯》中所说的，俄罗斯在“近 200—300 年来首次真正面临沦为世界二流甚至三流国家的危险”。为摆脱困境，恢复强国地位，俄罗斯明确了自己的战略目标。

首先，树立强国意识，推进务实发展。俄罗斯在《外交政策构想》中提出“俄罗斯要在国际社会中确立并巩固自身的权威地位，而这一地位必须要符合俄罗斯作为多极化中重要一极的利益”，但也不能脱离俄罗斯的实际国情，要有意识地放弃短期内不切实际的追求与幻想，最大限度地维护和发展好俄罗斯的现实利益。

其次，构建政治、经济、军事、外交多位一体的安全体系。在强国意识成为俄罗斯国家安全战略的核心理念后，俄罗斯认为要想重新恢复强国地位，首先必须成为政治制度稳定成熟的政治强国、具有强大市场竞争力的经济强国以及具有现代化武装力量的军事强国，并能够实行独立自主、独具特色的大国外交。鉴于此，俄罗斯认为：在政治安全上，坚持建立强有力的政权体系是国家安全源头的理念，稳定和巩固国家政权；在经济安全上，强调国家对市场经济的宏观调控和有效监督，确保经济的稳定和快速发展；在军事安全上，继续增强国家的军事实力，使其成为国家安全的坚强后盾和有效保障；在处理对外关系中，坚持独立自主的外交原则，与其他国家建立平等的、良好的外交关系，以确保良好的国家外部安全环境。

三、国家安全的保障手段

严峻的安全形势与非传统安全问题的凸显对维护国家安全构成了重大挑战，单一的安全保障手段已难以有效应对新的安全威胁，多种手段灵活应用才能确保国家的长治久安。俄罗斯继续将军事力量（尤其是战略核武器）作为国家安全的重要保障，同时辅之以务实的外交活动，极力稳定周边安全形势，加强国内的经济、政治建设，从根本上增强应对各种安全威胁的能力。

首先，军事力量是俄罗斯保障国家安全的重要基础与支柱。鉴于美国奉行以武力干涉他国内政的单边主义和北约东扩造成的战略挤压，俄罗斯坚信军事因素在国际关系中依然发挥着关键性作用，足够的军事防御能力依旧是保障国家安全的最重要手段。所以，维持俄罗斯在一些重要战略地区的军事存在，部署一定的兵力或是设立军事基地，是十分必要的。与此同时，还应充分发挥战略核武器的威慑作用，保留充足的核遏制力量。核武器不仅可确保俄罗斯本国的安全，而且也是盟友安全以及共同边界安全的重要保障。俄罗斯只有采取“现实遏制”与“现实威慑”相结合的战略，与美国保持较低水平的战略核平衡，才能确保在地缘环境不断恶化、传统势力不断受到挤压的情况下维护自身大国地位与国际影响力。此外，俄罗斯还将大幅提升常规军事力量的作用，发挥其在应对局部战争、地区冲突及恐怖主义等威胁时的遏制作用，形成以战略核武器和常规武装力量共同构成的双重军事遏制力量。

其次，在坚持外交基本原则的基础上，实行务实外交政策。其一，对内目标高于对外目标，外交是为促进国内的民主改革与经济发展服务的；其二，按照俄罗斯的综合国力来决定对外战略的目标以及对国际事务的参与程度，承担力所能及的、必要的外交义务；其三，坚守俄罗斯的切身利益，对其他次要利益保持原则性立场；其四，要尽可能地避免冲突，尤其是在处理与对俄罗斯经济影响重大的地区或者国家的关系时，尽量以对话、合作取代对抗。独联体、美国、欧亚是俄罗斯外交的主要方向，俄罗斯要充分利用其独特的亚欧地缘优势，实现与世界主要国家关系的稳定与发展。发展与独联体国家的睦邻战略伙伴关系，维护传统势力范围是俄罗斯外交战略的最紧迫任务。美俄关系是影响俄罗斯外部安全形势的重要因素，避免与美国发生直接冲突，缓和美俄关系是俄罗斯外交的优先方向。努力推进与欧洲国家的安全合作，注重发展与亚太国家关系，是俄罗斯外交战略的重要战略支点。

最后，政治稳定与经济发展对国家安全的影响不断上升，它们既是新的安全领域，也是重要的安全维护手段。新形势下，俄罗斯首要的威胁虽然来源于外部，但其国内的安全威胁仍不可忽视，同时国内的经济发展与政治稳定直接影响着其综合国力的发展，而唯有实现综合国力的增长，其国家安全力量才能从根本上得以改善。所以，俄罗斯将经济利益和政治利益放在国家利益的首位，大力实施强国战略，以推动经济发展来增强保障国家安全的综合国力。在经济安全上，俄罗斯重新调整和定位了国家的经济职能，建立了完整的国家经济社会调控体系，加大了国家对经济发展的宏观调控能力，促进了市场制度的发育和完善，坚决打击国内企图干预政治的寡头力量，将国家的经济命脉重新收归政府手中。在政治安全上，俄罗斯建立了中央主导的垂直管理权力架构，完善了联邦制，加强了政党建设，使得总统在议会（国家杜马）中获得了稳定、强大的政治力量，并借此稳定了俄罗斯的政治制度。

第三节　普京国家安全战略的实践

为应对国内外安全挑战，普京在对外战略与国内发展战略上都进行了许多调整。在对外战略实践中，普京执政之初继承了叶利钦后期对西方的“强硬路线”，但随着“9·11”事件的发生，俄罗斯开始向美国“主动示好”，做出适当让步，暂时缓和了美俄之间的战略博弈紧张度，美俄关系随之出现了一定程度的改善，同时俄罗斯逐渐加强了与独联体、欧洲、亚洲的外交关系，为国内的政治改革与经济发展创造了稳定的外部环境。在国内发展战略实践中，普京在“新俄罗斯思想”的基础上，提出了强国战略，理顺了权力关系，推进了经济改革和军事改革，俄罗斯也因此展现出强势复兴的态势。

一、政治安全领域

在叶利钦时期，中央政府权力的羸弱无力加大了俄罗斯经济转轨的难度，社会动荡，犯罪活动与恐怖势力进一步猖獗。普京上任后，他认为俄罗斯民众对国家在社会生活中作用的质疑根植于对西方民主模式的认同，俄罗斯复兴面对的首要问题是重塑强有力的国家在俄罗斯民族发展进程中的核心地位。俄罗斯要想在宪法的框架内建立强有力的政府，首要的任务便是结合俄罗斯的社会现实和传统价值观，打造与西方推崇的自由民主价值观有区别的、具有鲜明特色的政治发展路径，进而构建思想统一、政治稳定、主权独立的俄罗斯。

（一）思想建设

对俄罗斯而言，意识形态的迷失是造成苏联解体的重要原因，重新统一的意识形态（或者称为“俄罗斯思想”）必然也是俄罗斯实现复兴的关键要素。“主权民主”思想便是指引普京时期俄罗斯发展道路的政治思想集大成者。

“主权民主”思想的发展渊源可以追溯至普京上任之初。通过1999年12月的《千年之交的俄罗斯》、2000年2月的《致选民的公开信》和2000年7月的国情咨文，普京分阶段阐述了作为“主权民主”思想价值内核的“俄罗斯新思想”。“俄罗斯新思想”主要包括爱国主义、强国意识、国家权威和社会互助精神等部分。尤其值得注意的是，俄罗斯传统价值观在其中得到了充分体现，这无疑是对叶利钦时期全面抛弃俄罗斯民族自身思想遗产的错误行为进行的纠偏，为今后结合俄罗斯自身国情确立“主权民主”思想打下了基础。

针对普京上任后一系列整肃权力结构和政商关系的强力举措，俄罗斯政治观察家们纷纷引入新的政治术语来解释新的政治现实。2000年，俄罗斯著名政论家特列季亚科夫在尝试概括普京的政治理念时率先使用了“可控民主”这一概念。总的来说，“可控民主”的含义在本质上依然是民主政治，即有选择性言论和出版自由、领导人更替等形式，但是这些政治上的变化一定是统治阶级校正的民主政治。①

然而，“可控民主”作为学界的一种解释路径并未得到俄罗斯官方的积极回应。真正为俄罗斯官方认可的、对俄罗斯发展道路背后思想基础进

---

① 庞大鹏：“俄罗斯的‘主权民主’思想”，《欧洲研究》2008年第4期，第93页。

行总结的是“主权民主”这一更加强调俄罗斯独立性的概念。2005 年 4 月 25 日，普京发表了连任后的第一次国情咨文，对自己第一任期内俄罗斯的政治实践和发展成果进行了承上启下的总结。普京谈到“俄罗斯当前最主要的思想政治问题是俄罗斯作为自由民主国家的发展问题。俄罗斯需要解决的最困难的问题是如何保护好个人价值并确保俄罗斯民主制度的发展潜力。当前，对俄罗斯而言，民主的价值同经济发展和社会稳定一样重要”。[①] 同样是提出“可控民主”的原《独立报》主编、俄罗斯著名政治评论家特列季亚科夫最早对普京国情咨文中体现出的政治理念进行了抽象和总结。2005 年 4 月，特列季亚科夫在《俄罗斯报》撰写的文章《主权民主：普京的政治哲学》中率先引入“主权民主”这一概念。他认为，民主、自由和公正是俄罗斯本国历史发展中自然形成的三种价值观，是俄罗斯内生性的价值理念。

2005 年 5 月 17 日，时任俄罗斯总统办公厅副主任的苏尔科夫第一次代表官方将“主权民主”应用于对俄罗斯政治实践的阐述。2006 年 7 月 13 日，时任俄罗斯第一副总理的伊万诺夫在《国家价值观的三要素》中首次将“主权民主”思想上升到与经济能力和军事实力并列的高度，将三者统称为俄罗斯国家价值观的三要素。随着 2007 年 12 月 2 日俄罗斯执政党“统一俄罗斯党”在代表大会上将“主权民主”思想定位为本党的意识形态基础，“主权民主”作为普京任内俄罗斯政治思想建设的核心成果得到确立。

（二）强化中央权威，重塑权力体系

20 世纪 90 年代俄罗斯外部环境的恶化和内部的政局动荡、经济衰退，使得俄罗斯人民迫切希望出现一个强有力的领导人带领俄罗斯走出困境。叶利钦时期，俄罗斯政府职能的缺失与权威的削弱带来的弊端显露无遗，强化以总统为核心的中央权威，建立完备的权力运行体系成为普京政治建设中的重要任务。

1. 联邦制改革

在叶利钦时期，出于稳定联邦制国家的需要，中央政府被迫与部分联

---

① 庞大鹏：“俄罗斯的‘主权民主’思想”，《欧洲研究》2008 年第 4 期，第 93 页。

邦主体达成双边协定，以“宪法—条约联邦制”暂时维护了国家的统一，但也助长了民族分离主义和地方保护主义，中央权威不断被削弱。普京执政后，通过不断强化联邦宪法的主体地位重塑了俄罗斯的联邦制模式。

（1）整顿地方法律秩序，强化联邦宪法的主体地位

叶利钦时期的联邦宪法处境十分尴尬，中央的政治斗争弱化了对地方的控制与管理，各地区形成了上千部地区性法律法规，但有约70%的法律条例都不符合中央联邦宪法的规定，违宪情形十分严重。为重塑中央联邦宪法的权威，构建统一的法律空间，普京废除了大量违宪法规，设立了联邦区总统全权代表和法律检察机关监督机制，规范了地方职权，取得了良好的效果。仅2001年上半年，联邦检察机关就对1300多项违宪的地方法律法规提起了诉讼。

（2）完善联邦体制建设

第一，建立垂直领导体系，划分七大联邦区，派遣总统全权代表入驻各联邦区。俄罗斯联邦被划分为远东联邦区、西北联邦区、中部联邦区、北高加索联邦区（后改为南部联邦区）、西伯利亚联邦区、乌拉尔联邦区和伏尔加河沿岸联邦区，由各联邦区管辖各地区的若干联邦主体，并由总统直接任命联邦区内的全权代表，负责监督联邦宪法与中央权力机关的行政命令在地方的落实情况，并向中央反馈地区的经济、政治、社会、安全等状况。联邦区的划分与总统全权代表制形成了由联邦中央到联邦主体的垂直领导体系。

第二，改革联邦委员会，强调“分权原则”。联邦委员会依旧由各联邦主体派遣两名代表组成，但两名代表必须分别产生于各联邦主体的立法机构和行政机构，而且规定联邦主体的议长和行政长官不能兼任联邦委员会议员。这一举措一方面分离了联邦主体的立法权与行政权，避免了地方领导人的权力过于集中，降低了联邦主体的地区影响力；另一方面也削弱了地方对中央联邦的影响力，结束了地方领导人以“民选”为借口，肆意扩大权力，甚至挑战中央权力和国家主权的历史。[①]

第三，建立约束地方领导人的法律干预机制。依据2000年8月签署的

① 王郦久：“普京改革与新千年初的俄罗斯”，《现代国际关系》2001年第1期，第20页。

俄联邦地方自治法规的内容，明确了联邦中央有解除违反宪法的地区领导人职权和解散不遵守联邦宪法的地方立法机构的权力，而联邦主体行政首脑则有权解散地区市政机关领导人的职务，这规范了各联邦主体的权力运行，进一步强化了联邦宪法与中央政府的权威。

第四，调整地方权力机关的组建方式。一方面，地方行政长官由地方选民直接选举产生改为由总统提名、地方议会批准的方式产生；另一方面，取消了杜马选举中的单席位选区制度，要求国家杜马代表从全国的政党名单中选举产生。这使得地方的政治资源和政治倾向开始向中央靠拢，实现了国家权力资源的最大优化。①

（3）调整中央与地方的财政关系

在叶利钦时期，联邦政府与各联邦主体间的财政关系存在较大争议，宪法的相关规定表述较为模糊，俄罗斯联邦内部的财政关系缺乏透明性与对称性，财政分权现象十分严重。普京上任后就提出“整顿联邦预算关系，从立法上明确划分各级权力机关在资金和税收方面的责任，在预算津贴和地方拨款问题上建立透明机制，尤其是对那些需要中央给予高额补贴的联邦主体”。② 随后，普京修改了 1998 年制定的《俄罗斯联邦预算法》，明确了各级政府的权责，增加了资金运用的透明度，加强了对财政关系的监督力度。通过对联邦税收立法的修改，普京将国家的绝大部分税收收入纳入到中央政府的控制中，使得地方政府不得不依赖并服从于中央政府的收入分配，从而巩固了中央在联邦关系中的主导地位。

（4）联邦制存在的问题

普京对联邦制的改革使得联邦宪法的主体地位得到加强，强化了联邦宪法秩序，明确了纪律规范，基本遏制了俄罗斯的民族分裂势力和地方分离主义。但俄罗斯的联邦制依然存在诸多问题，联邦内部的权力关系还需进一步理顺，部分问题尚未得到解决。

其一，地方的强硬派不断抵制俄罗斯中央政府的改革，以同中央签署的双边条约与中央讨价还价，对中央的决策命令阳奉阴违，继续执行各项

① 薛兴国：《俄罗斯国家安全理论与实践》，时事出版社 2010 年版，第 158 页。

② 庞大鹏主编：《普京八年：俄罗斯的复兴之路（2000—2008）·政治卷》，经济管理出版社 2008 年版，第 51 页。

违宪的法律和法规，鞑靼斯坦总统沙伊米耶夫就曾宣称，“对州长权力的削弱，就是对俄罗斯的削弱”；“软弱的地区无法造就伟大的俄罗斯”。①

其二，车臣等独立意识强烈的民族分裂势力不会因普京的联邦制改革而销声匿迹，它们始终是俄罗斯联邦制改革的重大隐患。

其三，联邦主体之间存在事实上的不平等，地区之间的矛盾难以得到调和。就对俄罗斯国内生产总值的贡献而言，民族共和国仅为12%，而部分贡献较大的州和边疆区却无法享有与共和国同等的权利和优惠政策。

2. 政党制度改革

政治领域的变革一直是俄罗斯转轨过程的重要组成部分，而党派斗争则是政治社会中难以避免的问题。因此，政治的稳定离不开一个能够同化现代化过程中所产生出来的新兴社会势力的政党制度。② 普京执政后对俄罗斯进行了政党制度改革，打造出一个亲总统且占优势多数的政权党，理顺了总统与议会的关系。

（1）加强法制建设，规范政党活动

2001 年，俄罗斯第一部《政党法》出台，明确了政党的组建、终止和取缔程序，对政党的活动方式进行严格规范，从资格审查到内部组成等多方面对政党进行全方位的监控，并提高了小党和地方性政党进入议会的门槛，不断强化全国性政党的建设。

2004 年，俄罗斯又对《政党法》进行了补充与修正，使之进一步法制化和规范化。新法案明确了全国性政党的党员数量（不得低于 5 万人，高出原来标准的 4 倍），并禁止地方性政党的建立。

此外，普京上台后颁布的《俄罗斯联邦公民选举权和参加全民公决权基本保障法》和《俄罗斯联邦会议国家杜马代表选举法》强化了全国性政党的法律地位和政治权利，国家杜马的选举制度由原先的混合选举制转变为按政党名单进行表决的比例代表制，政党进入国家杜马的门槛也由 5%提高到 7%。

这些举措淘汰了中小政党，使得政党和政治组织的数量大大减少，俄

---

① 俄塔社，2000 年 11 月 20 日电。

② ［美］塞缪尔·亨廷顿著，王冠华等译：《变化社会中的政治秩序》，三联书店 1989 年版，第 388 页。

罗斯形成了以几个大党为主导的、相对稳定的多党并存格局。到2007年，俄罗斯的政党数量已经由1999年的140多个减少到16个，分别是“统一俄罗斯党”“民主党”“和平与统一党”“俄罗斯共产党”“右翼力量联盟党”“自由民主党”“亚博卢党”“俄罗斯爱国者党”“绿色生态党”“农业党”“人民意志党”“社会主义统一党”“自由俄罗斯党”“社会正义党”“俄罗斯复兴党”和“公正俄罗斯：祖国、退休者、生活党”。①

（2）分化俄共，建立政权党

普京认为，只有建立一个强势的总统制政体才能带领俄罗斯走向复兴，而要理顺总统与议会的权力关系，就必须培养一个坚定支持总统且在议会中占绝对优势的“政权党”。

俄罗斯共产党一直凭借在议会中的优势不断寻找机会抨击总统的治国理政措施，因此建立一个能够在议会中与俄共抗衡的政权党成为普京政治改革的主要目标。普京一方面加强与俄共的交流对话，缓和了与俄共的关系；另一方面，普京积极促成中间派力量的联合，促使“统一党”“祖国运动”和“全俄罗斯运动”合并，成立“统一俄罗斯党”（简称统俄党），并在2003年的第四届国家杜马选举中夺得第一大党的席位，严重冲击了左派俄罗斯共产党的地位，② 俄罗斯国家杜马内最终形成了支持总统的宪法多数派。这打破了困扰俄罗斯政局多年的“府院之争”困局，加强了普京政府在议会通过相关法律、法案的能力，使政党与政权、政党利益与政权利益实现了真正的结合，促进了俄罗斯政局的稳定。

在2007年底举行的第五届国家杜马选举中，得益于普京的大力支持，统俄党得票率为63.03%，相比第四届杜马选举提高了25%左右，获得国家杜马450个议席中的315席，树立了全国第一大党的地位，成为普京稳定政局、巩固联邦统一的核心力量。

---

① 姜振军：《俄罗斯国家安全问题研究》，社会科学文献出版社2009年版，第56页。

② 随着俄罗斯社会的变化和共产主义运动的分裂，到1999年国家议会杜马选举时，俄共的影响力已大不如前。此次杜马选举，俄共获得24.29%的选票和113个议席，为第一大党，但是之后“团结”“祖国—全俄罗斯”和“俄罗斯地区”联合，俄共被迫退居第二大党。此后在普京加强政权党建设的同时，俄共内部出现了分裂。2000年7月，以舍宁为首的俄共激进派因反对久加诺夫与普京政权的靠近而退出俄共，另外建立了新党——“俄罗斯和白罗斯联盟共产党”，俄共势力进一步衰弱。

（3）整治寡头干政与行政改革

俄罗斯寡头是在叶利钦的私有化改革进程中迅速崛起的，到20世纪90年代末，寡头们将石油、电力、冶金和金融等重要领域的控制权大部收入囊中，并利用其所控制的庞大社会资源谋求更多的政治话语权，其惯用的手段包括操纵媒体、左右地方选举、干预立法决策，甚至出任政权机关要职等。寡头们肆无忌惮的行为不仅激起俄罗斯社会的强烈反感，更重要的是严重影响俄罗斯社会转轨进程，威胁到叶利钦的继任者普京的统治。因此，在2000年初的竞选阶段，普京就向选民郑重承诺要“消灭作为一个阶级的寡头”。当选后，普京便开始要求寡头远离政治，不得挑战或者批评政府。普京的具体做法是：

首先，严厉打击不听劝告的干政寡头。部分寡头并没有在意普京的竞选宣言，认为这仅是普京谋取竞选胜利的一种口号宣传，要想摆脱寡头在俄罗斯是一件不可能发生的事情。因此，普京要求寡头“远离政治”的警告并未引起重视，以古辛斯基、别列佐夫斯基、霍多尔科夫斯基等为代表的寡头先后在政治领域对普京发起挑战。他们不断利用手中掌握的传媒工具对普京推行的内外政策进行大肆抨击。由于这些寡头违反了普京与他们的约定，[①] 普京就任总后统不久，即开始从经济问题入手，向寡头们宣战。最终，古辛斯基因涉嫌侵吞国家财产而被捕，别列佐夫斯基被迫逃亡海外，霍多尔科夫斯基以严重欺诈、侵占和逃税罪被逮捕。

其次，安抚与政府合作的寡头。普京对干政寡头的严厉打击起到“敲山震虎”的威慑作用，但也遭到国内反对派和西方国家“干预自由经济活动”的指责，对国内的投资环境造成了不良影响。出于对俄罗斯现实及长远发展的考虑，对于那些不干政的寡头，普京以安抚和利用为主，仅采取一些经济惩罚措施。如2000年普京迫使寡头波塔宁上交1.4亿美元的罚款，以弥补其采用欺诈方式违反国家拍卖法律所造成的损失等。对于与政府合作的寡头，普京则借助其经济影响力，支持其合法经营，将其转变为重要的政权支持力量。

---

① 上任伊始，普京就当面告诫寡头们：要远离政治，不要挑战或者批评现任政府，而他也不会重翻旧账，干预他们的业务或者重新将这些企业国有化。

最后，开展以反腐和提高行政效率为核心的行政改革。提高行政人员工资待遇，进行廉政建设。对行政机构与人员进行了裁减，明确行政机关的职权范围，规范权力机构的运行规则。

普京通过打击寡头加强了国家对经济行业的控制力度。寡头资本对政局的影响力逐渐弱化，基本上被纳入普京政府的有效控制中，改变了权力与资本的政治主从关系，理顺了权力结构，为普京落实其治国理念提供了相对集中的经济基础。① 但是由于多种原因，普京的行政改革成效并不明显，贪腐之风并未受到遏制，行政效率依旧低下。

二、经济安全领域

俄罗斯的国家经济安全以维护国家利益为出发点，分为国外与国内两个方向。国外目标主要是逐步减少俄罗斯对国外信贷的依赖性，加强与友好国家的经济合作，增强俄罗斯在国际金融组织中的地位，减少外国公司对俄罗斯战略行业的影响力。国内目标是增强国家的宏观调控能力，建立起有利于经济改革的法律保障体系和有效的法律监管机制，实行公平的分配政策，增加社会福利与公民收入，推动军事技术向民用生产转变，将能源优势转变为资本优势，防止资源开采活动等引发的环境问题。

（一）普京的经济战略思想

普京抛弃了新自由主义政策，提出“市场经济、民主原则与俄罗斯现实有机结合起来”的“可控制的市场经济”。其核心是“自由、公正”原则，其目标是“富民与强国”，其逻辑是“正视问题、解决问题”，其脉络是“由远及近、由粗到细、由宏观到微观”。②

首先，要确保经济的高速增长，以富民、强国为最终目标。促进经济增长成为俄罗斯经济战略的重要目标，只有经济实现高速增长，人民的生

① 姜振军：《俄罗斯国家安全问题研究》，社会科学文献出版社 2009 年版，第 167 页。

② 李中海主编：《普京八年：俄罗斯的复兴之路（2000—2008）· 经济卷》，经济管理出版社 2008 年版，第 45 页。

活水平才能不断提高，从而解决各种社会问题（如贫困引发的犯罪活动、两极分化等），进而政府才有更多的精力与能力参与到激烈的国际角逐中，成为影响世界局势的重要力量。

其次，立足于具体国情，探索具有自身特色的发展之路。俄罗斯过去的经济改革实践证明，西方的发展模式并不适用于俄罗斯，俄罗斯的现实情况决定了其经济改革的方向是“宏观调控＋市场经济”下的“有序的市场经济”，也就是要在当前私有化进程取得成果的基础上加强国家对国有资产的管理，以市场调节和国家干预两种手段对俄罗斯经济进行调节，循序渐进地完善市场经济规则，改善财政金融体系，强化俄罗斯经济与世界经济的联系。

再次，顺应时代发展变化，适时地调整改革策略。如普京执政初期，主要以稳定局面和恢复经济为主，完善叶利钦时期建立的自由市场经济体制。而在执政中后期，随着经济形势的好转，提出了俄罗斯10年内的经济发展战略目标，经济改革也逐步深化到社会领域，开始着手改善居民的生活状况，通过经济手段更好地巩固了自身的权力与地位。

（二）经济战略的主要措施

第一，加强国家的宏观调控能力，强化对国有资产的管理、对国民经济命脉的掌控，增强政府的行政能力，削弱金融寡头和国外资本对经济的影响力。在叶利钦时期，政府缺乏对经济的有效管理，国家的经济活动在不健全的市场机制下缺乏有效的引导，从而导致各项经济指标大幅下降，出现经济停滞乃至负增长，对政局与社会造成了巨大冲击。普京认为，要增强政府的宏观调控能力，既要限制外资和寡头对俄罗斯经济的影响力，更要不断强化政府的行政能力。只有改变国家政权的软弱状态，加强和巩固政府权力，统一内部经济空间，将地方纳入中央的统一指挥中，才有可能实现经济的恢复和发展。[①] 在削弱外资和寡头方面：通过一系列司法程序，加大对偷税、漏税行为的惩罚力度，遏制了寡头对国家经济的掠夺，

① 李中海主编：《普京八年：俄罗斯的复兴之路（2000—2008）·经济卷》，经济管理出版社2008年版，第52页。

政府重新获得国民经济的控制权。对于外资，普京在2008年签署了限制外国投资进入战略行业的法案，其规定外国私人投资者若想在俄罗斯的战略行业部门持有50%的股份，必须获得专门委员会的批准，而外国政府控股的企业则被禁止在战略行业公司控股。在强化政府职能方面：普京一方面坚持打击官僚腐败，重塑政府权威，不仅开展全国范围的反腐肃贪运动，而且还成立国家反腐委员会，颁布了《反腐标准计划》；另一方面，普京上台之初便制定了《行政改革构想》，精简行政机构，提高行政效率，减少约1/2的政府高级官员、1/3的机关工作人员，形成了“集权型总统、技术型政府”的局面，将总理的职能完全限制在经济领域。[①]

第二，优化经济结构。首先，制定长远的发展规划，提出将资源优势转变为资本优势的发展方向，使俄罗斯巨大的资源潜力成为其经济快速发展的保障。制定俄罗斯阶段性的经济社会发展纲要，如2006—2008年的发展纲要提出，要利用能源工业创造的资源条件和资金积累加速发展制造业，实现资源型经济向发展型经济转变。[②] 同时，在《“电子俄罗斯”专项纲要》中还强调将科学技术转变为支持经济长期发展的新动力。其次，加大对农业、制造业的支持力度。农业生产与制造业是物质资料的直接来源，能够满足人们日益增长的物质资料要求、保障人民生活水平的稳定、缓和社会矛盾。农业方面，普京通过对粮食市场价格的干预和关税的调节措施，保护农业生产者的利益。制造业方面，提供资金、技术、制度的支持，建立经济特区和高科技园区，为小企业提供资金补贴，制定技术规范，落实科技发展纲要等。

第三，消除贫困，提高生活质量。首先，确定了四大国家项目（教育、医疗、住房、农业），明确了四大领域的发展目标和实施建议。教育方面，推行全国统考，制定了第一部有关高等教育的《大学法》，对教育发展做出明确规划（《2010年前俄罗斯实现教育现代化构想》），于2007年开始实施11年义务教育制度；医疗方面，精简医疗机构，增加对医疗保

① 盛世良：“普京第二任期对内政策的调整”，《当代世界与社会主义》2004年第2期，第97页。

② 李中海主编：《普京八年：俄罗斯的复兴之路（2000—2008）·经济卷》，经济管理出版社2008年版，第302页。

障资金的投入；住房方面，调整住房政策，批准了《2002—2010 年俄罗斯联邦住房目标纲要》，确定了住房改革的基本方针；农业方面，继续推动农业产业的发展，并扩大了农产品的进口数量；社会保障方面，实施社会养老保险、强制养老保险、补充养老保险的“三支柱”养老模式方案。其次，抑制通货膨胀，起草了反通货膨胀治理方案，通过降低税收抑制价格上涨，限制居民物业费的上涨幅度等。最后，对中小企业提供财政支持，加快了企业发展，拓宽了居民的就业渠道。

第四，吸引外资与加强区域经济合作。俄罗斯对外国资本实行税收优惠、金融支持、建立经济特区等优惠政策，并制定了诸多法律性法规，如《俄罗斯联邦外国投资法》《俄罗斯联邦经济特区法》《俄罗斯联邦融资租赁法》等。在区域经济一体化方面，2003 年 9 月，独联体中经济规模最大的俄罗斯与白罗斯、哈萨克斯坦、乌克兰签署了“四国统一经济空间”协议，这为独联体的经济一体化进程掀开了新的篇章；在亚太方面，积极参与上海合作组织框架内的区域经济合作，加强了与周边地区的经济联系。

第五，制定能源发展战略与能源安全战略。首先，以《2010 年前能源战略》和《2020 年前能源战略》为蓝本，俄罗斯将能源资源作为经济增长的“发动机”，在国内不断加强对能源资源的控制，提高能源国有化程度与资源利用率，在国外则加速对接国际市场的石油、天然气运输管道和输油港口的设施建设，促进能源贸易的发展。其次，能源因素对国际关系、世界经济和地缘政治的影响力逐渐增强，能源外交成为俄罗斯确保本国能源安全和国家安全的重要手段。俄罗斯积极加强与欧盟、美国、独联体和亚太地区的能源合作。一方面，欧盟成为俄罗斯能源的巨大市场，尤其是德国、意大利、法国和芬兰对俄罗斯的能源依赖度较高，是其能源出口创汇的主要来源，欧盟也为俄罗斯提供了先进的能源生产设备和技术革新工艺，双方的经济发展实现了优势互补。另一方面，俄罗斯以能源外交为策略基本实现了对独联体国家能源输出和价格方面的垄断，并逐渐停止了对独联体国家的能源价格优惠政策，能源成为调节俄罗斯与独联体国家关系的重要手段。俄罗斯能源战略不仅促进了俄罗斯经济的高速增长，而且以经济发展带动了政治关系的改善，从而提升了自身的国际地位。

（三）经济战略的成果

首先，经济持续增长，国内生产总值激增。2000 年俄罗斯的国内生产总值增长了 8.3%，2001 年到 2008 年依次增长了 5.5%、4.3%、7.3%、7.1%、6%、6.5%、7.8%、5.6%，成为国际上同期经济增长速度最快的国家之一。国内生产总值由 2000 年的 2597 亿美元激增到 2008 年的 1.66 万亿美元，平均年增长 7%以上，跨入了世界十大经济体行列。

其次，外债明显减少、外汇大幅增加。到 2006 年时俄罗斯的外债总额已减少了 2/3，到 2008 年时外债余额减少到 471 亿美元。俄罗斯的外汇储备在 2008 年时达到 4270 亿美元，成为世界第三大外汇储备国，彻底改变了以往外汇短缺的困境。

再次，人民生活质量显著提高。居民月均工资从 2000 年的 2290.1 卢布增长至 2008 年的 11000 卢布，生活水平得到改善，失业率和贫困率明显下降，

最后，经济发展模式基本完善，建立了混合市场经济模式。这表现在：国有制、集体所有制和私人所有制等多种所有制并存；市场调节与国家控制相结合；“非法制化”与市场经济原则尖锐对立；各种形式的垄断与自由竞争同时存在；经济自由化程度低，集中程度高；公平与效率得以兼顾。①

（四）俄罗斯经济潜在的安全隐患

首先，俄罗斯的经济增长方式并没有得到根本改善。俄罗斯将经济安全的重点放在了确保经济的快速增长方面，加大了在短期能够积累巨额利润的行业投入，虽然也陆续加大了对科研技术的投入，但其经济增长的主要方式仍是一种落后的、低效的粗放型增长模式，能源出口型经济在对外贸易中的比重过大，经济对外依存度过高成为俄罗斯经济安全的重要隐患。

---

① 李中海：“论俄罗斯混合市场经济模式的形成及特点”，《俄罗斯研究》2009 年第 2 期，第 37—39 页。

其次，俄罗斯在经济发展进程中始终存在“三化”问题。其一，经济原材料化，经济的发展对能源等原料部门依赖度高；其二，出口原材料化，燃料能源产品始终占据俄罗斯对外出口的首位；其三，投资原材料化，大部分投资都被用于采掘工业。这使得能源和原材料部门在俄罗斯工业中的比值日益提高，能源工业随着国际能源价格的上涨迅速发展，其比重在2006年时已达67.8%。但国际能源的价格变动难以预测，这就使得俄罗斯的经济难以实现稳定、可持续的发展，当国际能源价格下降时，俄罗斯经济必然会遭受致命打击。

再次，制度化和普遍化的腐败对经济发展构成了严重威胁。一方面，政府强化对经济的干预实际扩大了官员手中的权力，公司与公民在正常的经济活动中偏向于以行贿的方式去提高政府机关的办事“效率”；另一方面，政府控制了40%以上的经济体，政府官员成为国有企业的领导人，极易形成官商垄断组织，滋生行贿、受贿的行为。据2008年的调查数据显示，有29%的俄罗斯人曾被迫行贿，经常被迫行贿的企业家高达56%，到2009年时行贿金额已高达3000亿美元。[①] 此外，俄罗斯民众对腐败的容忍度高，官僚机构低下的办公效率和故意不作为，不给好处便不办事的工作作风，使得俄罗斯人认为腐败比法律途径可以更容易、更便捷、更有效地解决社会生活中遇到的问题，而居民生活水平的提高也进一步提高了民众的容忍度，行贿、受贿已经成为俄罗斯社会的一种生活方式而被社会民众所默许、接受。

三、军事安全领域

普京对俄罗斯的军事战略进行了积极、主动的调整。《俄罗斯联邦国家安全构想》和《俄罗斯联邦军事学说》重新判断了国家安全形势，构建了俄罗斯军事战略调整的基本框架，增强了俄罗斯军事战略的针对性与时效性。

---

① 陆南泉：“对俄罗斯经济安全构成威胁的主要因素分析”，《社会科学》2014年第3期，第10页。

（一）军事战略

普京时期的军事战略经历了“积极的现实遏制”战略（2000—2003年）和“核机动”战略（2003—2008 年）两个阶段。

在“积极的现实遏制”阶段，俄罗斯对主要对手、敌我关系、敌方战略意图进行了深度分析，认为必须要实现军事战略的三个均衡，即军队发展与国家发展的均衡、军队常规力量建设与核力量建设的均衡、同美国在世界军事领域的战略均衡。该战略指出：一方面，核武器是俄罗斯具备的最有效威慑力量，不仅能遏制敌对势力的武装威胁，也能吸引一些国家加入到俄罗斯主导的地区安全机制建设中，是保障俄罗斯大国地位的重要手段；另一方面，面对北约集团强大的军事实力，俄军在常规军备、人员数量、战争潜力、军费开支等方面都面临不利态势，只有提高核武器的威慑作用，才能在被动中取得主动。尤其是科索沃战争进一步刺激了俄罗斯对核武器的倚重，俄军不仅强化了率先实施核打击的先发制人思想，也扩大了核武器的遏制对象与使用范围，以强硬的态度面对以美国为首的西方军事集团的战略压迫，使得欧洲局势处于一种“剑拔弩张”的状态。

2003 年伊拉克战争爆发后，俄罗斯高层对这场战争进行了深入的研究，面对高度信息化的美军，如何准备未来的局部战争和武装冲突成为俄军关注的重点。同年 10 月，俄罗斯国防部公布了《俄罗斯联邦武装力量发展的紧迫任务》的文件，自此俄罗斯开始了新一轮的军事战略调整。2004 年 2 月，俄罗斯国防部举行了代号为“安全 - 2004”的战略核演习，这次演习是俄罗斯独立后规模最大的核演习，时任俄军第一副总参谋长的巴卢耶夫斯基称：“我们现在这样表述武装保卫俄罗斯的主要组织原则：以核遏制为依托的机动战略。”这标志着俄罗斯军事战略已实现从“积极的现实遏制战略”转向“以核遏制为依托的机动战略”。

该战略将“非对称回应”作为战略指导方针，放弃与潜在对手保持核战略数量上的平衡，转而从整体上建设武装力量和军事组织。在资源有限的情况下，寻求武装力量和军事技术装备使用效能的最大化，在保障战略遏制能力的基础上强化反制能力，更加强调战略的积极性与进攻性。

该战略的核心思想是：其一，对在军事安全威胁及作战对象的判断上，俄罗斯将美国及北约视为主要的外部威胁和战略对手。其二，在战略指导思想上，奉行“核遏制＋机动”的战略，强调保持可靠的、最低限度的核遏制能力，将核武器作为遏制战争和应对威胁采取的主动措施。其三，将战略机动作为未来的主要战略防御样式，要求各军兵种具备战略机动的能力，要求常备力量具备远距离机动作战的能力。其四，提出了“先发制人”原则，在2003年10月俄罗斯国防部对外公布的《俄罗斯武装力量现代化学说》中，对进行先发制人打击的前提进行了说明：一是对俄罗斯的军事威胁非常明显，不可逆转；二是企图限制俄罗斯进入至关重要地区；三是形成了不稳定局面或出现了对俄罗斯公民的直接威胁；四是当所有外交、经济、制裁措施都用尽时。对于“先发制人”原则，俄罗斯时任国防部长谢尔盖·伊万诺夫解释说，俄罗斯不会以战争威胁其他国家，俄方将“先发制人”武力打击当作最后要采取的措施，只有在其他一切手段都失败的情况下才采取这样的行动。①

为了支撑俄军的“核机动”战略，俄罗斯构建了以战略导弹部队、空军战略核力量、海军战略核力量为一体的核遏制体系。首先，在陆基战略力量方面，俄罗斯在逐步研发“白杨－M”弹道导弹系统，不断提高导弹的突防能力。其次，批准了《2010年前海基核力量发展规划》，在保留现役海基战略核力量战斗能力的基础上开始有计划地批量生产装备固体燃料“圆锤”新型弹道导弹系统的核潜艇。② 再次，对原有的武器（包括“图－160”战略轰炸机）进行升级和改造，并加紧研制新型战略轰炸机（T－60S和“图－202”新型隐形战略轰炸机）与巡航导弹。

（二）军事改革

1. 军费拨款不断增加

从2000年开始，尽管俄罗斯军费占国内生产总值的比例一直未曾超过3%，但是一直处于不断增长的趋势。自2003年以来，俄军每年的军

---

① “俄罗斯将对军事战略作根本性改革”，http://www.china.com.cn/chinese/junshi/421293.htm。

② 孙启军、王海滨：“俄罗斯军事战略的演变”，《国际资料信息》2007年第5期，第18页。

费增长都在20%以上。到2006年时，按照对美元的比价计算，俄罗斯的军费实际增加了5倍多，俄军的军力结束了持续8年的衰落和下滑态势，开始走向正常的、有计划的发展。军费的不断增长为俄罗斯的军队建设和军事改革提供了资金支持，是俄罗斯军队建设取得成效的关键因素。①

2. 精简部队人数

普京任期内进行了第三次和第四次大裁军。2000年的裁军遵循平衡发展的原则，目的是减少军队数量、提高人员质量，其裁减方案是：陆军裁减18万人，海军裁减5万人，空军裁减4万人，战略火箭军裁减8万人。为了节约预算资金，俄罗斯高层决定第四次裁军将使军队人数减至100万人。

3. 调整军队结构，重塑指挥体系

其一，将战略火箭军拆分为战略导弹兵和航天兵两个兵种，形成了海陆空三大军种与战略导弹兵、空降兵和航天兵并存的兵力机构。其二，加强对太空信号控制权的争夺，组建了电子战部队，专门负责应对在太空、空中、地面与海上随时可能爆发的信息战。其三，军区数量减少到6个，以所处地域和战略方向为划分依据，建立了西部、东部、南部三个地区联合司令部，负责对辖区内军事力量进行作战指挥。其四，领导机构文职化，确立了文官治军制度，将军人彻底置于文职政治家的领导下，而国防部与参谋部职能也按军令和政令进行了分离，降低了军队干预国家政治的可能，强化了中央对军队的控制能力。其五，建立军事领域的国家管理体系，使立法权力机关能够对军队建设实施文职监督，实现军费的合理分配与使用。

4. 建设职业化部队

财政收入的增加加快了合同兵役制取代义务兵役制的进程，俄军以空降兵第76师为合同兵役制试点，分两个阶段推进兵役改革的逐步实现。在2003年到2007年间，实现了快速反应部队合同兵役计划。在2008年第二阶段开始时，约70%的军人成为合同制军人。

---

① 姜振军：《俄罗斯国家安全问题研究》，社会科学文献出版社2009年版，第94—95页。

5. 加强常规武装力量建设

常备兵团和部队是俄军一般任务力量的基础，是俄军的建设重点。俄罗斯计划按地区原则在军区编制内组建常备力量，并为其配备先进的武器装备，使之能够独立行动，从而在最短的时间内控制和消除来自任何方向的威胁。到2003年底，俄罗斯已经组建了10个师、7个旅和13个团的常备部队。常备兵团和部队的武器与军事技术装备的配备率达到了95%，其中90%处于完好状态。①

四、外交领域

这一时期，普京政府面临的国际形势十分复杂。一方面，美国抛弃了通过国际组织授权处理全球安全问题的有效机制，对阿富汗、中东地区发动了一系列反恐战争，对地区乃至全球的安全形势造成了严重冲击；另一方面，美国利用独联体内部的矛盾，不断策划、推动“颜色革命”，美俄地缘政治博弈和意识形态的竞争进一步加剧。面对美国的攻势，普京坚守国家利益至上的原则，采取务实灵活的外交策略，有选择地参与国际事务，在国际舞台上纵横捭阖，积极捍卫俄罗斯的国家利益。

（一）对美国的战略

1. 执政初期的“强硬路线”

1999年的科索沃战争迫使俄罗斯加强了对外部威胁的重视，俄罗斯意识到国内安全威胁虽然是影响国家安全的决定性因素，但外部安全威胁却在多极化与单极化的对抗中被不断放大，俄罗斯必须继续努力推进世界多极化的发展，坚决反对北约东扩，寻找战略伙伴以共同抵制美国构建单极世界的野心，维护并巩固现有的国际安全机制。

首先，俄罗斯积极介入全球热点地区，争取国际事务中的话语权。在朝鲜半岛：2000年2月，俄罗斯和朝鲜签署了《俄朝友好睦邻合作条约》，随后普京访问朝鲜，双方签署了《共同宣言》，借此俄罗斯提升了对东北

---

① 孙启军、王海滨：“俄罗斯军事战略的演变”，《国际资料信息》2007年第5期，第19页。

亚的影响力；在伊朗：俄罗斯加强了与伊朗的军事技术和原子能合作。2001 年 3 月，普京在莫斯科与来访的伊朗总统哈塔米签署了《关于俄罗斯和伊朗两国相互关系基础及合作原则条约》以及《关于里海法律地位问题的联合声明》等文件。会谈中，普京在谈到俄伊军事合作问题时强调："伊朗有权保证本国的安全，俄罗斯在不违反国际惯例和所承担的义务的情况下将为保证伊朗的安全提供援助。""伊朗要求俄罗斯提供的武器纯属防御性武器，没有超出俄罗斯承担的国际义务的范围。"① 普京同时表示，俄罗斯准备参加伊朗的核能发展计划。此外，俄罗斯还尝试推动联合国取消对伊拉克萨达姆政权的制裁。

其次，推动建立独联体集体安全合作机制，抵消北约东扩的不利影响。一方面，随着 2000 年《俄罗斯与白罗斯联盟条约》生效，俄白两国增强了在国防安全与国际事务中的合作以及一体化的联盟国家关系。另一方面，普京开始致力于修复与独联体国家的关系，推进独联体范围内的集体安全和经济合作，努力维护俄罗斯在独联体事务中的主导地位。

最后，俄罗斯巧妙利用各种矛盾，使美国在核裁军、军控等领域陷入道义上的被动。其一，在《不扩散核武器条约》审议大会上谴责并批评美国未批准《全面禁止核试验条约》的行为。其二，联合德国、法国以及中国等国家对美国修改 1972 年《反导条约》、部署"国家导弹防御系统"（NMD）等行为进行指责，不断强调 1972 年《反导条约》的重要性。其三，批判美国在中亚地区对宗教极端势力、民族分裂势力、恐怖势力采取"双重标准"，并向中亚国家承诺俄罗斯将在相关问题上给予帮助，扩大了俄罗斯对中亚地区的影响力。

为回应俄罗斯对美国的强硬外交策略，2001 年 1 月美国诱捕了前往美国访问的俄白联盟国务秘书博罗金，3 月又因间谍事件驱逐了 51 名俄罗斯外交官，美俄关系进一步恶化。

2. "9·11" 后俄罗斯对美战略的调整

"9·11" 事件改变了世界对非传统安全的认知，恐怖主义成为全世界

---

① "俄罗斯和伊朗签署相互关系基础条约"，http：//www.people.com.cn/GB/guoji/22/84/20010313/415314.html。

声讨的主要对象，国家间的反恐合作不断深化。世界安全局势的变化以及国内外矛盾使得俄罗斯开始一边寻求与美国改善关系，一边将主要精力投入到国内经济建设及独联体事务之中。具体来说，首先，国内安全威胁依旧是影响国家安全的决定性因素，国内复杂的政治斗争形势与经济发展问题一直阻碍着俄罗斯综合国力的提升。其次，独联体国家“独”而不“联”的状况并未好转，俄罗斯的现实状况难以进一步推动独联体的一体化进程。在这样的背景下，俄罗斯不应该继续与美国强硬对抗，而是要缓和俄美关系，将政府的工作重心转移到国内和独联体事务上来。

“9·11”事件也确实为俄罗斯提供了战略转变的重要契机。首先，“9·11”使得恐怖主义上升为美国的首要打击目标，其国家安全战略的重心转变为反恐战争和防止大规模杀伤性武器的扩散，美俄的战略博弈与冲突相对趋缓，而且反恐成为双方加强合作与互信的新领域。其次，美俄关系的缓和可以缓解自科索沃战争以来俄罗斯与西方之间的紧张关系，避免了俄罗斯一直被西方孤立的局面，有利于其重返欧洲。最后，外部环境的缓和能够促进国内经济的发展，加快俄罗斯融入全球贸易体系的步伐。

基于上述考虑，俄罗斯为打击车臣分离主义势力和恐怖活动，为俄罗斯的经济复苏和发展创造一个良好的国际环境，对美国做出了一定的让步。首先，俄罗斯表示愿意向美国的反恐战争提供系列帮助，并带动独联体国家为美军提供军事基地或其他便利条件。其次，俄罗斯在全球范围进行防御收缩。俄罗斯放弃了海外最大的军港（越南的金兰湾），该基地在冷战时期是对美军在菲律宾苏比克军事基地的有力制衡，是俄罗斯海军进入太平洋、印度洋的中转站。俄罗斯撤销了古巴洛尔德斯的无线电监听站，该监听站主要负责对美国全境进行监听，是其获取美国军事、政治情报的前沿基地。俄罗斯平静地接受了美国退出 1972 年《反导条约》的事实，并于 2002 年 2 月与美国签署了《美俄关于削减进攻性战略力量条约》和《美俄新型战略关系的联合宣言》，对中东问题、反恐合作发表了多项声明。最后，2002 年 5 月，俄罗斯与北约签署了关于建立北约—俄罗斯理事会的《罗马宣言》，成立了“北约 20 国机制”，俄罗斯对北约事务有了一定的发言权，但同时也默许了北约的第二轮东扩。俄罗斯的让步赢得了美国的好感，美国在 2002 年的《国家安全战略报告》中表示不再将俄罗斯视为战略对手，并称美俄要维护其共同利益，加强彼此间的相互合作以应对新的共同挑战。

俄罗斯的妥协与让步使美国借机进一步扩大其战略优势，美军不仅以“反恐”的名义进入中亚，同时还加大了对独联体国家的渗透力度。2003年11月，格鲁吉亚爆发“玫瑰革命”，亲美的民主派领导人萨卡什维利上台执政。2004年11月，乌克兰爆发“橙色革命”，亲美的尤先科当选总统；2005年3月，吉尔吉斯斯坦爆发的“郁金香革命”（也称“柠檬革命”）使得亲俄的阿卡耶夫总统下台。

俄罗斯的对美收缩战略既是同西方进行的现实利益交换，也是一种以战略空间换取发展时间的收缩性防御战略。毕竟美军入驻中亚进行反恐战争，客观上震慑了中亚地区的恐怖主义和宗教极端势力，实际上也在一定程度上维护了俄罗斯南部的安全。而俄罗斯主动放弃海外军事基地、监听站等战略要地，削减战略核武器的行动实际上也缓解了其财政困难的窘境。

此时，尽管俄罗斯极力营造了美俄关系改善的氛围，但因双方综合国力的巨大差距，美俄关系本质上是一种不对称的关系，美国并未放松对俄罗斯加入世贸组织的标准条件，同时极力巩固其战略成果，在中亚进行长期驻军，“颜色革命”后继续加紧对独联体的渗透工作。

（二）对独联体的外交实践

尽管独联体国家是俄罗斯外交的优先方向，但是俄罗斯对独联体的外交工作成效并不明显。面对北约东扩咄咄逼人的势头，俄罗斯深切感受到推动独联体一体化建设的紧迫感，必须与独联体国爱军事和经济领域开展诸多合作。在西方国家策划、煽动“颜色革命”之后，俄罗斯在独联体的主要任务转变为加强经贸联系、人文交流与军事安全合作，防止独联体内部出现大规模的非正常政权更替。

一方面，俄罗斯不断加强对独联体国家的引导作用。在独联体内部依然以推进集体安全防御体系为主要任务，2002年俄罗斯主导建立了独联体集体安全组织。加强了与独联体国家的经贸联系与人文交流，不断利用彼此间的能源关联强化自身的影响力，2003年俄罗斯与土库曼斯坦和吉尔吉斯斯坦签订了天然气进出口协议。加快独联体经济一体化建设，推动俄罗斯、白罗斯和哈萨克斯坦关税联盟的建立，2005 年促成了中亚合作组织与欧亚经济共同体的合并。①

另一方面，对独联体内“亲俄派”与“亲西派”进行区别对待。通过深化多领域的合作，俄罗斯加强了与亲俄的白罗斯、亚美尼亚、哈萨克斯坦、吉尔吉斯斯坦、塔吉克斯坦等国的战略合作关系。对乌克兰、格鲁吉亚、摩尔多瓦、阿塞拜疆、乌兹别克斯坦等国家采取以拉拢为主的“拉打结合”政策，尽力阻止其“疏俄亲美”，如以提高天然气供应价格、驱逐俄罗斯境内的格鲁吉亚劳工、支持阿布哈兹和南奥塞梯争取独立等方式，惩罚“反俄亲美”的格鲁吉亚和乌克兰。而在对乌兹别克斯坦政策上，俄罗斯以拉拢为主。2005 年 11 月，俄罗斯与乌兹别克斯坦签署了联盟关系条约，这是继俄罗斯与白罗斯签署联盟条约之后，俄罗斯首次与中亚国家签署联盟关系条约。俄乌联盟关系条约规定：如果俄乌两国中的一方遭到第三国侵略，另一方必须为其提供必要的帮助，包括军事援助。当和平局势受到威胁或是俄乌两国中的一方受到侵略威胁时，双方必须立即启动相关磋商机制，联合采取有效措施解决危机，两国有权使用对方的军事基地和军用设施。条约签署后，普京和乌兹别克斯坦总统卡里莫夫分别强调，这一条约符合两国人民的根本利益以及地区和国际安全局势的需要。俄罗斯中亚问题专家大多认为，与乌建立联盟是俄罗斯在中亚地缘政治格局中的新突破，增强了俄罗斯在中亚的战略地位和影响，也有利于俄南部安全，具有重要的战略意义。②

（三）对欧洲地区的外交实践

在发展与欧盟关系方面，俄罗斯希望凭借俄欧经贸领域的高度依存关

---

① 中亚合作组织源自于 1994 年成立的“中亚经济联盟”，其最初成员国为哈萨克斯坦、吉尔吉斯斯坦和乌兹别克斯坦。1998 年更名为“中亚经济合作组织”，吉尔吉斯斯坦于当年加入。2001 年 12 月更名为中亚合作组织，俄罗斯于 2004 年 10 月加入。2005 年 10 月在俄罗斯圣彼得堡举行了成员国元首会议，通过决议将该组织并入欧亚经济共同体。

② “俄乌签署联盟关系条约：乌有难　俄可出兵”，http：//military. people. com. cn/BIG5/1077/52986/3870115. html。

系来扩大合作领域范围，从而融入欧洲并与欧洲共同反对美国的单边主义。俄罗斯在欧洲的战略诉求主要有以下几方面：一是推动俄罗斯和欧盟一体化进程，为以后加入欧盟、融入欧洲做准备；二是建立由欧洲人主导的欧洲安全新架构，协助欧盟推动“大欧洲”的实现；三是利用美欧矛盾促进俄欧关系的发展，吸引各国对俄投资并解决俄罗斯的债务问题，为其经济复兴创造条件。①

小布什的单边主义实际上进一步恶化了美欧关系，双方在北约东扩问题上存在着巨大的分歧。法德等欧洲国家希望增加欧盟的自主性，在安全领域加强与俄罗斯对话，避免欧洲局势的进一步恶化。在经济领域，欧盟也十分注重发展与俄罗斯的能源贸易，从而优化其能源结构。所以，欧盟并不希望北约进一步刺激俄罗斯，以避免对欧洲造成巨大的经济损失。但是事实上，北约已经成为美国遏制俄罗斯、维护其在欧洲主导地位的重要工具，只有维持俄欧关系的紧张态势，才能实现美国在欧洲利益的最大化。此外，在遏制俄罗斯的同时，也能限制欧盟的进一步发展，这有利于美国长期主导欧洲的安全事务。

（四）对亚洲的外交实践

首先，深化中俄战略协作，推动中俄关系的长期友好发展。中俄在全球战略上有着共同的战略利益，中俄关系的稳定发展不仅有利于巩固两国周边的安全环境，也有利于区域内乃至世界的和平与稳定。2001 年，中俄签署了《中俄睦邻友好合作条约》，在强调不结盟、不对抗、不针对第三国的“三不原则”前提下，以法律形式规定了“世代友好、永不为敌”的国家间友好关系，并在区域经济合作、两国边界问题、军事合作、人文交流等方面取得了一系列成就。中俄共同创建了上海合作组织，自 2005 年开始举行联合军演，2006 年开始互办“国家年”，高度互信的政治关系和密切的军事技术合作扫清了两国关系的发展障碍，奠定了中俄关系长期稳定发展的基石。

其次，俄印建立了战略伙伴关系。2000 年，俄印双方签署了《俄印战

① 薛兴国：《俄罗斯国家安全理论与实践》，时事出版社 2010 年版，第 200 页。

略伙伴关系宣言》。2001 年，普京与印度国防部长签署了 100 多亿美元的军事采购协议。2002 年，双方签署了《新德里宣言》以及有关经济技术合作、电信合作、打击国际恐怖主义的诸多文件，俄罗斯承诺向印度提供军事技术和装备（T-90S 坦克、苏-30 战斗机等），并与之联合研制新式武器。2003 年，双方举行了首次海军联合军演。

再次，改善了俄日关系。2000 年 9 月，普京访问日本，双方签署了在国际事务中相互协作的联合声明以及在经贸领域加强合作的文件。2001 年，双方又在伊尔库茨克签订了《伊尔库茨克联合声明》，就领土问题达成了部分共识，[①] 加强了经济合作。2003 年，日本首相小泉纯一郎访俄，双方签署了"日俄行动计划"，就两国的经济、文化、领土问题、朝核问题以及连接日本海方面的原油管道事项达成一定共识。

总体上看，俄罗斯对亚洲的政策主要是出于"东西平衡"的考虑，极大地发挥了其地缘政治优势，其中尽显"双头鹰"外交的特色。这些措施加强了俄罗斯在亚太地区的影响力，在一定程度上弥补了其在西部所遭遇的战略损失。

（五）对俄罗斯外交实践的思考

普京的外交战略紧紧围绕着其国家利益的划分层次展开，并继承了叶利钦时期的"一个战略目标，三个战略方向"的地缘政治理念，继续巩固多极化的发展趋势，努力实现俄罗斯的大国复兴并成为世界重要一极的梦想。"西部、南部、东部"等三个战略方向也与俄罗斯的次地区利益、地区利益、全球利益相对应。作为苏联全球战略的继承者，俄罗斯的三个战略方向都难以避开美国，所以对美战略既涉及其地区利益，也影响着其全球利益，处理与美国的关系是俄罗斯外交实践的重要内容。

西部地区是俄罗斯对外战略的主要方向，北约东扩、俄欧关系都时

---

① 2001 年 3 月，普京与日本时任首相森喜朗签署了俄日《伊尔库茨克声明》，重申了 1956 年《日苏共同宣言》中齿舞与色丹两岛要在两国签署和平条约后归还日方这一内容的有效性。鉴于 1993 年的《东京宣言》谋求两国解决包括国后、择捉在内的南千岛群岛归属问题，当时两人还同意促进基于《东京宣言》的谈判。详见："日本欲确认《伊尔库茨克声明》推动日俄争议领土谈判"，http://m.haiwainet.cn/middle/345805/2015/0721/content_28959084_1.html。

刻影响着俄罗斯的安全环境，俄罗斯一直在尝试利用美欧矛盾来刺激俄欧关系的发展，以此来牵制美国在欧洲地区的主导权，而小布什的单边主义给予了俄罗斯这一机遇，俄欧关系得以发展，强化了俄罗斯在欧洲的存在。正如 2001 年 9 月普京在柏林联邦议院的演讲中提到的，“如果欧洲能把自己的条件和俄罗斯的条件（人的、领土的和自然资源的条件）结合起来，那么欧洲就能坚定而长久地捍卫其作为世界独立政治中心的名誉”。①

南部地区的中亚和外高加索不仅地缘战略意义十分突出，而且拥有大量的石油和天然气，是世界关注的热点地区之一，同时也是俄罗斯在南部的重要屏障与战略缓冲带。美国通过阿富汗战争成功进入了中亚，改变了该地区的政治、军事格局，并与加入北约的波罗的海三国遥相呼应，形成了对俄罗斯的包围态势，对俄罗斯主导的中亚传统安全格局造成了巨大冲击。

为对抗来自西部与南部的战略压力，俄罗斯唯有将独联体国家打造为与以美国为首的西方国家抗衡的战略依托。普京也多次表态，独联体地区是俄罗斯重要的“战略利益范围”。

东部地区实际上也存在着诸多安全隐患，朝核问题、日俄领土争端、远东地区的开发及其离心问题，以及美日、美韩军事同盟等因素时刻影响着俄罗斯东部的安全。对俄罗斯而言，亚洲已经逐渐成为世界经济新的增长点，市场需求旺盛，加强与亚洲的经贸关系，不仅能够搭上亚洲经济增长的快车，也有利于弱化西方国家对俄罗斯的经济影响。此外，东亚并非俄罗斯对外战略中的传统方向，俄罗斯在东亚地区的影响力有限，因此俄罗斯需要借助亚太地区相关国家的力量来应对美国及其盟国对其东部的战略威胁。

相比叶利钦时期的对外战略，普京的对外战略更为主动与务实。二者虽然都认识到俄罗斯的最大威胁来自于综合国力的衰退，但叶利钦对俄罗斯的自我定位较高，在执政末期面对咄咄逼人的西方世界时选择了较为强硬的政策，在一定程度上加剧了俄罗斯外部环境的恶化。相比之下，普京

① 《普京文集》，中国社会科学院出版社 2002 年版，第 422 页。

执政后尽量避免介入到与俄罗斯利益不密切的国际事务中，有选择地进行战略收缩，为确保国内的稳定与发展营造了良好的国际环境。但普京在“韬光养晦”中也强调“有所作为”，在妥协中寻找战略收益平衡。所以，俄罗斯不惜以地缘利益换取俄美关系的改善，进而发展俄欧关系，努力为俄罗斯与美国、欧洲之间的全面合作铺平道路。这不仅减轻了俄罗斯的军费负担，也有助于俄罗斯经济的快速增长，使之国内安全环境趋于稳定，综合国力得以提高。

第四节　普京国家安全战略的影响

在执政的八年时间里，为了应对日益严峻的安全挑战，普京政府对内加紧国家建设，在“俄罗斯新思想”的基础上提出了“强国战略”，形成了具有普京特色的发展模式；对外则强调外交的务实性，积极开展能源外交、平衡外交，防御“颜色革命”。在坚决维护国家安全核心利益的前提下，俄罗斯极力构造稳定、和平的发展环境。这些举措对俄罗斯的大国复兴和安全环境产生了重要影响。

一、对国内安全的影响

普京以“9·11”为契机，积极在反恐问题上与美国进行交流与合作，缓和了美俄的紧张关系，为国内的政治改革、经济建设、军事革新创造了发展机遇，治国理念不断成熟，经济出现了强势复兴势头，军事实力迅速恢复，国家应对安全挑战的能力得到极大提高。

（一）政治安全领域

普京的政治改革为其治国理念的实践奠定了制度基础。俄罗斯独立以来，一直在探索适合自己的发展道路，叶利钦在道路探索阶段发现了俄罗斯政治社会的诸多弊端，一些切实可行的发展战略都因激烈的政治斗争而中断，导致中央政策缺乏连续性与执行力，经济状况难以改善，社会矛盾不断累积，新的社会危机又酝酿出新一轮的政治斗争，俄罗斯陷入了经济危机与政治危机交替发生的恶性循环。普京意识到，要实现俄罗斯的复兴，必须要统一俄罗斯的思想，建立一个强大的中央政府以确保各项政策措施的有效落实。经过八年的努力，普京基本上扭转了国家思想混乱、权力体系涣散的局面。

首先，统一思想，为国家复兴提供强大的精神支柱。以 1999 年 12 月的《千年之交的俄罗斯》、2000 年 2 月的《致选民的公开信》和 2000 年 7 月的国情咨文这三份重要政治文件的出台为标志，普京的“俄罗斯新思想”正式出炉，其核心思想是“主权民主”。普京提出的“主权民主”，实际上是民主的俄罗斯化，其目的是为俄罗斯大国复兴战略进行意识形态方面的宣传。对俄罗斯人民而言，国内稳定的社会秩序远比民主带来的政治权利更加重要，而普京的政治举措使得俄罗斯人民摆脱了叶利钦时期社会动荡、经济萧条的不安状况，随着人民生活水平的不断提高，其对普京执政理念的支持力度也不断加强。实践证明，“主权民主”是符合俄罗斯历史、国情的正确选择。

尽管西方对“俄罗斯新思想”多有诟病，但是其积极意义不容忽视。一方面，“俄罗斯新思想”填补了苏联解体造成的意识形态真空，为俄罗斯公民重新树立了衡量社会成就和社会价值的标准，统一了混乱的社会思潮，为国家的复兴提供了强大的思想动力。另一方面，在“俄罗斯新思想”基础上催生的“强国战略”明确了俄罗斯的未来发展目标，指导了国内的改革与发展。

其次，通过联邦制改革、政党制改革及行政改革，俄罗斯的国家权力体系得以重塑。第一，联邦改革理顺了中央与地方关系：剥夺了地方领导人进入联邦委员会的权利，并改变了地方领导人的直接选举制，使得总统掌握了对地方的任免权，削弱了地方对中央的影响力，加强了中央对地方的控制力。第二，政党改革理顺了总统与议会的关系：积极促成亲政权的中间派力量联合，形成了亲总统的“统一俄罗斯党”，并在杜马选举中逐渐形成“一党独大”的局面，弱化了俄罗斯共产党对总统权力的牵制，实现了政党与政权的紧密结合，帮助普京稳定了政局，巩固了联邦统一。第三，行政改革理顺了国家与社会的关系：通过惩治干政寡头，结束了寡头政治，加强了舆论的主导权和对关键领域的控制力度，改变了权力与资本的政治主从关系。

（二）经济安全领域

从俄罗斯经济取得的成果来看，普京政府的经济改革措施是成功的。首先，俄罗斯经济在普京任期内展现出一种强劲增长的态势。其一，经济出现了持续增长，整体经济实力得到大幅提升；其二，经济形势的稳定以及政府对金融投资限制的放松，使得外国投资激增；其三，俄罗斯的市场经济模式有所改善，形成了以保证经济增长为导向的混合市场经济模式。其次，打破均衡发展，凭借优势产业谋求俄罗斯经济的跨越式发展。俄罗斯积极制定“能源战略”，努力打造“能源超级大国”，将巨大的资源潜力转化为竞争优势。再次，俄罗斯以经济强国为目标，积极增强在国际经济秩序中的影响力。一方面，卢布地位随着俄罗斯经济的增长而不断巩固，并凭借俄罗斯在能源市场的优势，争取打造“石油卢布”体系，逐渐将卢布发展为国际市场的硬通货。就俄罗斯采取的经济措施而言，普京政府充分吸取了叶利钦经济改革的教训，谨慎地推行私有化、加强国家的宏观调控力度。一方面，不断强调私有化的公开透明度，确保每个俄罗斯公民能够享受到国家发展带来的经济实惠；另一方面，强调国家要对战略性产业和具有战略意义的国有企业掌握主导权，削弱了寡头对国家战略资源的控制，使国民经济处在政府的“可控”状态下。

俄罗斯经济的快速发展为其政治实践和军事实践提供了资本，实现了经济与政治的良性互动和军事力量的稳定增长。一方面，普京利用经济强势增长的有利时机，继续强化总统的权力，再反过来利用政权的力量解决复杂的社会经济问题；另一方面，部队的军费预算大幅增加，国防部门加大了新式军事技术装备的研发力度并增加了军事演习的频率，提升了俄罗斯武装力量的整体水平。

（三）军事安全领域

普京执政时期，俄罗斯根据现代化战争表现出的新特点提出了“以核遏制为依托的机动战略"，立足于使用一支快速机动的实力型军队，力争在高技术局部战争初战中即取得决定性胜利，其现实任务是确保国家安全，根本目的则是通过"以军强国"的方式恢复曾经的强国地位。①

"核机动"军事战略及俄罗斯军事改革的实践反映了俄罗斯军事改革的明确目标，具有鲜明的时代特色，有利于保障俄罗斯的国家安全。首先，强调核武器依旧是俄罗斯最有效的全球性战略威慑力量，在俄罗斯常备力量处于劣势的情况下，核威慑战略将长期主导俄罗斯军事实践。其次，强调注重军队的机动性，冷战的结束降低了爆发世界规模战争的可能性，对大规模常备军的需求减少，对军队的职业化和军事装备的技术水平有了新要求，俄军的建设主要也是针对国内危机和周边的地区冲突。再次，战争的技术水平在不断提高，武器的杀伤力在不断增强，战争持续的时间在不断缩减，作战样式向"非接触式"转变，故而军队在战争初期的作用和地位不断提高。最后，恐怖主义对国家安全的威胁不断上升，打击恐怖主义成为军队的现实任务之一。

与叶利钦时期相比，普京的一大军事实践特点是加强了军事演习与军事合作。在普京执政的早期，因受国内形势的制约，俄罗斯主动进行战略收缩，使得美国进入了中亚等战略要地，俄罗斯的战略环境恶化。但随着经济实力的复苏，俄罗斯军事实力也实现了快速发展，俄罗斯的强势回归使美俄在俄罗斯周边热点地区的军事演习和军事合作的战略对抗越发激烈，这势必对俄罗斯周边的安全形势产生新的影响。

二、对国际安全的影响

俄罗斯认为，多极化是世界的发展趋势，只有建立公正合理的国际新秩序，才能最终确立新的国际安全体系。俄罗斯一直推行全方位多元化外交战略，力争在全球层面保持国际战略力量的大体平衡，重点处理好大国间的安全关系，在大国之间奉行均衡的政策，在具体问题上与其他大国加

① 孙卫岗、孙兵："俄军'现实遏制'战略思想探析"，《国防科技》2007年第6期，第79页。

强协调与合作，以牵制美国建立单极世界的企图。在欧洲，俄罗斯加大对欧洲的外交力度，利用发展俄欧关系牵制美国，利用欧美之间的分歧和矛盾以及欧洲日益增强的独立倾向，与欧洲一起推动世界多极化进程。在亚洲，俄罗斯利用发展与中国和印度的战略伙伴关系来牵制美国，积极进行双边和多边的协调与合作，共谋发展亚太地区的多极化格局。同时俄罗斯也认识到，非传统安全问题在全球范围内蔓延，成为新时期世界不稳定的主要根源。在承认俄罗斯综合实力、国际地位下降的现实后，俄罗斯积极改善同美欧之间的关系，在反恐领域与美国等西方国家开展合作，为国际社会打击恐怖主义做出自己独特的贡献。在一些地区热点问题上，俄罗斯发挥其独特地缘优势和国际影响力，通过外交斡旋、政治磋商等各种手段，积极致力于化解矛盾、消除对抗，并取得了一定的成效，为维护国际局势的安全稳定发挥了重要的作用，对稳定国际战略关系、缓解国际紧张局势并最终确立多极国际格局发挥着正面的、积极的影响。但是，俄罗斯的战略收缩在一定程度上助长了美国的单边主义，引发了新一轮的地区冲突。

在经济强势复兴后，俄罗斯认识到长期的冷战使得俄西方缺乏信任的基础，而西方仍秉持冷战时期的对抗思维，这将长期阻碍双方关系的发展。俄罗斯开始凭借自身的军事优势、能源优势，在国际舞台上展现出强硬的外交态势，积极发挥影响力，对自身的国际角色进行了重新定位：在国际政治中，俄罗斯谋求从国际秩序的“参与者”转变为“制定者”；在国际经济中，要实现从“被剥削者”到“利益既得者”的转变；处理与独联体国家间关系时，由“供养者”变为“主导者”。俄罗斯的强势外交态势，引起了国际社会的警惕：美国加紧了对俄罗斯的打压力度，俄欧关系降温，独联体则试图弱化对俄罗斯的能源依赖。

首先，美俄关系陷入低谷。俄罗斯实力的增长引起了美国的担忧，美俄就“主权民主”的合法性与正当性进行了系列交锋，美国指责俄罗斯进行“能源讹诈”，在俄罗斯传统势力范围内加紧推动“颜色革命”，提出了“大中亚”战略，试图将中亚和南亚的地缘政治板块整合，弱化俄罗斯对中亚国家的影响力。而在能源战略方面，美国则加紧新能源的开发，以期消除俄罗斯的能源优势。

其次，俄欧关系降温。2004 年欧盟东扩后，欧洲对俄罗斯的不信任感不断增加，尤其是俄乌之间的“天然气断气危机”引发了欧洲能源安全的危机感，为此欧盟出台了新的能源战略，试图改善能源结构，开辟新的能源进口渠道，降低对俄罗斯能源的依赖。

再次，为了应对西方国家对独联体的“颜色革命”，俄罗斯更多地利用能源和经济手段向独联体国家施加影响，迫使部分“亲西”国家向俄罗斯妥协。但俄罗斯外交的务实性，一定程度上减少了对独联体国家的政策优惠，引发了老牌“亲俄”盟友的不满，独联体成员国开始加紧能源合作，进而降低对俄罗斯能源的依赖，俄罗斯对独联体的影响力因此受到挑战。

第六章　梅德韦杰夫时期俄罗斯的国家安全战略

梅德韦杰夫时期是冷战结束以来俄罗斯迈向现代国家历程中的重要时段。回顾之前俄罗斯的国家安全形势不难发现，叶利钦时期是俄罗斯刚刚摆脱苏联的羁绊开启新一轮国家建设的起步阶段，国家安全总体上比较脆弱；普京第一二任时期则是纠偏叶利钦时期建设失误、重新将国家纳入正常发展轨道的调整阶段，俄罗斯的国家安全有所巩固。到梅德韦杰夫时期，俄罗斯的国家安全环境既面临着发展的历史机遇，也存在一系列挑战。鉴于此，梅德韦杰夫政府出台了《2020 年前俄罗斯联邦国家安全战略》，选择了“以发展求安全”的现代化道路，对内扫除现代化改革进程的障碍，对外以务实灵活的外交政策为国内发展营造良好外部环境，试图以此获得国家安全由内到外的完善保障。梅德韦杰夫在各领域采取的一系列措施对俄罗斯的国家安全状况产生了深远的影响，并塑造了俄罗斯国家安全的基本态势。

第一节　梅德韦杰夫时期俄罗斯的国家安全形势

经过独立后十多年的曲折发展，梅德韦杰夫时期俄罗斯所面临的国家安全机遇是历史性的，挑战也是历史性的：机遇方面，俄罗斯此时的综合国力大大增强，维护国家安全的手段更为多元有力，国内安定繁荣局面前所未有；挑战方面，国际上西方对俄罗斯的战略压迫态势愈发紧张，周边国家与俄罗斯的离心倾向越发强烈，俄罗斯的国际地位未与国力正比提升；国内方面，金融危机来势汹汹，对俄罗斯经济安全构成极大威胁，官僚机构和大型企业中的腐败痼疾难除，对政府权威与社会稳定造成危害。以下将主要从内外两个层面分析这一时期俄罗斯的国家安全背景。

一、国内方面

（一）有利因素

综合国力上升、政府执政能力与权威巩固、社会各项事业安定有序发展是梅德韦杰夫时期俄罗斯国内安全形势中的有利面。在梅德韦杰夫之前，普京的八年执政是俄罗斯“乱治”更替的关键时期。政治上，普京重建了国家规章法度，带领俄罗斯走出系统性国家危机。梅德韦杰夫接手的俄罗斯，20 世纪 90 年代地区与中央法规相抵触、中央政府处于崩溃无序的混乱局面已完全结束，取而代之的是在“垂直政权”思想下重建的高效简洁的政权秩序和法律法规，中央重掌对地方的领导权，国家基本获得了政治安定团结。[①] 经济上，通过八年来强化国家对经济活动的指导，以及产业结构调整优化和经济体制改革的深入，在梅德韦杰夫上台前夕，即 2007 年底，相比普京初任时俄罗斯的 GDP 增长了 70%，连续七年经济增速接近或超过 7%，成为世界瞩目的新兴经济体——金砖国家的突出代表；金融与财政状况大为改善，苏联及叶利钦时期所欠的高额外债和国内债务基本还清，黄金外汇储备大幅增加，对外贸易持续发展，投资吸引力提升；人民生活水平显著提升，人均 GDP 相较于 1999 年翻两番有余。[②] 梅德韦杰夫上台时，国家经济运行状况基本稳定，财政状况良好，经济安全有所保障。社会文化方面，普京提出并落实的文化强国战略八年来也取得了

① “俄媒回顾普京 8 年功过：唯一败笔是经济地位仍弱”，http：//www. china. com. cn/news/txt/2008 – 05/08/content_15110055. htm。

② “普京的成绩单”，http：//news. xinhuanet. com/world/2008 – 03/02/content_7698725_2. htm。

明显成效，俄罗斯国民对本国文化的认同感不断提升，俄罗斯文化的国际声望日升，文化安全得到有效维护。①

（二）不利因素

虽然国力上升为俄罗斯维护国家安全奠定了良好基础，但国内威胁国家安全的负面因素依然存在。经济上，高度依赖能源经济的发展模式极其脆弱，易受国际能源市场及国际政治局势动荡影响，经济安全的潜在风险加大；尚未完全融入国际经贸体系，利用外资有限，经济发展的外部动能不足。政治上，各项改革后的政治制度和法律法规仍处在成长期，反腐败斗争依然形势严峻，对政府效能提升影响极大。军事上，军队装备落后，体制僵化，现代化水平有限，战斗力严重不足。社会文化方面，一些宣扬精神放纵和片面吹捧西方的不良文化产品开始蔓延，对俄罗斯文化安全和国民精神素养构成威胁。

总体来看，在国内层面，这一时期俄罗斯国家安全形势中的有利面更突出。通过前八年的发展，俄罗斯的经济实力大幅增长，并获得了政治上的安定团结与社会各项事业的进步繁荣，国内安全得到极大保障，但是经济发展方式的粗放脆弱、政治低效运转和腐败盛行以及不良文化产品的精神侵蚀等依然对俄罗斯国家安全构成潜在威胁。

二、国际方面

梅德韦杰夫直接继承了前任的外交遗产，这些遗产由两部分组成：一部分是俄罗斯主动设计开创的，包括核心外交思想、理念以及一系列外交实践路线等；另一部分则是由国际格局的现实变化决定的，这部分较为客观，主要是指俄罗斯的外部生存环境的改变。这些主客观外交遗产共同构成了梅德韦杰夫时期俄罗斯国家安全的外部背景。

梅德韦杰夫上台时，俄罗斯已主动开创设计的外交遗产包括：一是大

---

① 吴恩远、郭文："论普京的文化强国战略"，《中国社会科学院研究生院学报》2017 年第 1 期。

国定位。大国定位和大国外交是普京八年执政中一以贯之的外交理念。冷战后，由于政治经济格局遭受毁灭性打击，俄罗斯长时间在国家身份问题上充满疑惑，是普京将“大国”确立为外交的基准概念：一方面，俄罗斯一直以大国身份处理外部关系，执行独立自主的外交政策，不做任何国家或集团的附庸；另一方面，恢复大国地位、取得应有国际影响力是俄罗斯对外政策持之以恒的追求目标。二是对“多极世界”的支持。综合国力上升增加了俄罗斯与美西方博弈的筹码，更鼓舞了俄罗斯反霸、反战略压迫的战略信心。三是“双头鹰”的外交布局。俄罗斯外交兼顾东西方，欧美既是俄罗斯安全利益的紧要关切，又是战略压力挑战的主要来源。相应地，欧亚地区既是俄罗斯最重要的战略大后方，又是俄罗斯借以平衡对冲欧美压力的依托所在。四是独联体地区是最优先关切。通过欧亚经济共同体和集体安全组织两个核心机制推动俄罗斯与整个独联体地区构建共同的经济空间、安全防务空间和人文空间，是俄罗斯不变的外交最优先利益关切。五是能源和军事是主要对外政策工具。俄罗斯依靠能源直接或间接地对他国政治经济活动施加影响，开创了以能源作为外交资源的“能源外交”新型外交路径；同时，全面巩固武装力量并将军事力量作为最重要的外交语言与博弈筹码。①

此外，客观上，这一时期俄罗斯所面临的外部环境压力也很突出：一是金融危机的威胁提升。之前被形容为世界经济“稳定岛”的俄罗斯在2008 年的全球金融危机中亦备受冲击，各项经济指标下滑严重，在新兴经济体中的抗打击表现最差，国家经济安全受到严重威胁。二是美西方对俄罗斯的战略压迫依旧。随着俄罗斯国力的上升，美西方对俄罗斯的战略疑惧加深。美国加紧在东欧地区部署反导系统，俄美之间的安全协议谈判陷于停滞，双方就人权等话题的相互指责日盛。三是俄罗斯与独联体国家龃龉增加。面对强大的俄罗斯，其周边的独联体国家受威胁感最重，不少国家纷纷向美西方示好，试图寻求庇护。如在俄格战争后，独联体 6 国对欧盟提出的“东部伙伴关系”计划表示认同，并于 2009 年 5 月签署了相关

① 赵华胜：“普京外交八年及其评价”，《现代国际关系》2008 年第 2 期，第 16—20 页。

启动文件。[1] 时任乌克兰议会反对党领袖的季莫申科明确提出，“要注意俄罗斯的扩张主义与独裁倾向”，并呼吁“遏制俄罗斯”。[2]

在以上主客观因素交织的情况下，国际层面上，这一时期俄罗斯国家安全形势的两面性较为突出：从有利面看，大国定位和多极世界观为梅德韦杰夫新政府创造安全稳定的外部环境提供了核心指引，对能源和军事的倚重则充实了新政府维护国家安全的对外政策工具包；从不利面看，俄罗斯所面临的来自美西方的地缘政治压迫依然严峻，独联体国家与俄罗斯关系有所疏远，一体化进程受阻，周边战略环境的负面因素上升。

综上所述，这一时期俄罗斯面临新的国家安全形势：一方面，俄罗斯前所未有地获得了综合国力进步和历史性发展机遇，有机会将国家安全提升到更高层次；另一方面，外部安全环境的恶化趋势又促使新政府要小心行事，为国内发展提供必要的外部安全。由此，俄罗斯新政府选择了“以发展求安全”的现代化道路，对内扫除现代化改革进程的障碍，对外以务实灵活的外交政策为国内发展营造良好外部环境，试图以此获得国家安全由内到外的完善保障。

第二节　梅德韦杰夫国家安全战略内容

2009 年 5 月，梅德韦杰夫作为新任总统签署第 437 号总统令，批准《2020 年前俄罗斯联邦国家安全战略》（以下简称《战略》），并要求联邦安全委员会每年汇报新《战略》的实践进展以及提交一份关于本国安全形势的报告。作为全面指导国家安全实践的基础性文件，《战略》系统阐述了俄罗斯在国家安全各领域面临的主要威胁及应对方式，规定了本国的核心国家利益，明确了本国国家安全体系的目标与优先，是这一时期俄国家

① “欧盟与欧亚 6 国启动‘东部伙伴关系’计划”，http://news.xinhuanet.com/world/2007-06/02/content_6188790.htm。

② “西方为何担心俄罗斯”，http://news.xinhuanet.com/world/2007-06/02/content_6188790.htm。

安全思想的结晶。

一、《战略》的主要内容

《战略》包括6个部分："总则""当今世界与俄罗斯：现状与发展趋势""俄罗斯联邦国家利益与国家安全战略重点""国家安全战略保障""国家安全战略实施的组织、法规及信息基础""对国家安全状况的基本描述"。《战略》详细评估了俄罗斯当时国家安全的风险情况，并从政治、经济、军事等9个方面针对如何应对国家安全威胁提出了具体保障措施。①

（一）国家面临的主要安全威胁

2000年版的《俄罗斯联邦国家安全构想》提出，俄罗斯面临社会贫富分化、分离主义加剧、恐怖主义、国家政权系统不完善等国家安全威胁。新版《战略》修改了国家安全威胁，其内容主要有：

1. 经济威胁

经济上，俄罗斯把原料导向型的粗放发展模式和对外贸的高度依赖看作主要威胁。具体而言，国家经济长期立足于原料导向型使经济活力下降，重要经济领域高度依赖对外贸易又不利于国家对资源掌控。现阶段，俄罗斯能源及工业基地状况迅速恶化，国家对系统性金融风险的防护能力不足，区域发展凸显不平衡，经济领域贪腐横行，这些都威胁着俄罗斯国家经济安全。另外，西方对俄罗斯的经济歧视性政策以及国际贸易中的不正当竞争也是重要的外部经济威胁之一。

2. 军事威胁

俄罗斯面临的军事威胁主要有两类：一类是首要的军事安全威胁，指的是近邻国家为实现在军事上占有绝对优势而采取激进政策，尤其是发展战略核力量的政策，发展高精度、信息化等高科技战斗手段以及单方面部

---

① Указ Президента РФ от 12.05.2009 N 537（ред. от 01.07.2014）"О Стратегии национальной безопасности Российской Федерации до 2020 года"，http：//legalacts.ru/doc/ukaz－prezidenta－rf－ot－12052009－n－537/.

署全球导弹防御系统等行为。这些行为可能导致新的军备竞赛。另一类军事威胁则主要和恐怖主义、极端主义有关。此外，对国家管理和军事指挥系统、战略核力量运行系统等重要国防系统的破坏也会对军事安全构成潜在危害。

3. 周边地缘威胁

在对外部环境威胁的判断上，俄罗斯依然将美西方的地缘政治蚕食及打压视作安全大患。《战略》明确指出，北约不断东扩，将军事基础设施延展到俄罗斯边境以试图获得全球影响力的做法与国际法背道而驰，是俄罗斯绝不能接受的，如美国在俄罗斯边界积极部署导弹防御系统。

4. 文化威胁

俄罗斯认为，当前一些定位于满足边缘阶层精神需求的不良文化产品一方面对俄罗斯本身历史和在世界中的地位作用进行不当解读，另一方面宣扬极度纵欲、暴力及族群歧视等。这些文化产品对俄罗斯国家文化安全产生了消极影响。

5. 人口与卫生威胁

《战略》指出，传染病和各种疫病的大规模流行、精神药物的滥用是俄罗斯国家安全在卫生与国民健康领域的最主要威胁。在人口安全方面，人口负增长对国家安全也构成重大威胁，增强防病防疫能力、提升医疗水平、维护人口稳定已成为当务之急。

6. 生态威胁

《战略》指出，原料导向型的经济发展模式导致资源过度利用，发展不可持续，对国家生态资源安全构成威胁。全球对矿产资源、水资源和生物资源的过度利用，以及生态隐患的存在，对俄罗斯生态安全造成了消极影响。同时，大量破坏生态平衡的危险作业加剧了国家生态安全状况的恶化，包括居民饮用水安全防疫质量无法保证、放射性非核燃料废料缺乏有效法规监控、许多战略矿产资源面临枯竭威胁和开采量逐渐降低等。

（二）国家安全利益及安全战略优先级

《战略》指出，俄罗斯联邦的长远国家利益在于：一是继续推行和发扬民主，促进公民社会发育，提振经济；二是维护本国宪法体制、领土及主权完整；三是在多极世界中维护国际格局的稳定并推动互利伙伴关系发展，最终将俄罗斯建设成为真正具有影响力的大国，实现国家复兴。

《战略》着重提到九方面重点维护领域，覆盖十分广泛。其中，国防、国家及社会安全是此版《战略》的重中之重，次优先级的任务主要包括五方面的内容：以维系个体安全和提高人民生活水平作为本国公民生活质量的保障；将经济增长建立在创新驱动和人力资本提升上；大力推动科教文卫事业发展，强化其中国家的角色作用；通过引导消费、发展先进科技等方式保障生态及对资源的合理利用；通过积极参与多极世界秩序构建，在与相关国家建立平等伙伴关系的同时维护国际和平稳定。

（三）国家安全目标及其实现方式

《战略》详细阐述了俄罗斯在各个领域安全战略所要实现的目标和方针。在国防领域，俄罗斯的总目标是“防止全球性和区域性战争和冲突，以及为保障国家军事安全实施战略遏制”，在此目标要求下，“制定并系统落实一系列彼此相关的政治、外交、军事、经济和信息等方面的措施”。《战略》指出，俄罗斯将把军改推向纵深：一是维护战略核力量的优势地位；二是完善军队管理结构和部署体系；三是提升常备军数量、质量。在经济方面，《战略》提出了俄罗斯“跻身国内生产总值五大强国”的大战略目标，强调要“依靠经济增长确保国家安全”。在国家和社会安全领域，俄罗斯的目标是“维护俄罗斯联邦宪法制度的基础，保障公民的基本权利和自由，捍卫俄罗斯联邦主权、独立和领土完整”，实现该目标的途径包括：增强国家作为个人安全担保者的作用；完善打击贪腐、极端主义及恐怖主义等的法律规范。根据自身特点，俄罗斯对能源安全给予了相当关注，认为“这是保障国家经济安全的一个‘长期着眼点’”，在争夺资源时“不排除使用武力解决所出现的问题”。

这一《战略》还新增了“实施战略的组织、法规和信息基础”与“对国家安全状况的基本描述”，明确规定了实现国家安全目标所需的相关支持以及评估国家安全状况的细化指标。这些制度支持是国家在组织法律层面出台并监督实施的一整套配套措施，归总于联邦安全会议的统一部署，评估指标则有失业率、消费价格增长率、内外债占国内生产总值的百分比等。

二、《战略》的主要特点

1. 重点保障经济安全

《战略》的最大特点在于通篇贯彻了一个保障国家安全的原则，即“通过稳定发展的优先方向来实现安全”。简单来说，俄罗斯致力于通过经济创新发展以提升综合国力，巩固内外安全环境。在国内经济不振的形势下，《战略》相应地把经济置于突出的地位：《战略》将金融危机的影响与大规模战争相提并论；划定的7条评判国家安全状况指标中有5条涉及经济领域。梅德韦杰夫本人更是将经济安全视作维护国家安全的要务。① 侧重以经济指标来评估国家安全形势是这一时期俄国家安全战略的一大特点。

2. 安全观转型明显

《战略》不仅继承了旧版《构想》中有关传统安全观的内容，更依照现实国情推动整体安全观由传统向现代过渡，其具体表现为安全主体多元化、安全内涵综合化以及维护安全手段更新。首先，就安全主体来看，《战略》突出强调了个人因素，引入“以人为本”理念并将公民个体安全的重要性大幅拔高；其次，就安全内涵来看，《战略》在重视传统军事层面安全问题的同时，对人口卫生、生态环境及信息科技等非传统安全问题也颇为关注；最后，就维护安全的手段来看，《战略》更看重经济社会等不同手段的综合运用，而非一味地使用军事手段。

3. 对中国重视程度加大

在《战略》对于“当今世界与俄罗斯：现状与发展趋势”部分的论述中，俄罗斯对G20、中俄印战略三角关系、金砖国家以及上合组织等多边国际机制给予了很高关注。显然，中国作为上述国际机制的核心成员被凸显了出来。有学者已注意到，在1997年版俄罗斯的国家安全构想中，作为俄罗斯战略协作伙伴的中国并未被提及，而在此版《战略》中，中国和以

① “俄总统强调国家安全是经济发展的保障”，http：//news. xinhuanet. com/world/2010 - 01/29/content_12894723. htm。

中国为主要发起国的上合组织均被写入其中，证明俄罗斯在这一时期对外政策和国家安全方面对中国的重视程度大大增强。[①]

第三节 梅德韦杰夫国家安全战略的实践

在梅德韦杰夫就任总统的同时，前总统普京则被任命为政府总理，俄罗斯正式迎来“梅普时期”。从国家安全角度看，梅德韦杰夫时期的国家安全背景与普京时期差异明显：通过普京时期八年的改革发展，俄罗斯已走出冷战后内忧外困的境地，正成长为政治稳定、经济持续增长、人民生活水平明显提高的大国。[②] 有学者指出，梅德韦杰夫时期的俄罗斯已结束过渡时期，进入了长期战略发展的高水平时期。[③] 整体安全形势的变化给俄罗斯带来了新的安全挑战，也催生出新的维护国家安全的措施与方法。总体来说，以强国战略为既定总目标，以能源和军事为维护国家根本安全的两大抓手，内部优化权力运行机制，对外采取更为灵活切实的外交政策，这些是梅德韦杰夫时期俄罗斯国家安全战略实践的主线索。

一、政治安全领域

梅德韦杰夫任上初期，俄罗斯已陷入全球金融危机所造成的经济萧条，这是“梅普组合”所面临的严峻考验。经济领域的危机造成人民生活水平下降，社会不满积聚且有进一步演变为社会政治危机的趋势。为有效应对危机、加强政府对局势的掌控能力、赢得人民信任，以梅德韦杰夫与普京为首的俄罗斯领导层大力推动一系列政治改革。

---

① “俄罗斯谋划2020安全战略 对中国重视程度大增”，http：//www. chinanews. com/gj/news/2009/06 –08/1725320. shtml。

② “国际观察：梅德韦杰夫胜选意味着什么”，http：//news. cctv. com/world/20080303/106071. shtml。

③ 薛兴国：《俄罗斯国家安全理论与实践》，时事出版社2011年版，第207页。

（一）推动政权建设，维护政权安全

政权安全是政治安全的核心，是整体国家安全的重要支柱。中国领导人就明确提出“要把维护国家政治安全特别是政权安全、制度安全放在第一位”。[①] 在新版《战略》中，梅德韦杰夫领导的新政府也重申“确保俄罗斯联邦宪法体制”是俄罗斯联邦“未来长期的国家利益”所在。在巩固政权稳定的工作中，弥合高层分歧、加强政治团结与加强执政党建设这两方面内容尤为突出。

1. “梅普”求同存异，加强政治团结稳定

虽然梅普二人渊源深厚，梅德韦杰夫是普京十分欣赏并一手培养提拔起来的人才，但两人在具体执政理念以及对待历史问题的态度上差异明显。总的来看，普京显得比较传统，偏重权威，受俄罗斯历史文化影响较深，是“保守派”的代表；梅德韦杰夫则显得比较现代，思想锐意进取，是“自由派”的象征。在经济方面，虽然两人都主张改变原料导向的粗放式经济发展模式，但具体到应采用何种模式更好，两人分歧就比较明显：梅德韦杰夫强调发展“智慧型经济”，认为其主体不是传统产业和国有企业，而是拥有高新科技的私营企业。他批评国有企业“没有前途”，因此力推新一轮私有化改造，并要求政府高官辞去在国有企业兼任的高管职务，实行“政企分开”；普京则强调要建立“创新经济”，认为其龙头是国有企业，主张实行“有限私有化”。在政治方面，梅德韦杰夫的主张新锐，认为民主政治是促进经济进步的基础。他强调俄罗斯应实行真正的多党政治，“跟大多数民主国家一样”，由各政党进行公平竞争，“政府将定期轮流执政”。普京则要保守许多，认为政治改革应“逐步完善”并需要“极其谨慎”，更偏向维护现有政治体制，防止陷入“民主陷阱”以及“颜色革命”。在外交政策上，两人在对待西方国家态度上分歧较大：梅德韦杰夫认为“全面现代化”离不开来自西方的先进资金技术，主张与西方建立“现代化联盟”，把欧美国家置于外交优先级；普京虽未实际干涉“现代化

---

① “习近平：今年要把维护政权安全放在第一位”，http：//news. china. com/domestic/945/20170113/30169542. html。

外交”，但对西方国家的认识更为清醒深刻，尤其反对美国霸道的单边主义行径。两人的这些分歧或明或暗地体现在实际政治事务当中。如2011年4月，普京在年度政府工作报告中不点名地指出俄罗斯的发展需要稳定，不能卷入“不合理的自由主义倾向的改革”；梅德韦杰夫则公开批评普京将西方国家对叙利亚的军事行动比作“十字军东征”的言论，认为其“不可接受”。[①]

在梅普二人治国思路分歧明显以及两人在是否参加2012年大选问题的表态冲突的情况下，许多媒体对此捕风炒作，试图证明二人已陷入权力斗争。美国《华盛顿邮报》评论说，梅普似乎要分道扬镳，梅德韦杰夫希望以政治、经济上的改革理念争取自由力量支持；英国《卫报》称梅德韦杰夫正在举起政治革新大旗；俄罗斯的《独立报》认为，梅普间分歧重重，府阁斗争渐趋激烈是分裂的另一个标志。但是，这些具体执政层面的差异并不能说明梅普之间注定要“分道扬镳”。俄罗斯专家明确表示：“我们只看到风格不同，总统总是要先征求总理意见再做决定。”与之相对的是，在国内外严峻的政治经济挑战前，梅普二人恰恰从国家利益的根本出发，表现出难得的政治大局观与胸怀，共同维护了最高层面的政治团结，巩固了政权稳定。

首先，梅普的分歧主要体现在落实国家发展战略的具体措施上，而在更重要的对于国家发展模式以及既定战略目标的选择等高层次规划问题上，两人却保持了高度一致。有学者指出，对既定国家发展规划的坚持是梅德韦杰夫时期俄罗斯政治的主要特点。普京曾表示，梅德韦杰夫的经济纲领是对“普京计划”的补充和具体化。[②] 俄罗斯的独特国情决定了中央政府在经济发展中的主导地位，同时政府也是实现改革利益最大化的坚实保障。实际上，梅普二人的治国思路并无根本不同。梅德韦杰夫的主张落在保障人权法治以及推动社会进步上，其中的关键是整治违法乱象、重树法律权威；以强化基建和金融体系建设作为国家创新体系的基础；在政治进步的背景下推动社会协同发展等。而这些观点在经过八年恢复调整后的

① “梅普之间：大配合小矛盾”，http：//news. xinhuanet. com/world/2011 –04/27/c_121353384_2. htm。

② 庞大鹏：“俄罗斯的‘梅普组合’”，《俄罗斯中亚东欧研究》2008年第5期，第15页。

俄罗斯已有一定现实基础，两人在此具备一定共识。此外，梅普都认为俄罗斯需要强力领袖。在上台前不久，梅德韦杰夫就鲜明表态现行总统制是俄罗斯长期稳定发展的基石，并称对其改变还为时尚早。[①] 2011 年 5 月，梅德韦杰夫在会见青年议员时公开表示“鉴于我们（俄罗斯联邦）是一个由多民族、多信仰的人口组成的幅员辽阔的国家，除了总统制政体以外，不存在其他选择。对此我百分之百确信”。[②] 在俄罗斯政党政治还不成熟的情况下，在未来较长一段时间内，俄罗斯都必须竭力维护总统制以确保国家的统一完整。梅德韦杰夫上台后不久即改革总统制，提议将总统任期延至 6 年，这也是其看重维护政治稳定的重要标志。至于梅德韦杰夫提出的其他政治纲领，如确保司法独立、强化基建、改革社会福利等，与普京的改革想法并无原则冲突。更重要的是，梅普同出一源，不存在争夺最高权力的动机。作为俄罗斯关键的权力运行机构，梅德韦杰夫时期的联邦安全会议就组成来看，与普京时期的基本保持一致，没有出现新的政治力量。

其次，梅德韦杰夫时期是俄罗斯国家危机风险的上升期，稳定压倒一切，现实不允许二人陷入权力斗争。作为成熟的政治家，两人都意识到，俄罗斯当前最需要的是稳定的政治局面，两人若发生争斗，势必导致政权分裂，政权安全无法保证。在权力运行层面，二人基于政治信任，微调合作，梅德韦杰夫的决策权有所上升，但普京仍然处于主导地位。这一时期普京虽然成为总理，但对最高权力的持有不仅没有下降，反倒更为巩固：一是人事任命权流向总理。普京实际掌握了新政府的组阁权，最终阁员确定是普京意志的贯彻。而从程序上看，普京获取权力的途径也比较合理，因为宪法明确规定是由总理向总统递交副总理和部长人选名单，这证明普京此举并未违宪。二是普京与统俄党联系加固。在成为总理和统俄党领袖后，普京同时获得了行政和立法两方面的最高地位。统俄党在俄各级政治中十分重要：在中央层面，统俄党是贯彻强国战略的立法保障；在地方层面，统俄党作为植入地方根基最深的代表性政党对巩固国家统一意义重

① “梅德韦杰夫称俄罗斯将会始终延续总统制政体”，http：//news. sdinfo. net/gjxw/351315. shtml。

② “梅德韦杰夫：总统制政体是俄罗斯的‘不二选择’”，http：//www. chinanews. com/gj/2011/05 –13/3040332. shtml。

大。更为深远的是，普京通过成为执政党党魁树立了国家领袖的形象。三是普京通过政府主席团的设立牢固掌握强力部门，强化政治领导。普京设立政府主席团的直接效果就是总理掌握了强力部门。另外，主席团作为辅助部门，减轻了总理的行政事务压力，也使其更为专注于领导工作。四是普京仍保有对地方长官的任免权。普京通过建立对地方长官的经济社会发展状况考核机制，实际掌握了地方长官的政治前途。

如普京所言，俄罗斯当下问题很多，特殊的权力组合有存在必要，如果国家未来能有大进步，这种轮替的权力组合则无必要，抱有共同目标才是根本所在。梅德韦杰夫也表示，鉴于俄罗斯面临的国家发展巨大挑战，梅普组合是现实佳选。从实际效果看，二人也的确配合得力，得到了多数民众的认同。可见，二人应对危机有方，有效纾解了危机带来的负面影响，缓和了社会紧张态势，起到了“减震器”的作用。

2. 加强权党党建，巩固执政根基

在维护最高层领导统一的同时，梅普二人还不断强化政权党统俄党的执政地位，确保其成为强有力的政治支柱。普京希望该党能够长期执政，以避免政治斗争妨碍强国战略的落实。通过推动统俄党党建以强化集中领导是普京的政治夙愿。为此，梅德韦杰夫提出了加强政权集中的新举措，加固统俄党的执政地位。

梅德韦杰夫对地方领导人的任命方式做出改变。在2008年的国情咨文中，梅德韦杰夫提议将地方领导人的任命方式变更为由地方议会第一大党推荐，总统进行任命。如此一来，在几乎所有地方议会都是统俄党占优的情况下，这实际上形成了一种一党主导的推荐制。归根结底，实际上是党的中央组织和地方派系通过协商来选定、推荐地方领导人的人选。这样一来，曾经是地方政治核心人物的地方领导人的职位，就被纳入了统俄党主导下的猎取官职的一部分。① 梅德韦杰夫在改革中有两条基本遵循：国家政权的权威地位不变，既定的国家发展规划不变。在此原则的指导下，2007年以来俄罗斯形成的统俄党占绝对优势的局面更加稳固了。这样，统

① 大串敦、邓青：“支配型政党的统制界限？——统一俄罗斯党与地方领导人”，《俄罗斯研究》2012年第2期，第109页。

俄党也就成为实质性领导政党。

那一时期，统俄党有着广泛的支持力量。截至2008年，该党正式登记党员约200万人，在83个联邦主体中，有76个行政长官隶属于该党。梅德韦杰夫时期的执政基础巩固与统俄党的自身党建关系密切。2008年普京接手党主席职位后，明确表示要对党员进行审查——“我们党（指统一俄罗斯党）与政权走得太近，这一点很可能被骗子利用”。该党最高委员会主席鲍里斯·格雷兹洛夫称，在进行完干部审查工作后，将有约3万人被开除出党，占总人数的1.5%。[①] 今后，统一俄罗斯党还将严格入党标准，排除投机分子。除此之外，俄罗斯领导人还希望加快政党的现代化建设。在2009年11月召开的统俄党第十一次全国代表大会上，《2020年发展战略》《普京计划》和《俄罗斯，前进!》被通过为该党的纲领性文件。同时，格雷兹洛夫表示，统俄党将带领俄罗斯人民进行现代化建设。

（二）大力反腐，维护人民利益

腐败问题一直是俄罗斯民族复兴道路上的巨大障碍，也是梅德韦杰夫和普京等领导人的心腹大患。俄罗斯的腐败难以根绝的原因有很多，其中既有在苏联解体、俄罗斯转轨的过程中，俄罗斯新贵阶层通过非法途径大肆攫取、侵吞国有资产等原因，也是俄罗斯反腐制度严重落后、监管严重缺失的后果。2000年普京执政后逐渐开始重视反腐问题，例如制定了《俄罗斯联邦反腐败法》等一系列法规，然而由于俄罗斯的腐败问题盘根错节，牵扯面很大，加之俄罗斯行政效率低下，反腐效果并不理想。

在第一、二任期间，普京虽然动用雷霆手段强势反腐，但仍不可阻止一些国家机构游走于红线边缘为己谋私，其中的官商勾结尤为典型。一项在普京离任后开展的有关其任上执政得失的民调显示，在公众看来，普京最大的成就是巩固了俄罗斯在世界上的大国地位，与之相对的败笔则是未能解决腐败问题。因此，普京在政权交接前曾数度表示，未来接班人应当“诚实、正派”，这也是梅德韦杰夫当选的重要原因。

---

① “普京下达‘清党’指示 俄执政党将开除3万党员”，http：//news. ifeng. com/world/3/200806/0612_2592_593584. shtml。

梅德韦杰夫对贪腐关注颇多。其前期的施政纲领明确把反腐纳入日后规划中。这表明新政府已认识到腐败是渗入国家政治机理的执政痛点，并下决心要予以改正，而且需要全体国家部门和社会阶层的参与。此后，新政府出台了《俄罗斯联邦反腐败计划》，设计从严格法制和规范社会生活上遏制腐败。为此，俄罗斯国家杜马还成立了专门委员会，专司制定《反腐败法》。2008 年 6 月 25 日，纳雷什金向梅德韦杰夫提交了联邦反腐败计划，共分为四个部分：第一，反腐败的立法保证，10 月 1 日前提交联邦反腐败法草案；第二，完善国家预防腐败管理措施；第三，提高法律干部专业水平；第四，实现该计划的首要措施。具体而言，梅德韦杰夫新政府对行政体制改革有如下期待：一是建立监督机制，对官员的违法行为和不作为进行有效监督；二是完善司法制度，将权力制约制度化；三是削减国家行政人员，压缩行政系统，减少官僚作风。梅德韦杰夫对腐败深恶痛绝，明确指出腐败是祸国殃民的大害，并强调要加大在经济和社会领域反腐败的力度，向人民群众大力宣扬反腐，形成强大的社会效应。由此可见，这一时期的反腐亮点在于反腐的机制构建与社会参与加强。一方面，力求建立完善的反腐败制度体系，从预防到惩治，形成一整套完备制度，多管齐下；另一方面，在公民体系中宣扬反腐败文化，形成思想高度重视、立场高度一致的社会舆论，力求从思想上堵住贪腐之源。行动落实上，则加强对反腐计划的细化，按照部门职能分工差异合理安排反腐工作侧重，使其更具可操作性。

除了出于稳定政权的考虑，在这一时期反腐还有一个目的就是为经济创新发展营造良好环境。梅普均认为，腐败和任人唯亲已成为“影响俄罗斯社会的最严重病症”，无论是对国家社会发展还是民众与政府关系，都有严重不良影响。这一时期，梅普都将反腐的重点放在掌握经济命脉的大型垄断企业上。2009 年 8 月，梅德韦杰夫下令对一批重要能源企业进行调查，包括俄罗斯石油公司等，并进一步要求司法部门等将部分工作透明化；要求各级官员自查，使“全体人员的精神和心理素质完全符合职业要求”；肃清干部队伍中的不称职者，涉及犯罪的则移交司法处置。“数字化”办公体系是新政府为打破腐败的人治弊端，提升政府运转效率而采取的改革亮点措施。2008 年 11 月，梅德韦杰夫在国情咨文中指出，2010 年会迎来政务电子化，以此作为反腐利器。时任俄罗斯通信和大众传媒部部长谢戈廖夫认为，互联网的信息公开化可以向俄罗斯人提供大量国家服务资讯，改善政府机构的服务质量，让民众免受官僚、拖拉和索贿之苦。① 自2011年开始，梅德韦杰夫公布并实行包括降低企业税费、惩治官吏腐败、提高政府机关工作效率、理顺投资管理程序、信息公开化、在各联邦区设立投资全权代表机构等在内的10项反腐措施，为日后的反腐败斗争奠定了良好基础，也是巩固政治安全的重要内容。

（三）发展公民社会，推动民主改革

民主与法制是俄罗斯“全面现代化”的两项要义。在大力推动以反腐为主要内容的行政司法体制改革的同时，梅德韦杰夫还注意到民主之于俄罗斯政治进步的意义。梅德韦杰夫将民主视为现代化的核心要素，提出全面现代化是以民主价值观和制度为基础的现代化进程。2010年9月，梅德韦杰夫在一次论坛上又指出“我们不仅坚信作为管理形式的民主，不仅坚信作为政治制度形式的民主，而且坚信民主在实际应用中能够使俄罗斯数以百万计的人和世界上数以亿万计的人摆脱屈辱和贫困”。② 梅德韦杰夫认为，民主具有一定的普适性，包含一些一般性的标准，如从法律上体现人道主义价值和理想，国家拥有保障和继续保持科技高水平，保卫本国公民免于被侵犯的恐惧，高水平的文化、教育、交流手段和沟通工具等。有关俄罗斯当代发展研究的一篇报告《民主：俄罗斯发展的模式》则认为，鉴于俄罗斯的中央—地方垂直管理模式已较为成熟，为增强经济活力，则必须为政治经济提供更多自由空间。

鉴于此，梅德韦杰夫着力建设公民社会，并将其作为民主改革的目标和执政的重要任务。他强调，政府民众应当开放交互。梅德韦杰夫设想的公民社会是有其背景依据的，即国家宏观体制已较为完善，无大规模动乱之虞。梅德韦杰夫认为，政权不是权力机构的必要条件，而恰恰是公民社

---

① “俄罗斯要用‘E政府’反腐”，http://world.people.com.cn/GB/8212/97684/97686/177885/10642528.html。

② 李兴耕摘译：“梅德韦杰夫论俄罗斯民主”，《国外理论动态》2010年第11期，第101页。

会的必要条件，公民社会的机构是发展民主和民主政治机构的核心。这种民主社会的建设，也是对西方发出的一个明确信号——市场经济和民主机制依然是俄罗斯不变的发展方向。

梅普时期，俄罗斯公民社会建设集中在两方面：转变本国国民的思想观念和改革相关政治制度。对于转变本国国民观念，梅德韦杰夫指出：专制传统的历史使得俄罗斯民众形成了一种“陋习”，即把社会和个人的发展都“指望国家、外国或某种无所不能之物，唯独不指望自己”。在《俄罗斯，前进!》一文中，他指出根除此观念的策略——“不是强迫，而是让人们相信；不是用镇压，而是要发掘每个人的创造潜力；不用恐吓，而是要让人主动产生兴趣；不要对立，而是要让个人、社会和国家利益相接近。”在推动民众思想观念的转变中，俄罗斯政府利用知识为民主生根发芽打下基础，确保人民的基本政治自由，把俄罗斯“从一切由领袖来殚精竭虑，变成汇集聪明自由、富有责任感公民的社会”。梅德韦杰夫对俄罗斯公民社会的进步前景始终抱有乐观态度，对俄罗斯将通过非暴力途径发展民主深信不疑。

在机制保障层面，梅德韦杰夫设立了发展公民社会和人权委员会，并提出了十项具体的改革措施，包括允许政党“轮流坐庄”、增强各级议会的政治影响等。2011 年 5 月 15 日，俄罗斯公布重大改革举措，规定在国家杜马选举中得票率在 5% 到 7% 之间的政党，可获 1 个议席；得票率在 6% 到 7% 之间的，可获 2 个议席。此外，梅德韦杰夫还致力于宣传方面的突破。2011 年 5 月，俄罗斯公布了保障议会政党可经由国家电视和无线电频道平等地阐释其活动的权利，同年 11 月还要求就创办官方不参与的“公共”电视频道形成提议并于次年 3 月前向他汇报。[①] 这些改革均表明俄罗斯在推动国家治理体系现代化上取得重要进展，维护了国家的政治安全。

---

① 庞大鹏：“俄罗斯政治思想的新变化——2009 年俄罗斯政治形势分析”，《俄罗斯研究》2010 年第 3 期；“梅德韦杰夫拟推政治和媒体改革”，http：//news. cntv. cn/20111231/100645. shtml。

二、经济安全领域

梅德韦杰夫当政时期，俄罗斯经济的系统性风险增大，经济安全形势不容乐观。经济安全作为国家整体安全的基石，是关乎国计民生的重要课题。世界金融危机之于俄罗斯经济的巨大风险是这一时期俄罗斯经济安全面临的难题。综合来看，这一时期俄罗斯经济安全挑战集中在三个方面：一是金融危机戕害俄罗斯经济健康。2009 年，俄罗斯一度陷入大范围经济指数两位数负增长的严峻形势，政府财政恶化，实体经济部门饱受冲击，民众生活水平骤降。二是俄罗斯经济仍受外部孤立的负面影响。由于国内根深蒂固的威权主义思想与西方国家自由主义经济理念的对立，俄罗斯始终难以享受国际经济制度的红利，在利用外资方面也乏善可陈。三是俄罗斯自身经济模式有先天不足。金融危机使得俄罗斯经济发展的结构性弱点暴露无遗，俄罗斯严重依靠能源出口的粗放发展模式在国际能源市场的动荡下显得举步维艰。俄罗斯这种外部依赖性过高的经济模式极度缺乏内生动力。

梅普二人作为最高领导人，对经济发展的不合理性已有清醒认识。2008 年，普京离任前在《关于俄罗斯到 2020 年的发展战略》的报告中指出："俄罗斯经济上未摆脱惯性地依赖能源原料……沿着这个版本，我们就不可能在提高俄罗斯公民生活质量方面取得应有的进步。更有甚者，我们势必不能保证国家的安全，也不能保障国家的正常发展，势必将使国家存在本身受到威胁。"① 梅德韦杰夫则在 2009 年表示，俄罗斯现在的优先方向是努力使经济恢复增长，同时还要使经济增长成为在更加平衡的经济结构基础上的稳定增长。② 为此，新政府一方面制定了多项计划以应对危机，另一方面为俄罗斯寻求更广阔优质的经济发展制定了详细规划。

---

① 《普京文集》，中国社会科学出版社 2008 年版，第 676—677 页。

② "梅德韦杰夫说俄优先方向为恢复经济增长"，http：//news. xinhuanet. com/world/2009 - 11/14/content_12454741. htm。

（一）认真制定应对危机计划，确保经济平稳可控

俄罗斯独立后曾遭遇两次重大经济危机：第一次是1997年亚洲金融危机，当时俄罗斯政府反应迟缓、应对乏力，最终造成大量外资流失、内外债高企以及银行挤兑、居民抢购等重大经济损失。① 第二次则是2008年的全球金融危机，此次俄罗斯政府充分吸取上次危机的教训，反应迅速，在认真分析局势后及时出台了相应的反危机方案。通过分类考察不同国家特点，俄罗斯对危机局势给出了基本判断：相比危机前经济运行基本稳定的欧美国家，俄罗斯经济本身就比较脆弱，相应地，当前经济的稳定比增长更值得关注。具体而言，俄罗斯政府更着眼于如何不落入“滞胀”怪圈，并将反危机的主要任务确定为保证就业和不发生严重通胀，维护好宏观经济基本面。为此，俄罗斯政府制定切实规划并迅速采取一系列措施，从各个层面保证经济平稳运行。

1.《2009年反危机措施纲要》及其主要措施

在这份纲要规划中，俄罗斯确定了应对危机的几个努力方向：全面履行国家对公民的社会义务，促进人力资本发展；逐步提高工业和技术的增长潜力；刺激内需，恢复经济增长；鼓励创新，调整经济结构；强化市场导向的经济制度，打破经营的结构性障碍；促进金融机制的健康运行，增强投资者信心。在具体落实中有如下体现：一是大力提升人力资本水平。俄罗斯将提升人力资源的重点放在民生与维稳两方面。新政府将两万多亿国家预算分配到养老、住房等社会福利方面，并以通胀率为依据将社会性开支科学量化；完善养老保险制度，强化药品监督保障，构建全民健康体系；助力失业救济，提高失业最高补助标准；集中专项拨款，完善保障住房建设。二是提高工业技术等经济硬件，发展实体经济。一方面，俄罗斯选择一些重点产业注入资金以振兴其发展，如汽车制造业、农林牧渔业、国防综合体等；另一方面，对中小型企业以及一批前景广阔但存在现实财政困难的联邦骨干企业也给予支持。三是完善市场机制，防止不正当竞

① “亚洲金融危机俄罗斯怎样崩溃 卢布贬值或蔓延全球”，http：//www. guancha. cn/economy/2014_12_16_303534. shtml。

争。俄罗斯为形成良性竞争环境，推动了一系列改革，如消除保护性壁垒等；严防必需品价格无端上涨；打击官商勾结式腐败；加强对有定价权认证机构的权力监督；垂直地推行简政放权；减少国家对经营活动的干预等。四是强化监管，维护金融稳定。为开源资金、拓展流动性，2009 年银行业的支撑资金增加了 4950 亿卢布，其中半数以上用于增加其本金。此外，为缓解银行贷款压力，政府对担保流程进行简化，并着手对问题银行进行整顿。

2.《2010 年反危机计划》及其主要措施

2010 年的反危机计划是在 2009 年危机得到有效控制的背景下做出的，并在优先级上做了一些调整。该计划包括三个优先方向。

第一，维持社会稳定、保障人民基本生活。为此，俄罗斯政府采取的主要措施有：提升居民养老标准，对无工作能力又困顿的弱势退休群体发放以国家最低生活保障为基础的社会补助；刺激社会购买力，在通胀率基础上提高社会补贴；增加就业，既着力通过培训提升劳动者素质，又加强国家政策倾斜以开发就业岗位。

第二，支持经济复苏。在这一方面，俄罗斯抓住企业发展和居民内需两个重点，优化本国经济结构：一是扩大信贷规模，重组企业债务。提高对企业的信贷扶持力度，提升企业竞争力。二是支持扩大内需。把汽车和建筑行业作为拉动内需的重点行业，大力扶植。三是夯实增长基础，对创新能力强的中小企业提供支持。四是重组“单一企业城镇”经济。联邦预算划拨 100 亿卢布的补贴和 100 亿卢布的地区贷款用于这些城市企业重组，创建工作岗位，实现经济多元化。

第三，启动经济现代化战略。在此，俄罗斯政府着眼发展创新经济，为创新型经济增长奠定基础。在 2010—2011 年的两年间，俄罗斯政府积极为经济体制从反危机状态向（经济现代化）过渡创造必要的条件，其中包括保持经济稳定性和激活企业竞争等。此次反危机计划是在危机背景下对经济做出的适时调整与规划，为之后的 2020 年国家战略做好阶段准备。

就梅德韦杰夫时期反危机举措的成效看，应当说政府的反危机措施基本达到了预期目标，对缓解危机发挥了重要作用，实现了总体稳定。这些成效具体表现为：一是银行系统抵御了金融风险，货币未发生大幅贬值。

由于政府的有效干预，银行整体运行稳定，俄罗斯未出现二次危机，居民储蓄信心高涨，存款率增长了27%。二是俄罗斯跟上了世界经济的复苏节奏。以西方国家为参照，世界经济在2009年第三季度开始复苏回升，与此同时，俄罗斯经济指数也在同年下半年转入增长轨道。三是居民可支配收入与农业状况基本稳定。四是重要经济指标表现突出。2009年，俄罗斯的通胀率降至五年来最低，仅为8.8%；失业率为8.4%，增幅较小；黄金外汇储备4390亿美元，仅低于2007年的最高水平。到2010年，俄罗斯的经济形势进一步好转，国内生产总值以及居民可支配收入等项目上升明显，在外贸和贸易顺差方面，增长尤为突出，2010年1月到4月，俄罗斯对外贸易顺差比上年同期大增146%，达到617亿美元。①

（二）后危机时期维护经济安全的长期规划及发展前景

2009年，俄罗斯对金融危机的应对总体成效显著，梅德韦杰夫适时指出，国家的整体方向应在此时由反危机转向实现经济现代化。上任后，梅德韦杰夫在展望俄罗斯未来经济时指出，应在10年到15年内使国家具备国际层面上强有力经济体的资格。因而，俄罗斯在保持世界能源主要大国地位的同时更应在高新技术发展上有所侧重。而今后应对经济危机的方式之一就是发展多元化经济，实现国家收入不再过多依赖能源出口。②“经济现代化”方案是新领导层为俄罗斯长远经济发展制定的行动方案，目标确定为到2020年实现建立创新型国家。有学者评价这一思路是“普京计划”和俄罗斯长期发展战略的组成部分，是经济多样化思想的延续，是发展创新型经济的替代语。③ 这一发展规划体现了俄罗斯领导人看待经济发展近期与中长期两点论与重点论结合的思想原则。

梅德韦杰夫致力于经济现代化的具体措施有二：一是组建归口总统直接管辖的经济现代化和技术发展委员会。该委员会的主要任务是：制定与

① “俄罗斯经济形势好转但未来仍有较大变数”，http：//news. xinhuanet. com/world/2010－06/19/c_12237083. htm。

② “梅德韦杰夫为经济现代化设时间表”，http：//news. xinhuanet. com/video/2009－10/12/content_12214225. htm。

③ “李中海：梅德韦杰夫经济现代化方案评析”，《俄罗斯中亚东欧研究》2011年第2期。

国家经济技术发展有关的政策；协调政学商在经济现代化方面的活动；确定国家为实现现代化而规划的优先级事项。委员会下设专门工作组，分别对相应的战略规划领域进行跟进和调整。自成立以来，总统已亲自参会20余次并做出相关决策。二是创建“斯科尔科沃”超大型集创中心。早在上任初的国情咨文中，梅德韦杰夫就提议要建设一个大规模创新研发中心。2010年，俄罗斯正式宣布启动该计划，选址在临近莫斯科的小城斯科尔科沃，并设想该中心将成为未来城市的雏形与经济改革的试验田，吸引企业、高校等研究机构入驻。据报道，斯科尔科沃的建筑设计参考了世界上很多知名科技园经验和东西方建筑文化，依照技术园研究集群的方式，各研究单元既互不干扰，必要时还可协作。①

除了推动经济现代化外，新政府的经济改革还包括其他方面的内容。其中，在国内经济调整方面：第一，深化金融改革。金融危机中银行业的稳定固然可喜，但一些结构性问题，如行业过于分散、小型银行过多、缺乏足够基本存款和风控措施等，仍需进一步改善。为此，俄罗斯一方面加紧金融立法，提高银行业门槛，在2009年初通过了《银行和银行活动法》修正案，规定从2012年起最低资本金额提高至1.8亿卢布；另一方面，俄罗斯谨慎推动国有银行私有化。2009年10月，普京明确指出“应当将私有化看作国家财政收入的一个重要来源”，时任储蓄银行行长格列夫也表示可将储蓄银行的国有股份由当前的60%降至50%。② 第二，积极扶持实体经济。如俄罗斯政府于2010年拨款1076亿卢布支持农业生产，335亿支持汽车生产。第三，改善投资环境、吸引外资。2010年2月，时任俄副总理兼财长库德林表示，俄罗斯政府已制定未来几年的行动计划，优化本国投资环境，以期吸引外资进驻——“俄罗斯政府将为投资创造最好的环境”。③ 第四，改革国企面貌，创新私有化模式。为打击垄断，提升经济多样性，俄罗斯在2011—2013年进行了新一轮国企私有化改革，填补了联邦

① “俄罗斯‘斯科尔科沃’创新园区建设构想”，http：//www.most.gov.cn/gnwkjdt/201111/t20111118_90908.htm。

② “俄罗斯经济发展预测：来自达沃斯的观点”，http：//sputniknews.cn/russia/2010012942693207/。

③ “俄罗斯财政部长说俄将努力吸引外资”，http：//news.xinhuanet.com/fortune/2010－02/03/content_12925874.htm。

预算赤字，也释放了企业的经营活力与竞争力。①

综上，在危机压力下，梅德韦杰夫政府更加坚定了摆脱原料出口的粗放型发展模式依赖、走出一条创新型可持续发展的新型经济之路的决心，并采取了一系列改革措施推动其扎根发展。但是，俄罗斯经济现代化的道路依旧艰巨，维护国家经济安全的任务仍然繁重，面临着不少障碍，如政府角色与市场角色不协调、经济制度法制化欠缺、资本技术及人力资源不足等问题，还急需克服。对俄罗斯而言，经济现代化“道阻且长”——“要使俄罗斯经济收入中非能源产品比例提高到30%—40%，还需要约15年的时间”。②

三、军事安全领域

2008年8月，俄格战争爆发。虽然俄军在几天内便取得了胜利，但此次战争中凸显的俄军建设存在的问题仍然引起了其国内有识之士的担忧。参战的众多俄军将领都提出了军队装备落后、行动迟缓、思想工作不足等问题。在俄罗斯的传统观念中，军队一直是国家安全的核心保障，强国必先强军。冷战后至今，俄罗斯一直面临来自西方的战略压力，北约东扩、反导系统以及能源争夺等问题对俄罗斯国家安全提出了严峻挑战，加强国防、增强军队战斗力仍是俄保卫军事领土安全的核心举措。为应对上述威胁，梅德韦杰夫政府一方面对军事战略进行调整，更加注重战略的务实灵活；另一方面，大力开展“重塑军队面貌”的军事改革行动，推进军事力量现代化建设。

（一）研判时代变化，制定新军事战略

俄罗斯对本国安全威胁的基本判断是军事战略制定的基本依据。2009年《2020年前俄罗斯联邦国家安全战略》及2010年《俄罗斯联邦军事学说》的颁布，是这一时期新军事战略成型的重要标志。两个文件中凸显的

① “俄罗斯明年将启动新一轮私有化”，http：//world. huanqiu. com/roll/2010－07/967724. html。

② “俄经济摆脱对能源依赖需15年”，http：//finance. ifeng. com/roll/20091013/1325286. shtml。

“战略遏制”与“灵活反应思想”是梅德韦杰夫时期新军事政策的核心组成部分。文件分别从威胁、目标、途径和优先级等方面对国家军事力量战略部署给予了清晰说明。

1. 美国和北约是主要战略威胁

将美国与北约视作俄罗斯的首要威胁这一视角直接继承了普京时期的既定观点。《2020 年前国家安全战略》明确指出，俄罗斯的最大军事威胁就是“一些主要大国奉行的旨在获得军事领域压倒性优势的政策，其中包括单方面建立全球导弹防御系统”，矛头直接对准美国。而在《军事学说》中，这样的指向就更为明确了，直接点出“北约企图通过破坏国际法准则的方式赋予本组织军事力量全球职能和通过包括东扩在内的各种方式使北约军事设施接近俄罗斯”是本国军事安全面临的首要军事危险。美国及北约未因俄罗斯在社会经济领域的改革而减缓对俄罗斯的打压，而是加紧东扩并策动俄罗斯周边国家的“颜色革命”以蚕食俄战略空间。由此，美西方战略威慑依然是俄罗斯最大的军事忧患，是俄罗斯首要的安全关切。

2. 预防全球与地区战争是主要战略目标

《2020 年前俄罗斯联邦国家安全战略》明确提出：“完善国防的战略目标在于预防全球和地区战争与冲突。”这一战略目标表明，尽管普京时期俄罗斯国力显著上升，但确保和平条件下国家的继续发展仍是俄罗斯政策的主旋律。俄罗斯军事科学院时任院长加列耶夫大将指出：“只有和平发展才能确保俄罗斯实现国家经济、技术、社会和政治现代化的主要目标。”在这种条件下，和平而不是战争是俄罗斯的优先战略目标。但需注意的是，俄罗斯在国家安全战略中仅提出要预防“全球和地区战争与冲突”，而“局部战争与武装冲突”并不在预防之列。这显然不是战略制定者的疏忽，而是反映了俄罗斯新的军事战略构想，即俄罗斯今后要打的正是“局部战争”。“俄格战争”后不久，俄罗斯启动的新一轮大规模军事改革中包括“师改旅”在内的一系列举措均显示，俄军已经放弃了以往针对大规模集团化作战的建军思路，而是要把打赢“核遏制条件下的高技术局部战争”作为军队建设与训练的长期目标，并把打赢“局部战争”本身也作为预防“全球战争和地区战争”的重要途径。

3. 加快常规武装力量建设是战略重点

常规力量是地区与局部战争的主力，也是俄军的薄弱环节。在新军事战略中，俄军遵奉的是“效率换数率”“火力换人力”的全新理念，着眼组建新的规模更小、反应更快、战斗力更强的军队。加列耶夫指出，保持常规力量的高水平战斗力和高等级战备水平是实现有效战略遏制的最重要条件，只有训练有素和战斗力强的部队才能真正地遏制对手，训练差和装备差的部队只会挑起战争。为建立更为灵活强大的常规武装力量，俄罗斯精简了军队人数及军区数量并组建西方、南方司令部，区分了军事指挥和行政职能。新一轮军事改革的主要任务除了组建常备部队外，还计划为部队更换现代化的武器与军事技术装备，如设计研发新一代战略轰炸机等。

4. “核遏制”是战略核心要素

对俄罗斯而言，核武器在对冲美西方战略威慑上是不二优选。虽然俄罗斯在常规力量上与西方的水平不可同日而语，但其在战略核武器领域不仅不落后，甚至在个别技术领域还保有领先地位。普京表示，俄罗斯在核力量现代化方面较美国占优，并有很大希望在精确制导武器领域赶超美国。美国在东欧的反导系统对俄罗斯形成巨大压力，俄罗斯的核力量对于保卫国家安全更具现实意义。新军事战略强调俄罗斯不能卷入消耗式的军备竞赛中，但“核武器仍将是预防核军事冲突以及常规杀伤性武器军事冲突（大规模战争、地区性战争）的重要因素”。近年来，俄罗斯大力加强新一代战略进攻性核武器的研制与列装工作：2010 年俄罗斯的战略火箭兵塔季谢沃导弹师第 6 个装配井式“白杨 - M”的导弹团投入战斗值班；捷伊科沃导弹师已有 2 个机动式“白杨 - M”导弹团进入战斗值班；带分导式弹头的新式“RS - 24”洲际弹道导弹已完成试验，并在杰伊科沃导弹师列装；“布拉瓦”海基洲际弹道导弹也加紧进行飞行试验。

5. “非对称平衡”是战略对抗原则

依照“战略遏制”的思路，俄罗斯将以“非对称平衡”的方式采取对抗措施，这包括两方面内容：一方面，以非对称方式对美国进行遏制，即不能光美国部署全球反导系统，俄罗斯也要部署相同规模的反导系统，那样俄罗斯就会重陷军备竞争怪圈，正中了美国的下怀；另一方面，以关键领域平衡而非完全不对称的方式遏制对手。以美部署全球反导系统为例，针对美国的战略企图，俄罗斯采取的非对称战略遏制是不谋求在反导系统方面与美国平衡，而是要在战略进攻性武器方面取得与美国的战略平衡，甚至是优势。为此，近年来俄罗斯大力加强新一代战略进攻武器的研制与列装工作，力图通过“进攻是最好的防御”来打破美国的“攻防兼备”。

6. 联盟战略成为新军事战略的重点内容

鉴于俄格冲突的教训，俄罗斯对于西方侵占自身势力范围的行为有了高度警惕。新《军事学说》第 21 条明确指出，俄罗斯把针对集体安全条约组织一个成员国的武装进攻视为针对所有成员国的侵略，在这种情况下将根据集体安全条约采取措施。从国际政治现实角度看，俄白联盟与集体安全条约组织是俄罗斯南部以及中亚区域军事安全的支柱。而俄罗斯新军事战略中的灵活性也在联盟战略中得以集中展现：一方面，对于长期性的联盟关系，俄罗斯将坚定继续加强其存在，并牢牢把握其主导权。为此，俄罗斯加紧向盟国输送战备力量，盟国也认可与俄罗斯军事合作对区域安全的“决定性作用”。[①] 另一方面，在反恐等非安全议题上，俄罗斯也为与西方国家合作保留了可能性。2011 年，美俄两国外长就共同表态应“加强反恐合作、不让恐怖分子危害到两国及别国公民、追究恐怖分子的责任是两国总统的共同目标”。[②]

7. 更加注重非军事手段的协调作用

2010 年版《俄罗斯联邦军事学说》指出，现代军事冲突的首要典型特征就是“综合使用军事力量与非军事力量及手段”。针对西方策动“颜色革命”的方式愈发间接、手段愈发综合，俄罗斯必须使用军事手段和非军事手段，并把二者结合为有机的统一体加以应对。在国家层面，有两方面内容：一是实施灵活周密、协调连续的外交政策，综合运用政治、经济及外交等非暴力手段捍卫国家利益；二是使用军事力量巩固与加强非军事手段的效能。在军队层面，军事手段与非军事手段并用将侧重以下两个方面：一是积极开展符合国家利益的军事外交、对外军事合作与技术合作、参加国际维和等行动；二是在必要的时候适当地显示军事存在，甚至是使用军事力量。

---

① “俄罗斯将继续向白罗斯提供防空导弹系统”，http：//news. cntv. cn/20120421/107530. shtml。

② “俄美就欧洲常规武装力量条约对话 加强反恐合作”，http：//www. chinanews. com/gj/2011/07 - 14/3183428. shtml。

（二）实施大规模军改，重塑军队面貌

随着世界军事潮流对新型军队现代化、机动化、职业化的要求益高，军事体制老化、武器装备落后的俄军在梅德韦杰夫政府的领导下再次开展新一轮军事改革，重点从理论指导革新、改革机构人员体制编制及武器装备更新换代等几方面入手，试图从根本上摆脱苏联的军队模式，推动军队现代化建设。

1. 改革的实施背景

2008 年 8 月，俄格冲突爆发。虽然俄罗斯赢得了战争的胜利，但是俄军的损失也出乎各方的意料，包括苏 - 25 近距离攻击机、苏 - 24 和图 - 22M 轰炸机在内的数架战机被击落。俄罗斯空军高级将领分析了其中的原因，认为：缺乏准备在俄军的指挥和控制中导致的混乱是俄罗斯空军损失惨重的主要原因；俄军情报部门未能分析出格鲁吉亚防空力量的数量、位置和能力；没有及时消灭格鲁吉亚的防空力量或者空军，俄罗斯空军应该在战争发生后就立即发起一轮空袭以瘫痪掉格鲁吉亚的雷达和侦察能力，进而粉碎其指挥和控制；此役没有理由使用图 - 22 那样的战略轰炸机。[①]然而，更多评论将俄格冲突中俄军的损失超出预期归结于俄军改革的严重滞后。鉴于此，梅德韦杰夫于战争结束后不久即下达“重塑军队面貌”的命令，称目前俄军改革迎来“重要阶段”。应当说，俄格战争是促成此次大规模军改的重要动因。而进入新世纪国际国内局势的变化则是军改的更深层次动因所在。

从国际形势来看，俄罗斯传统的三大挑战——西方敌对、能源冲突和恐怖主义，在新时期都有了不同程度的新变化，给俄罗斯的军事安全构成了巨大压力。21 世纪初，美国发动的两场在欧亚腹地的战争——伊拉克战争和阿富汗战争从两方面对俄罗斯震动巨大：一方面，在战略层面，中亚地区一直被俄罗斯视作禁脔，在北约东扩难以阻挡的情况下，这无疑为俄罗斯地缘安全再添危险；另一方面，美军在两场战争中表现出的战斗高素

---

① “俄军总结：情报部门失职致空军在俄格冲突损失惨重”，http：//www. china. com. cn/military/txt/2008 - 09/05/content_16392322. htm。

质与武器精良程度令俄罗斯高度关注。在西方国家不断策动俄罗斯周边“颜色革命”的情况下，俄罗斯与周边国家关系明显弱化。俄欧间的能源博弈愈发激烈，里海及北极地区因新能源革命兴起的能源争夺让俄疲于应对。在高加索地区，车臣问题并未完全解决，恐怖主义势力仍然威胁国家安全。从国内因素看，俄罗斯领导人注意其军队战斗力与世界先进水平正在拉大差距，不仅部队的快速反应能力低下，而且在战役指挥水平、兵种协同调动以及信息化程度等方面均存在相当多问题，严重影响了俄军维护国家安全的能力。

俄格战争让俄领导层更清楚地认识到以往的军事体制难以适应时代发展，现代化战争不再依靠数量堆砌而取得成功。普京曾说“如果军队没有前途，国家也就没有前途”，为提升战力，夺取军事现代化制高点，梅普领导层下决心进行军事改革。

2. 改革的内容特点

本次改革不同于以往，是覆盖全军各领域的深入改革。改革共分为三个阶段，计划在2020年之前结束：第一阶段的重点是裁减兵员与编制调整，后续两个阶段则重点解决官兵社保及武器装备更新问题。

首先，缩编部队、精兵减员是此次军改的要目。按军改计划，俄罗斯将把总体军队人数在2012年前由113万削减至100万，军官数则削减2/3，降到15万左右。时任俄罗斯国防部长也是军改负责人的谢尔久科夫此前曾宣布，在最近三年内（至2012年），俄罗斯海空部队裁掉半数，战略火箭部队裁减1/3，空降部队将裁减20%，而总参谋部和军官的数量也将裁减一半以上。① 从军种改革来看，陆军将由1890支部队降至172支部队及兵团；空军将由作战战略司令部、航空航天防御部队、远程战略空军司令部、军用运输航空部队司令部以及4个空军和防空司令部组成；海军规模将从240支部队降至123支，并新组建了一个水下力量司令部。从军官改革来看，裁撤重点是那些服役期满和拥有住房的军官。此外，还有3.7万名虽然没有住房但却不愿继续服役的军官也全部退役，但这部分军官今后

① “俄军队大裁员 裁掉六成军官包括420名将军”，http：//www.china.com.cn/military/txt/2009-12/23/content_19117870.htm。

均将获得住房保障。从军队结构比例来看，俄罗斯将撤销“架子部队”（一般指缺编部队，战时需要通过动员体制《预备役补充兵源才能投入战斗》），增加常备军比例。按计划，至2012年前，“架子部队”将不复存在，所有陆军将实现常备化。其次，革新指挥体制、提升快速反应能力也是重点内容。此次军改在革新指挥控制系统方面的目标是将以往僵化单一的军兵种编制改编为战略战役功能综合的混编兵团，真正实现军队的制度现代化。主要内容包括：一是指挥体系改革。俄罗斯简化了原先“军区—集团军—师—团”的四级指挥体制，简化为三级“军区—战役司令部—旅”指挥体系；二是重定军事部门职能。重定职能主要集中在总参谋部与国防部之间：总参谋部确定为指挥机构，取代三军司令部直接负责军队作战训练；国防部则负责人事后勤等文职保障工作。

再次，武器装备更新是改革的重中之重。梅德韦杰夫认为，加强武器装备建设对俄罗斯而言至关重要，要推出更具实战威慑能力的武器装备。进攻性战略武器，包括战略核武器、战略核潜艇、大型战略运输机和战略轰炸机，以及指挥通讯电子信息系统是本次武器装备的更新重点。改革突出研制装备新型战略核武器的要求，提出两个优先原则——优先研制定位系统、夜视系统和侦察系统等急需常规武器系统，优先为高加索等热点地区部队配置新型装备。俄格战争后，俄罗斯追加了下年度的国防预算，总计370亿美元，增幅达27%。① 2011年，俄罗斯宣布将在未来10年内对军队倾斜20亿拨款用于武装购置，并指出到2020年时，现代化装备将占俄军装备的70%。②

最后，改组军事院校、精简后勤人员是军改的保障性步骤。军事院校作为人才基地，是改革的重点。着眼于培养联合作战指挥人才的需要，俄罗斯将把现有军事院校改组，最后归为10个大型军事科研教学中心，全面负责军官培训与军事研究工作。改组过程中，管理人员是精简重点，不涉及教员岗位。改革后勤部门则是另一要点：根据计划，俄罗斯后勤部队将

---

① “外媒：俄罗斯将大幅增加国防预算”，http://news.xinhuanet.com/world/2008-09/18/content_10073026.htm。

② “俄罗斯将在10年内拨款20万亿卢布采购装备”，http://news.xinhuanet.com/world/2011-03/19/c_121205626.htm。

裁员万余人，后勤指挥部门将大幅瘦身。同时，俄罗斯重点改组了大量原有后勤基地仓库，成立了 34 个大型军备保障基地，并成立了“国防服务股份公司”，提供一定的商业性外包服务。

3. 改革成效与评估

梅德韦杰夫军事改革的规模力度都非以往可比，体现了梅普新政府对实现军队现代化、保障国家安全的坚定决心，也得到国内高层的认可理解，整体进程尤其是人事方面改革推进成效显著。虽然面临着利益触动范围大、金融危机影响下财政困难以及周边战略态势严峻等不利因素，梅德韦杰夫政府依然尽最大可能在军改问题上统一了各方思想，为改革提供了最大动力。2012 年 3 月 20 日，梅德韦杰夫离任前在出席国防部的一次会议上宣布，俄罗斯新一轮军事改革基本结束，目标已实现，现在拥有了崭新的军队面貌。[①] 虽然一些长期性复杂问题，如军队腐败等在此次改革中解决得不是很理想，改革过程也有反复，但此次改革的确让俄军整体面貌焕然一新，确立了符合现代化的编制体系，优化了军队结构，提高了官兵待遇，荡涤了苏联时期的陈风旧习，提升了整体士气，影响深远。

四、外交领域

外交是维护国家安全的重要手段，国家所奉行的对外政策、执行的外交路线对本国的外部安全环境会产生重大影响。梅德韦杰夫时期的俄罗斯外交基本决定于以梅普为首的俄罗斯领导层对国家安全利益的判断。梅普时期的俄罗斯外交有明显的阶段区分：在执政初期，梅德韦杰夫基本接续了普京的强势路线，强力回应了西方对俄罗斯的挤压行为，展现捍卫本国利益的决心；随着执政推进，金融危机对俄罗斯的负面影响开始显现，此时“强硬对强硬”的外交路线一方面并不契合金融危机背景下俄罗斯寻求与西方缓和的意愿，另一方面在俄格战争后外部环境恶化的情况下，也显得难以为继。此时，俄罗斯改变了强硬外交路线，转而强调灵活实

① “重塑大国形象 俄罗斯军队改革基本完成”，http：//news. ifeng. com/gundong/detail_2012_04/27/14180521_0. shtml。

用，要求外交“必须为实现现代化服务”，主动为国内发展营造适宜的外部条件。

（一）梅德韦杰夫执政初期的外交政策及其调整

梅德韦杰夫上台后，在外交领域的政策做法基本继承了其前任，即对美西方给予强硬回应，反制美西方胁迫，积极维护自身利益。这种外交强硬主要体现在以下三方面：一是在国际场合公开自己的外交立场，宣示利益所在。2008 年 9 月，梅德韦杰夫在会晤瓦尔代俱乐部会员时说，多极世界是和平的唯一出路，俄罗斯将专注建设多极世界，并在其中维护自身利益。① 在 2008 年领导层会晤外国学者的年会上，梅德韦杰夫直言“（俄格冲突后）俄罗斯的幻想彻底丧失”“俄罗斯有自己的利益区，我们要光明正大地宣告”。② 二是开始全球范围内战略反击。以俄格冲突为契机，2008 年 11 月底，梅普高调访问拉美的巴西、委内瑞拉、古巴和秘鲁四国，将触手反伸至美国身后腹地。此次访问时，俄罗斯的“彼得大帝”号核动力导弹巡洋舰还参加了同委内瑞拉的联合军演，表明其要恢复对拉美地区的影响，不再顾忌所谓的“美国后院”。③ 三是重启一系列利益宣示举措，包括恢复航空母舰和远程战略轰炸机巡航、宣示北极主权、对美国太平海军基地进行战略侦察、加速试验新型战略导弹等。就乌、格两国寻求加入北约一事，俄罗斯警告这是绝对红线，将采取一切手段阻断之。俄罗斯与美西方的对抗引起了国际社会的极大反响，所谓“新冷战”之说甚嚣尘上。④ 时任俄罗斯外交和防务政策委员会主席卡拉加诺夫认为，如果美不调整对俄罗斯的政策，那么“新冷战”将会是现实。

究其根本，这一时期俄罗斯外交姿态的强势源于前段时期俄罗斯的力量恢复。普京八年是俄罗斯走出苏联解体困境，重拾大国地位的历史关键

---

① “梅德韦杰夫说俄将在多极世界中维护自身利益”，http：//www. chinanews. com/a/20080913/002096. htm。

② “与‘梅普组合’面对面 普京直言‘决策权在总统’”，http：//news. xinhuanet. com/world/2008 – 09/23/content_10096615. htm。

③ “俄罗斯‘重返拉美’不仅仅为反美”，http：//news. xinhuanet. com/world/2008 – 12/04/content_10455260. htm。

④ 黄登学：“梅德韦杰夫外交初探”，《外交评论》2009 年第 4 期，第 103 页。

期：政治上，普京重建了政府权威，加强了中央集权；经济上，普京带领俄罗斯克服了系统性的经济下滑与经济秩序紊乱，各项经济指数企稳回升，人民生活水平显著提高；社会文化上，在中央政府的统一领导下，俄罗斯扭转了过去舆论思潮四分五裂的混乱局面，将社会各阶层共识统一到实现国家复兴上来。正是由于前一时期国力恢复，梅德韦杰夫时期才有开启强硬外交的资本，而站位不同又决定了俄罗斯的国际观发生变化，即美国影响力在下降，西方正在失去全球化进程的垄断权，单极世界难以为继。俄罗斯将利用美国国际掌控力下降的时机，发出“强大而自信”的声音，不仅要参与全球事务，更要获得规则制定权。这一对世界局势的基本判断成为俄罗斯在梅普之间一段时期强硬姿态的依据。

但从实践效果看，强硬外交路线并不如人所愿：一是由于梅普时期恰逢全球金融危机，俄罗斯辛苦开拓的经济复兴局面一度陷入困境——危机期间，俄罗斯银行与企业外债几乎与黄金外汇储备相当。2009 年，俄罗斯的国内生产总值下降 7.9%，在各新兴经济体中表现最差。金融危机促使俄罗斯反思其对外政策的基本判断。面对严峻的经济现实，俄罗斯领导层意识到西方主导国际秩序的局面短时期内不会发生根本改变，俄罗斯暂时无力与西方平起平坐。相应地，外交应当为国内复兴、为实现现代化而服务，应当本着实用原则寻求与西方的合作，而不是一味地对抗。二是强硬外交非但没有慑服周边国家，反而恶化了俄罗斯的周边环境。俄格冲突后，俄美关系跌入冰点，美国强化了对俄罗斯的地缘遏制。欧盟对俄罗斯的强硬也表现出相当程度的忧虑，在实际立场上加紧向美靠拢。周边国家更是被俄罗斯的强硬所惊，离心倾向凸显，波兰和捷克在俄格冲突后迅速与美国签署了部署反导系统协定、格鲁吉亚和乌克兰积极谋划加入北约、乌兹别克斯坦暂停参与欧亚经济体的活动，这些外部环境的负面效应也促使俄罗斯重新审视外交政策，更加强调合作妥协。

2008 年 8 月 31 日，梅德韦杰夫在索契接受电视采访时宣布了俄罗斯外交政策的“五原则”：俄罗斯尊重确定文明社会之间关系的国际法基本准则；俄罗斯认为世界应多极化，单极世界不可接受；俄罗斯不希望和任何国家对抗；俄罗斯外交政策优先方向是保护本国公民的生命和尊严；俄罗斯关注自身在友好地区的利益。[①] 新原则的出台预示着俄罗斯外交政策调整的开始。随着美国新一轮政府更替，奥巴马政府也希望缓和与俄关系，加强双边交往信任，俄罗斯重新谋划了实用主义外交，希望其能在提高现代化水平、引进先进外资与技术上更好地为国家服务。

（二）实用主义外交的内容与特点

实用主义外交是梅德韦杰夫为更好实现本国国家利益在任期内做的一次外交政策上的修正，并非改弦更张的革命性举措。梅德韦杰夫政府采取实用主义外交的初衷还是为国内发展提供稳定良好的外部环境，为实现“以发展促安全”营造“和平的、富有建设性的国际关系议程”。总体看，政策领域偏重经济方面、地域选择侧重欧美是此次调整的主要内容，而在传统的独联体、新兴经济体领域强化既有存在也是本次调整的重要关切。

1. 缓和与美西方关系，打造“现代化伙伴”关系

重启俄美关系是俄罗斯此次外交调整的重头戏。历史上，两国关系有过两次重要缓和：第一次缓和是在苏联解体后叶利钦时期，俄罗斯采取全盘西化政策，努力向西方靠拢，这种缓和最终因科索沃战争结束；第二次缓和是“9·11”后两国以反恐议题为牵引达成的合作，缓和因美国在东欧部署反导系统以及科索沃和格鲁吉亚问题争执不断而停滞。此次俄美关系“重启”不同于此前，是由美方率先提起，背景是奥巴马政府反思布什时期单边主义外交得失，希望重新推动自由主义国际议程，建立新的国家交往模式。对此，俄罗斯表示了欢迎。由于金融危机的打击和国际环境的恶化，俄罗斯也需要通过与美国缓和关系以打开外交局面，重新理顺外交关系。

俄美关系的重启进程开局良好，表现在：第一，两国高层积极互动，自上而下指引关系缓和。在2008年伦敦金融峰会期间，梅德韦杰夫与奥巴马首次会晤，发表了“重启”的标志性文件《俄美总统联合声明》，申明两国将超越冷战思维，打开双边关系新格局。时任美国副总统拜登、国务

---

① “俄总统宣布外交政策五项原则”，http：//news. xinhuanet. com/world/2008 –09/01/content_9745970. htm。

卿希拉里等人也纷纷在重要国际场合发出积极信号，强调两国关系重启之于国际社会的重要意义。[①] 梅德韦杰夫直言奥巴马上台后的俄美关系“起步很好，与布什政府时期相比，现在完全不同”。第二，“重启”有一系列实质性举措出台，不是纸上谈兵。“重启”依靠的不仅是领导人的表态言辞，更要看两国提升关系水平的实际行动。首先，两国在核裁军上率先打开局面。在裁军议题上，两国经过数轮谈判于 2009 年 7 月达成了新的框架文件，规定两国在条约生效 7 年后将各方核弹头战略运载工具的数量降为 500 件到 1000 件，核弹头数量将降至 1500 枚至 1675 枚，同时两国只能将进攻性战略武器部署在本国境内。[②] 其次，在北约东扩和反导系统部署问题上缓和明显。在反导系统部署问题上，美国步伐放缓，表示要综合评估后才能做决定，俄罗斯则投桃报李，表示将暂停在加里宁格勒部署“伊斯坎德尔”导弹。在北约扩大问题上一向积极推进的美国此次对乌克兰和格鲁吉亚两国的申请却有意放缓节奏，释放对俄罗斯的善意。另外，在阿富汗、朝鲜等地区安全热点上，俄美进一步展现合作姿态：双方签署了有关军事过境协议，允许美国经由俄罗斯向阿富汗运送物资；在朝鲜问题上，俄罗斯支持安理会通过了制裁朝鲜的 1874 号决议，并对美召开“五方会谈”的呼吁给予积极回应。

与欧盟关系的修复也是本次与西方缓和的重要内容。为了修复俄格冲突后大幅退步的俄欧关系，使欧盟真正成为俄罗斯的“现代化伙伴”，俄罗斯采取主动姿态进一步改善双边关系：一是对于德、法、意这三个欧盟“核心国”，俄罗斯给予了特殊关注。上任伊始，梅普二人就分别将德法两国作为欧洲首访国。二是对于与俄罗斯有矛盾的国家采取积极姿态化解矛盾，以赢得信任。俄波关系此前较为紧张，波兰由于总统专机坠机以及“卡廷惨案”等历史事件素来对俄罗斯不满，在欧盟对俄罗斯问题上常持消极立场，这对俄欧关系改善十分不利。为此，俄罗斯首先释放善意。在 2009 年 9 月，普京应邀前往波兰出席二战 70 周年纪念活动时表示，俄波

---

① “奥巴马‘重启’美俄关系之行”，http：//news. xinhuanet. com/world/2009 – 07/09/content_ 11678688. htm。

② “俄美就削减进攻性战略武器问题达成共识”，http：//news. xinhuanet. com/world/2009 – 07/07/content_ 11664132. htm。

两国应吸取教训向前看，努力将两国关系提升到应有水平。2010 年，俄罗斯就“卡廷事件”向波兰正式道歉，并向波方移交所有相关档案，赢得了波兰的认可。三是对于能源合作和安全机制两项争议较大的双边议题，俄罗斯也有新的举措出台：能源方面，俄、法、德三国在“北溪”天然气管道建设管理上取得共识并达成协议；在安全机制方面，俄罗斯在 2009 年正式推出新的《欧洲安全条约草案》，强调欧洲安全的整体性和平等性，主张“共同的”欧洲安全；在 2010 年 6 月召开的俄欧峰会上，俄欧双方对建设“现代化伙伴关系”计划表示了初步认可；在同年 10 月的俄法德峰会上，三国重启“三驾马车”磋商机制，并就“北约新战略”提前协调立场，被赞赏为“一场真正的政治转折”。[①]

应当说，此次外交调整声势较大，引起了广泛的国际关注。梅德韦杰夫看重美西方对于俄罗斯发展的机遇作用，明确表示要与其结成“特殊的现代化同盟”，甚至将外交优先级做了调整，将欧盟和美国分列在第一、二位。但就实际成效而言，此次俄罗斯的外交努力成果十分有限：一方面，俄美关系“重启”步履维艰。虽然两国此前在削减进攻性战略武器方面取得进展，但民主政治观迥异、地缘政治利益相斥和战略互信匮乏使得“重启”难以为继[②]。另一方面，欧盟对俄罗斯的高调示好也并未立即接纳，而是审慎待之：对俄罗斯提出的加强合作的有关倡议，欧盟更多地是口头支持，在俄罗斯关心的热点议题，如欧洲安全机制、俄罗斯公民赴欧免签等方面，未见实质性举措；与之相反的是，欧盟对自身的“东部伙伴计划”则表现出极大热忱，不断强化与东欧国家联系，同时继续强调北约之于欧洲安全的重要意义，甚至公开表态支持乌克兰加入北约，并要求俄罗斯放弃承认阿布哈兹、南奥塞梯独立。由此看来，战略利益的分歧使得俄罗斯与美西方关系复杂矛盾，“重启”只是暂时缓和了原本激化的对抗局面。2013 年底，乌克兰危机的爆发无疑是对俄罗斯与美西方关系缓和难以持久所做的现实注脚，也更加印证了这种“以利而聚”的权宜之计始终

① “法报：俄法德峰会欲打造欧洲‘三驾马车’”，http：//news. xinhuanet. com/world/2010 - 10/18/c_12669362. htm。

② 张建、周琪：“奥巴马第二任期美俄关系论析”，《世界经济与政治》2016 年第 11 期，第 86 页。

难以转变为更深远的战略合作机制。①

2. 加强对独联体地区的主导控制，巩固传统利益区

独联体地区一直是俄罗斯的周边首要关注，也是外交优先考虑。长期以来，俄罗斯不遗余力地推动独联体经济与防务一体化，目的就在于维护自身对其的主导。在此轮外交调整中，独联体地区的优先地位展现得更为明显。俄格冲突和东欧各国的独立性增强使俄罗斯意识到独联体与俄罗斯的强国命运不可分割，必须牢牢抓住该地区。为此，俄罗斯采取多种措施来强化与独联体国家的关系。

经济方面，俄罗斯通过欧亚经济共同体增强独联体凝聚力。在独联体地区整合资源影响，通过经济一体化带动整个欧亚地区的联合并形成俄罗斯对该进程的主导是俄罗斯不变的外交方略。2008 年 12 月，俄罗斯推动欧亚经济共同体成员国在莫斯科签订了鼓励和相互保护投资的相关协定，以期尽快实现区域内各国资本自由流动，并提出建立共同能源市场的构想。金融危机后，俄罗斯不断强调欧亚经济共同体应作为一个整体应对危机，设立了资本总额达 100 亿美元的反危机基金，其中俄罗斯出资 75 亿美元。2009 年 12 月，俄罗斯正式启动“独联体国家创新合作计划”，力争通过该计划提高相关国的经济效能。2010 年 7 月至 2011 年 11 月，俄罗斯与哈萨克斯坦、白罗斯等国相继建立了关税同盟，并举行了三方领导人会晤，决定于 2012 年正式实现三国间商品、劳务、资本及劳动力的自由流动。② 同时，俄罗斯在能源领域也继续深化与中亚国家的合作，努力保持对这些国家能源运输的有效影响。政治方面，俄罗斯对欧亚国家的亲俄领导人大力扶持，以争取自身对欧亚地区的主导性政治影响。在 2010 年初乌克兰总统选举中，俄罗斯积极帮助亲俄候选人亚努科维奇赢得大选，为俄罗斯巩固对乌克兰的政治控制打下了深厚基础。同年吉尔吉斯斯坦发生“4·7”事件后，普京及外交部副部长卡拉辛都向吉临时政府总理奥通巴耶娃表示，俄罗斯会尽力采取措施协助其稳定国内局势。军事方面，2009

---

① 傅勇：“俄美关系‘重启’的战略分析与借鉴”，《现代国际关系》2010 年第 9 期，第 52 页。

② “俄倾心打造欧亚经济联盟的深谋远虑”，http：//news. xinhuanet. com/world/2011 - 12/03/c_122370579. htm。

年2月在俄罗斯的推动下，集安组织成员国首脑在莫斯科举行的特别峰会上一致同意建立快速反应部队，用于抵御新型安全威胁。梅德韦杰夫表示这支部队在战斗力上将“不次于北约”。①

以独联体国家间的团结程度和俄罗斯在其中的主导地位来衡量，俄罗斯此次外交调整的成效是显著的，与独联体各国都有不同程度的关系加强：就俄乌关系看，亚努科维奇当选总统后，双边关系迅速升温。2010年4月，亚努科维奇签署命令延长俄罗斯黑海舰队在乌克兰的驻扎期限，同时俄罗斯以30%的优惠价格向乌克兰提供天然气；就俄亚关系看，2010年3月，亚美尼亚外长宣布俄罗斯在亚北部久姆里地区设立军事基地的驻军将延长至2044年，并“与亚美尼亚武装一起为亚美尼亚提供安全”；就俄阿关系看，两国在能源领域合作进展突出。2010年1月，俄罗斯提出拟购买阿塞拜疆出口的所有天然气，极大巩固了两国的战略合作关系。

3. 加强与新兴经济体协作，增强对国际事务影响

俄罗斯是新兴经济体的重要一员，金砖机制则是俄罗斯加强与其他新兴经济体合作的重要平台，而首次金砖国家领导人正式会晤更是在俄罗斯举办。梅德韦杰夫本人高度重视金砖机制，指出金砖内合作是俄罗斯的外交优先项。2011年4月梅德韦杰夫在金砖会议期间表示，他不认可“金砖国家”是一个松散或拼凑出来的概念的观点，相反，金砖国家是不可或缺的交流渠道与完全成熟的运作机制。② 在俄罗斯看来，“金砖国家”机制是开展多极外交、推动建立多极世界的重要平台。未来，金砖机制将更加完善，有助于俄罗斯与其他发展中国家在国际立场上的协调。这种联合既建立在传统的次地区或地区的基础之上，又是相当广泛的。③

其次，中国在这一时期的俄罗斯外交中更受重视。梅德韦杰夫时期，俄罗斯延续了普京时期的对华友好政策，在其就任半月后即对中国进行国事访问，充分展现了对中国的重视。政治方面，俄罗斯再次强调了中俄战

---

① “俄总统：独联体组织快速反应部队不次于北约”，http：//news. xinhuanet. com/mil/2009－02/05/content_10765946. htm。

② 蔡同昌：“俄罗斯人如何看待‘金砖国家’”，《俄罗斯中亚东欧研究》2012年第1期，第90页。

③ 同上。

略协作伙伴关系的重要性，并就反恐等问题达成了重要共识。2010 年 9 月，中俄领导人签署了《中俄关于全面深化战略协作伙伴关系联合声明》，强调在关乎国家主权、领土完整等原则问题上相互支持，加深彼此的信任与支持，共建国际社会新秩序。经济方面，两国在应对危机上展开紧密合作，仅在 2009 年就进行了五次会晤。两国还在能源、航空、电力等多个领域加强了合作，签署了大型能源协议，并着重助力双边经贸发展。人文交往方面，由于梅本人酷爱中国文化，两国在其执政期间有许多标志性文化交往事件，如首次访华期间在北大发表演讲、邀请汶川大地震受灾学生赴俄罗斯疗养等，两国人民友谊进一步升华。

再次，亚太地区获得高度重视。近年来，随着亚太地区的国际影响力日益扩大，其在俄罗斯外交战略中的地位也不断提高。俄罗斯有媒体明确宣称“全面走向亚太地区是俄罗斯辉煌未来及西伯利亚和远东地区发展的最重要砝码”。[①] 俄罗斯认为，亚太地区是世界经济增长最快的地区，在抵御金融危机方面表现突出，若俄罗斯积极参与亚太事务，必将为俄罗斯实现现代化带来机遇。经济方面，俄罗斯一是要搭乘亚太的发展快轨促进国家经济转型升级，二是要把俄罗斯的高技术产品推向亚太。俄罗斯在远东开发的国内发展议程中嵌入亚太导向，认为应把远东开发作为其亚太布局的关键。2010 年初，俄罗斯政府批准《远东和贝加尔地区 2025 年前社会经济发展战略》，提出将大力强化地区基建，提高地区产能输出，强化与亚太的经济联系。[②] 政治方面，俄罗斯在构建稳定有序亚太政治机制方面表现积极。俄罗斯设想在亚太地区能够形成类似“赫尔辛基进程”的中美俄三国安全模式，提高彼此在高政治领域相互了解，促进共享安全。[③]

最后，利用国际机制发声，提升国际影响力。梅德韦杰夫时期是俄罗斯国力上升期，希望国际政治经济格局多极化发展的意愿强烈，同时期待对国际事务拥有独特影响，巩固外部环境稳定。这一时期，俄罗斯加强自

① 李新：“试析俄罗斯亚太新战略”，《现代国际关系》2013 年第 2 期，第 13 页。

② “俄罗斯融入亚太宏大设想与模糊身份”，http://world.people.com.cn/GB/57507/15484615.html。

③ ［俄］季塔连科：“建立俄中美三方对话机制 促进东北亚国际关系‘升级’”，http://www.cssn.cn/ddzg/ddzg_ldjs/wj/201008/t20100802_804835.shtml。

身国际影响的途径主要有二：一是依托各种国际机制发挥作用；二是针对全球热点问题建言献策，积极参与解决。就前一项途径而言，在2009版的《国家安全战略》中，俄罗斯明确提到将加强G8、G20等国际框架，并利用好其他机制的作用。2009年以来，俄罗斯积极参与G20、G8和APEC等峰会，就国际金融体系改革、共同应对金融危机等问题提出了许多建设性意见，赢得了国际社会的赞赏。就后一项途径而言，俄罗斯在诸如阿富汗问题、朝核问题等多项国际热点问题上都积极开展“危机外交”“穿梭外交”等，展现了自身的国际影响力。在国际合作上，俄罗斯允许美国借道向阿富汗运送物资，并要求在俄罗斯—北约理事会上就该问题设立专门合作机制。在朝核问题上，俄罗斯坚持在六方会谈的对话轨道上解决相关问题。2009年4月，时任俄外交部副部长的里亚布科夫说，俄罗斯认为必须将朝鲜“留在朝核问题谈判轨道内”，并将就有关问题与奥巴马政府进行“密切而认真”的对话。[①] 此外，俄罗斯对非洲的外交投入也值得关注。2009年6月，梅德韦杰夫出访非洲四国，重点谈论了双方在能源、经贸领域的合作。2010年12月，在东非重镇亚的斯亚贝巴举办首届俄罗斯—非洲实业论坛的同时，俄罗斯还向一些非洲国家开展军售以增强影响力。[②] 2010年4月，俄罗斯与阿尔及利亚和乌干达各签订一份“苏－30MK”系列战斗机出口合同，合同总金额估计达10多亿美元。[③]

总体来看，为了实现本国安全利益，梅普新政府审时度势，在政治、经济、军事及外交各领域都采取了适应时代发展变化、顺应国情的改革举措。在2009年新版《国家安全战略》的规划指导下，这些措施在巩固俄罗斯内外安全环境方面都发挥了有效作用：对内，俄罗斯在政治上整肃吏治，加强团结，强化了中央力量，在经济和军事两方面则大力推动改革，加速现代化；对外，俄罗斯调整了外交资源配置优先级，努力协调对外政策以配合国内改革发展需要，在推动与美西方关系改善的同时，又顾及了

① “俄官员认为必须将朝鲜‘留在朝核问题谈判轨道内’”，http：//news. xinhuanet. com/world/2009－04/23/content_11238389. htm。

② “俄报：俄罗斯重返非洲市场”，http：//news. xinhuanet. com/world/2011－12/21/c_122458995. htm。

③ “俄罗斯与非洲国家签订军售大单”，http：//news. xinhuanet. com/2010－04/05/c_1218226. htm。

传统独联体利益区和与中国等大国关系，并且利用各种途径增强自身国际影响力。综上所述，梅德韦杰夫时期俄罗斯国家安全战略实践的基本思路是“在发展中求安全”，强调国家安全应建立在公民社会的发展和经济竞争力的提升上，国防和外交都应为这一国家安全的根本保障而服务，这一思路既是这一时期俄罗斯维护国家安全各项战略举措的总特点，也是理解这一时期俄罗斯国家安全战略实践的重要指引。

第四节　梅德韦杰夫国家安全战略实践的影响

在主政的四年中，梅德韦杰夫政府为应对新形势下国家安全面临的诸多挑战，由内而外创新了维护国家安全的诸多手段。对内，在贯彻“普京路线”的同时，强调彻底革除政治经济的体制积弊，实行“全面现代化”战略；对外，在坚决维护国家安全核心利益的前提下，强调外交应服务于国内发展，通过缓和与合作优化自身国际环境，提升国际地位。这些新措施对俄罗斯国家安全实际状况有着深远影响，并塑造了其国家安全的基本态势。

一、对国内安全的影响

梅德韦杰夫政府看到了政治经济上旧有弊病对国内安全的潜在危害，意识到实现国内现代化发展是保障国家安全的根本之策。在反金融危机背景下，俄罗斯在经济、政治以及社会文化等方面大力推动改革，向长期阻碍国家发展的顽疾发起冲击，取得了令人瞩目的成绩。

（一）政治安全方面

梅德韦杰夫时期的政治安全挑战是与金融危机下经济安全遭受严重威胁相伴而生的。金融危机下经济严重滑坡加剧了社会大众对政府的不满，梅德韦杰夫的执政地位与执政能力面临考验；普京时期遗留的腐败问题长期阻碍俄罗斯的进一步发展，也是减损民众对政府信心的重要因素；政治民主化进程亟待推进，制度改革需要继续推进。为维护政治安全，梅德韦杰夫政府以强化政权安全为主要抓手，依托党建、反腐与打造公民社会三项措施，全面巩固了政治稳定，赢得了民众赞赏。

首先，梅普之间求同存异形成的“最高合作”维护了高层政治团结，奠定了政治安全的首要基础。政治安全的核心是政权安全，执政力量的坚定有力是政权安全的必要保障，而高层领导人的团结合作则是执政力量坚定有力的首要保证。梅德韦杰夫上台后，在发表的政治意见与实行的改革措施中的确有一些与普京的想法有出入，但两人却没有把对具体问题的意见分歧过度带入政治生活中，有效维护了高层政治团结，这种团结主要表现在两方面：一是两人具有高度责任感，对国家基本政治制度有高度认同。梅普二人均认为，俄罗斯是需要强力领导人的国家，强大的总统制是确保国家统一的基础。① 正是发自对国家责任感的政治认同决定了两人的意见分歧基本只限在技术层面，而不会发展为政治分裂。二是两人具有突出的政治智慧，巧妙化解了分歧。两人在发表自身观点时都不忘适当联结另一方观点，给人政治层面的一致印象：梅德韦杰夫在提倡建立公民社会的同时承认国家对保障公民社会的基础作用，较为含蓄地肯定了普京国家主导建设的观点；而普京在肯定斯大林卫国功绩的同时批判其残酷镇压民众的治国方式“不可接受”，也暗中呼应了梅德韦杰夫人本主义的治国理念。② 客观来看，两人高度的政治互信和在实际执政过程中的互谅合作从根本上保证了俄罗斯国家政权的稳固，新政府的民意支持率维持相当水准，有效缓解了危机带来的紧张不安。③

其次，对腐败行为的严厉打击改善了政府形象，增强了民众对政府的好感，同时还可以提升政府工作效率，为经济模式的创新发展创造了有利环境。梅德韦杰夫将反腐败作为一项国家工程着力打造，在立法和惩处两

① 陆南泉：“梅德韦杰夫的价值观”，http：//theory. people. com. cn/GB/15884147. html。

② “普京对苏联历史及苏联解体的评价”，http：//www. china. com. cn/xxsb/txt/2007－04/17/content_8129109. htm。

③ 俄罗斯战略评估课题组：“俄罗斯在危机中调整发展思路”，《现代国际关系》2010 年第 3 期，第 40 页。

方面推动反腐工作标本兼治。2012年前9个月，俄罗斯联邦调查委员会为2.07万起腐败性质的案件立案，比2011年全年还多7000起。[1] 大力反腐有助于领导层重获民心，在2012年时任俄罗斯国防部长的谢尔久科夫因腐败问题落马后，普京的支持率就应声上涨。[2] 反腐还可以通过整肃吏治扫清国家部门体制中阻碍改革的落后因素，为经济现代化进程提供良好环境，推动政府自我革新。在大力反腐的语境下，大型企业中浪费严重、效率不高等问题得到集中整治；借反腐之机，俄罗斯加快了办公数字化建设，倒逼行政部门自我革新。

最后，建设公民社会、推动民主改革顺应了“全面现代化”的历史潮流与战略需要，清明了政治风气，巩固了政权党主导地位。梅德韦杰夫将建设公民社会作为任内的重要政治工程，致力于塑造国家与社会间开放互动式关系，强调公民的个体价值而非“领袖决定一切”的僵化模式。在制度供给上，梅德韦杰夫一方面推动统俄党自身党建，强化党内民主改革，增强竞争力；另一方面则推动议会制度改革，放宽政党准入门槛，引入竞争机制，缓和了政治压力。

（二）经济安全方面

金融危机及其连带效应对俄罗斯经济造成的严重打击成为梅德韦杰夫政府最紧迫的经济安全威胁，同时也警醒新政府必须重视当前经济发展模式的粗放脆弱问题。由此，梅德韦杰夫政府维护国家经济安全的实践一部分集中在当下反危机的即时举措，另一部分则着眼于改革国家经济管理体制和经济发展方式的长远规划，两方面实践都切实有效地保障了经济安全。

就即时的反危机举措看，这些举措减缓了危机的危害程度，保障了国家经济金融体系的稳定。梅德韦杰夫新政府的反危机思路是“舍速求稳”，力求稳定宏观经济运行的基本面，防止金融危机扩散恶化为社会整体性危

① “俄罗斯反腐记”，《新民周刊》2013年第21期。

② “俄大规模反腐为重赢民众信任”，http：//news. xinhuanet. com/world/2012 －11/30/c _124024973. htm。

机。由此，俄罗斯反危机的重点放在了稳定物价、促进就业和系统建设银行等基础性金融部门等方面。这些举措基本达到了预期目标，在抑制通胀、增进就业等方面成效明显，梅德韦杰夫本人也对保证经济运行稳定表示了信心。① 在实行反危机举措后，国家金融系统未发生崩溃，外汇基本保持稳定；经济增长在2009年下半年转入正值；居民实际可支配收入保持稳定。可见，在金融危机的严峻形势下，合理有序的反危机举措保证了宏观经济始终处在可控范围内，有效防止了苏联解体后类似系统性国家危机的出现。

就改革经济管理体制和经济发展方式的长远规划看，梅德韦杰夫新政府以社会导向型“智慧经济”取代原料导向型能源经济和推行国企新私有化的做法有力推动了经济现代化进程，有助于解决俄罗斯经济发展不可持续的结构弊病，提高经济竞争力，为俄罗斯未来经济发展方向提供了基本指导。在经济管理体制上，俄罗斯适度引入民资外资平衡国有企业投资结构的措施既弥补了财政收入不足，又增强了企业经济活力，还促进了中小企业发展。在创新经济发展方式上，俄罗斯将发展重点放在知识、创新和高科技三方面，确立了五大创新重点领域。这些立足于长远的举措一方面倒逼金融监管体制改革，提高了央行对经济活动的监管能力，净化了金融系统，改善了投资环境；另一方面推动了俄罗斯经济向现代化迈进，有助于政府积极参与国际金融体系重构，提升俄罗斯经济的国际竞争力和影响力。

综上所述，梅德韦杰夫时期俄罗斯政府维护国家经济安全的实践体现了俄罗斯领导层标本兼治、远近皆顾的思路原则，在维持国家宏观经济稳定、优化经济管理体制和推动经济发展方式转变等方面发挥了重要作用，从“近”（有力应对危机，保证经济运行可控）和“远”（通过体制改革和发展方式转型推动经济现代化与可持续发展，增强经济活力）两方面，有力地维护了国家经济安全。

---

① “梅德韦杰夫：为经济定方向”，http：//finance. people. com. cn/GB/13361626. html；“俄总统梅德韦杰夫要求政府致力于解决就业”，http：//news. cntv. cn/20110216/103028. shtml。

（三）社会文化安全方面

社会文化安全一直是俄罗斯领导人的重要关切。随着普京时期俄罗斯国力的恢复，社会文化安全方面出现了一些新问题：俄罗斯传统文化遭遇传承困境，面临西方文化的冲击；国家现代化进程所需的创新型人才供给不足，教育体系落后于时代；民族问题依然突出，缺乏凝聚各民族力量推动国家建设的共识；人口生育率常年低下，人口难以支撑国家长期发展需要等。

对于俄罗斯传统民族文化的传承困境，梅德韦杰夫政府注重加强本国文化和外国文化的交流互鉴以增强本国文化的吸引力，同时吸收其他民族文化的长处，以推动民族文化与时俱进。梅德韦杰夫政府在推动文化交流互鉴方面着力颇深，尤为突出的是与中国互办“国家年”活动，推动了中俄两国文化理解的加深，同时推广了俄罗斯文化，在发展中求得文化的“开放式安全”。此外，普京作为国家领导人带头维护东正教信仰也起到了增强民族凝聚力、维护国家核心文化价值的作用。[①] 对于创新型人才不足的问题，梅普提出了“终身教育”“精英教育”等改革方案，革新了教育理念，在软硬件上对教育体系进行现代化改造，为推动创新型教育的普及深入打下了制度基础。[②] 对于国内民族矛盾，梅德韦杰夫主张改善当地社会条件根除暴力土壤而非一味武力打击的做法也对弥合民族分歧、化解社会矛盾有所助益。此外，人口安全也是梅德韦杰夫关注的社会安全热点，其政府鼓励生育、扶持年轻家庭和多子女家庭等政策使得俄罗斯民众生育抚养后代意愿增强，有助于俄罗斯摆脱人口危机，实现人口安全。

二、对国际安全的影响

这一时期，梅德韦杰夫政府安全政策的最大特点就在于弱化意识形态

---

① 王正泉：“普京与东正教”，《百年潮》2008 年第 8 期，第 45—46 页。

② 樊英波、李雅君：“延续与创新：梅德韦杰夫的教育思想解读”，《俄罗斯文艺》2009 年第 4 期。

作用和实用主义导向，因而俄罗斯在处理外部关系时手段方式更为灵活，更加强调外部安全的重要性。相较于国际上对俄罗斯“争强大国”的固化传统认知，这一时期俄罗斯的国际安全姿态更趋缓和，形象更易被接受，许多主张如建设“多极世界”等获得了支持与认同。这些调整改变对地区安全局势和全球安全格局均产生了重要影响，俄罗斯作为一负责任大国，并能为国际安全做出应有贡献的形象有所加强。

（一）对地区安全局势的影响

在新版《战略》中，俄罗斯认为“从集团对抗向全方位外交原则的转变以及俄罗斯的资源潜力及其使用的务实政策使俄联邦巩固其在国际舞台影响力的能力得以扩大”，这为俄罗斯的外交奠定了务实的总基调。同时，新版《战略》还继续强调能源在国际局势变化中的重要角色，提出要关注中东、北极等新老能源热点地区，这又暗示了这一时期俄罗斯外交还将以能源为主要杠杆，并点出了特别关注的区域。梅德韦杰夫针对不同区域俄罗斯的国家利益，对俄罗斯的外交地区优先级以及外交手段都做出了调整，对地区安全格局产生重要影响。

首先，独联体地区始终是俄罗斯最重要的地区关切，梅德韦杰夫政府借金融危机加强对独联体地区经济、政治及军事的全方位联系的做法巩固了俄罗斯在独联体的战略存在，加强了独联体国家的彼此团结，维护了俄罗斯在独联体地区的主导地位。由于独立后国力长期不济，俄罗斯对独联体地区一直缺乏足够吸引力，后苏联时代作为俄罗斯传统利益区的独联体与俄罗斯渐行渐远，而北约欧盟“双东扩”的强力挤压更使得俄罗斯下决心调整姿态以真正主导独联体地区。俄罗斯在独联体地区的国家利益主要是确保国家安全的地缘政治结构完整，防止北约东扩渗透和独联体国家内部发生“颜色革命”或由亲西方势力主导。[①] 梅德韦杰夫政府对独联体地区施加影响的路径是多元的，涵盖了政治支持、经济合作与援助、军事共建共享等多方面。从政策调整与实施效果看，这一时期俄罗斯在独联体地区有许多突破进展，周边环境得到明显改善。政治上，俄罗斯采取果断措

① 黄登学：“梅德韦杰夫外交初探”，《外交评论》2009 年第 4 期，第 108 页。

施控制了相关国家的离心倾向，维护了俄罗斯的地区权威。在这方面的典型案例是渴望加入北约的格鲁吉亚和乌克兰。对于格鲁吉亚在南奥塞梯问题上的挑衅，俄罗斯用战争予以重击，向世界昭告自己维护核心利益的决心，也对其他独联体国家产生震慑。对于乌克兰政局，俄罗斯明确表态支持亲俄派上台并给予其实际支持，在其成功上台后则获得了丰厚的政治回报。经济上，俄罗斯推动欧亚经济一体化建设既带动了双方的共同发展，又加深了彼此依赖，而且还通过一系列反危机援助赢得了对象国的信任与好感。军事上，集安组织快反部队的建立、大规模军演的举行以及一系列军事援助不仅加强了独联体国家间的防务联系，也侧面强化了俄罗斯对独联体的军事主导，为地区安全提供了坚实保障。总的来说，梅德韦杰夫政府的政策目标是巩固独联体的既有安全模式并加强俄罗斯的作用，通过带动独联体地区发展、强化纽带联系以实现地缘政治抱负，而这些目标在这一时期已基本得以实现。

其次，亚太安全局势也因俄罗斯的外交调整而出现新变化。近年来，亚太地区因国际政治经济地位提升而愈发成为世界关注焦点，各国都希望参与到亚太事务中来。这一时期俄罗斯也顺应潮流制定了自身的亚太战略，在政治上希望能借地区安全热点发挥有效政治影响，提升国家地位；在经济上希望搭乘亚太高速发展列车，开发远东地区，分享经济红利。俄罗斯将外交重心向亚太倾斜的地区安全效应有：一是对冲了美国“重返亚太”的战略转向，平衡了地区安全结构。奥巴马政府“重返亚太”的战略举措刺激俄罗斯加快制定自身的亚太战略，与美形成了制衡。二是密切了与中国的战略联系，维护了地区大国的平衡。① 中俄走近是基于美在亚太施压中国的客观现实，两国战略协作关系的稳固深化有利于推动建立必要的亚太大国协调。三是积极参与地区安全热点问题解决，彰显了负责任大国形象，有助于地区和平与稳定。

再次，在中东地区，俄罗斯谨慎灵活的战略部署促进了地区和平安定。中东地区在俄罗斯的全球战略中虽已不是优先方向，但依然保有相当

---

① 邢广程：“俄罗斯亚太战略和政策的新变化”，《国际问题研究》2012 年第 5 期，第 107 页。

关注。事实上，俄罗斯在中东地区的战略目标就是着重保持该地区的总体稳定，防止域外大国单方面掌握战略主导权，保障俄与地区各国的正常交往，促进双边经贸合作稳定发展。① 梅德韦杰夫时期恰逢“茉莉花革命”爆发，整个中东陷入政治乱局，俄在冷静研判局势的基础上对利比亚问题、叙利亚问题和伊朗核问题等都采取了较为客观的立场，推动问题的和平解决，反对域外大国势力过度干预。中东地区的安全局势并未因俄的参与而恶化，反而起到平衡美西方干预，维护地区力量总体平衡的作用，有效维护了地区和平。

最后，拉美地区在新形势下与俄罗斯的战略接近为地区安全前景带来了变数。拉美和俄罗斯在这一时期都对美国的政策有所不满，双方在战略利益契合的情况下开始战略接近。俄罗斯在拉美地区积极开展能源外交和军事外交，拉美国家也对俄罗斯的示好予以善意回应，双方互动密切。虽然这种互动包含了双方对抗美国的战略考量——俄罗斯希望借助拉美扩大地缘政治影响，牵制美在东欧的攻势；拉美希望引入俄罗斯平衡美对自身的干预和自身对美的依赖，但由于双方实力有限以及拉美地区本身的一体化愿景等阻碍因素，这种战略接近缺乏长久性与稳定性。虽然一段时期内美洲的地区安全局势会出现些许变动，但该地区以美国为主轴的战略安全格局不会发生根本变化。②

综上，基于俄罗斯国家安全战略的调整，梅德韦杰夫时期俄罗斯整体外交实践变化显著，并对地区安全局势造成了重大影响。总体来说，俄罗斯的安全战略实践对地区安全局势的影响有如下特点：第一，俄罗斯的安全战略实践在国家利益导向下也积极维护了地区安全稳定，没有成为地区安全的不稳定因素；第二，随着国力的上升，这一时期俄罗斯对战略优先地区的安全实践表现强烈，对地区安全局势的塑造作用也越发突出；第三，因为国力恢复水平还不够，上述塑造作用边际递减特征突出，即优先级越靠后的地区这种塑造作用越弱。

---

① 王郦久：“俄罗斯的中东战略和政策评析”，《亚非纵横》2012 年第 3 期，第 35 页。

② 赵隆：“新形势下俄罗斯拉美战略的调整”，《西伯利亚研究》2009 年第 3 期，第 31—33 页。

（二）对国际安全格局的影响

俄罗斯是世界重要大国、联合国常任理事国之一，同时拥有超强的军事力量，其安全实践调整会对国际安全格局产生重大影响。由于国际安全格局一般由大国安全互动态势所决定，俄罗斯因安全实践调整而带来的与其他大国安全关系的变化则成为该时期俄罗斯影响国际安全格局的主要方式。梅德韦杰夫时期，俄罗斯政府在对外安全实践上呈现出务实灵活的特点，与各大国的安全关系产生了显著变化，对国际安全格局也造成了多样影响，具体而言：

俄美关系“重启”缓和了东西方对抗局势，欧亚地区的地缘政治博弈趋向平和，国际安全格局尤其是核安全结构得以再度保证。梅德韦杰夫执政时期最重要的安全战略调整莫过于对美关系的重启与修复。普京第二任期内的美俄关系因北约东扩和反导系统部署等问题而一直处于紧张状态，到2008年俄格战争爆发几乎彻底陷入停滞。对两国的新政府而言，双边关系发展停滞都不是明智的选择：奥巴马政府需要俄罗斯配合其调整全球战略，实现自由主义议程，并将俄罗斯更好地纳入国际社会；而梅德韦杰夫政府在实现国内现代化发展上也离不开美国的推动。因而，两国关系重启有一定客观性。在此次俄美关系重启中，美国方面主要是实现“三个暂停”——暂停对俄罗斯民主化活动、北约东扩进程以及东欧反导系统部署；俄方则同意削减战略核武器和制裁伊朗。这些措施有效缓和了欧洲安全局势，缓阻了东西方安全结构零和性的进一步发展，尤其是对国际核安全问题而言，俄美达成的《第三阶段削减进攻性战略武器条约》确保了两国的核战略稳定，对国际核不扩散机制的强化和核安全结构稳定意义重大。①

俄欧关系缓和，欧洲安全秩序的紧张状态得以部分疏解，但没有在构建新安全结构上取得实质突破。随着俄美关系重启，俄欧关系也出现松动，摆脱了对彼此高度戒备的紧张状态。梅普上任之初首先对法德等西欧

① 傅勇：“俄美关系‘重启’的战略分析与借鉴”，《现代国际关系》2010年第9期，第48—52页。

大国释放善意，并诚意化解与波兰的恩怨，为俄欧关系进展做好了前期铺垫。2010 年的俄欧峰会上，双方宣布启动“现代化伙伴关系”倡议是双方缓和的重要讯号。但同时，在能源安全和地区安全结构调整等核心议题上进展寥寥，则说明俄欧双方的核心安全战略利益存在根本分歧，这对于国际安全结构的改善将是潜在阻碍。①

中俄关系显著提升，梅德韦杰夫政府提升对华外交重要性，在安全战略实践上注重与中国联合深化双方共同的地缘政治利益，平衡国际安全结构中的美西方因素，促进了国际安全格局的多极化发展。对华友好是梅德韦杰夫时期俄罗斯外交政策的重要一环。中俄关系的良性发展建立在战略利益互补的基础上，两国在反对霸权主义与强权政治、推动地区安全热点和平商谈解决等问题上保持了战略一致。随着美国“重返亚太”的步伐日益紧凑，中俄两国具备了战略联合的客观条件，中俄战略协作伙伴关系进一步深化。② 梅德韦杰夫表示，中俄关系已处于史无前例的高水平，在国际问题与地区安全问题中，在不同国际框架内，中俄立场都能协调一致。③中俄战略接近有效舒缓了美“重返亚太”给国际安全格局造成的压力，在亚太形成了与美国及其同盟体系的战略对冲，有力维护了国际安全格局的稳定和谐。

最后，俄罗斯积极参与国际合作机制并发挥独特影响，这有力维护了国际安全秩序的公正稳定，促进了世界格局的多极化发展。梅德韦杰夫时期，由于综合国力增强和内部发展对外部宽松环境的需求更为迫切，参与各种国际机制成为俄罗斯开展对外安全战略实践的新路径。在参与过程中，俄罗斯注重分析机制的内在属性与功能定位，并结合俄罗斯本国利益愿景发挥在其中的独特作用：在如 G8 等以西方发达国家为主的大国集团中，俄罗斯倾向于借助其他国家的政治经济优势使自身走出金融危机，以获得良好的发展环境；在“金砖国家”等新兴大国集团中，俄罗斯则强调

---

① “俄欧峰会：关系改善 进展缓慢”，http：//news. xinhuanet. com/world/2010 – 06/04/c_12179501. htm。

② “中俄关于全面深化战略协作伙伴关系的联合声明”，http：//news. xinhuanet. com/politics/2010 – 09/28/c_13534081. htm。

③ “梅德韦杰夫：中俄关系处在史无前例高水平”，http：//finance. ifeng. com/roll/20090615/793829. shtml。

新兴经济体对全球发展愈发重要的作用，并倡导金砖国家互鉴合作；在如上合组织等涉及传统战略利益范围的区域性机制中，俄罗斯则呼吁加强成员内部合作，并逐步推动其实现安全功能，成为平衡既有国际安全结构的新因素。梅德韦杰夫政府对国际机制的积极参与是其“现代化外交”的有机组成部分，也是其对外安全战略实践的重要内容，由于俄罗斯在国际机制中的献言建策，许多安全热点议题取得建设性进展，如伊核问题与朝核问题。同时，俄罗斯也更加接纳国际规范，与国际社会联系更为紧密，减少了安全行为的不确定性，为国际安全增添了规范性保障。

（三）对中俄关系的影响

着力维护对华关系是梅普时期俄罗斯对外政策的重点环节，也是大国关系调整的重要内容。中俄两国既是邻国，又是大国，双边安全关系的稳定对地区安全格局乃至全球安全结构都有重要意义。此时期，俄罗斯积极发展对华战略协作，两国关系不断升温。就与中国有关的俄罗斯安全战略实践来看，有以下几点值得关注：一是黑瞎子岛中俄边界完全勘定，两国边界问题尘埃落定，为两国在国际上的互助合作清除了最后障碍。中俄在解决黑瞎子岛领土的归属问题上始终秉持和平友好原则，开创了共同开发、和平解决领土争端的“黑瞎子岛模式”，两国不仅解决了边界问题，更培养了互谅互助的合作精神，为两国的战略接近扫清了障碍。① 二是美国“重返亚太”背景下俄罗斯的亚太战略调整与中国的亚太政策形成战略互补，巩固了两国的共同安全利益。中俄两国在化解美国“重返亚太”战略压力方面有重要的战略契合：在经贸安全方面，俄罗斯关注远东地区开发与中国“一带一路”北线形成了潜在对接；在政治军事安全方面，中俄在朝核问题和平商谈解决、化解美亚太同盟体系安全压力等议题上有基本一致。中俄的亚太战略互补是梅德韦杰夫时期国际安全结构的一次重要调整，有效纾解了美“重返亚太”带来的不稳定，维护了全球大国安全平衡的基本态势。三是俄罗斯在不同国际机制中注重与华联合发声，深化了两

① “中俄就开发黑瞎子岛达成共识 共建互免签证区”，http：//news.xinhuanet.com/photo/2011-02/23/c_121114619.htm。

国利益交融，促进了国际安全秩序的公正进步。中俄同为新兴经济体，两国不论是在传统的联合国框架内，还是在“金砖国家”等新国际机制内都有足够默契，既在中东问题等传统安全问题上形成了有效合作，又在国际反恐、打击跨国犯罪等非传统安全议题上有共同关切，还对推动以中俄为核心力量的上合组织的安全功能发展有基本共识。两国在国际机制内的安全合作互助对美西方主导的国际安全秩序是一种积极改良，有效促进了国际安全秩序的公平正义。

综上，梅德韦杰夫政府的对外安全战略对国际安全格局起到了积极的塑造作用，普京时期与美西方安全关系的停滞对抗状态得到了有效缓解，与其他主要大国的安全联系也有所增进。在梅德韦杰夫时期，俄罗斯更加突出了安全战略实践的务实、灵活和规范，通过与美西方关系的重启带动了国际安全结构的调整，在宏观层面推动大国接近缓阻了美西方的安全压力，在微观层面积极促进地区安全热点的和平解决，为维护国际安全局势稳定与改良国际安全秩序做出了积极的贡献。

第七章　普京第三任期俄罗斯的国家安全战略

2012 年普京第三次入主克里姆林宫以后，俄罗斯的国家安全形势发生了新的重大变化，其中尤为突出的是：2013 年底爆发的乌克兰危机给俄西关系蒙上阴影，双方对峙日益激烈；2015 年底开始，俄美在叙利亚的争夺进入白热化；俄罗斯国内经济也因货币贬值、制裁和油价大幅下跌而饱受打击；军事改革动力不足；“颜色革命”威胁日益突出。基于上述复杂的国际背景和国内因素，普京在其第三任期内签署多项法令，并批准了新版的《2020 年前俄罗斯联邦国家安全战略》，从多个方面对俄罗斯国家安全战略进行了再次调整。

第一节　普京第三任期俄罗斯的国家安全形势

2012 年 5 月，普京开启新任期。此时，俄罗斯的国家安全形势相较之前四年发生了以下变化。

一、国内方面

（一）俄罗斯经济消极动摇国家安全基本面

一是经济发展环境堪忧。在梅普时期，虽然俄罗斯政府对全球金融危机的应对及时有效，但是由于此次危机的系统影响，世界经济整体动能不足，直接造成油价走低与投资下降，俄罗斯经济快增势头遭到迎头棒喝。更不利的是，乌克兰危机作为严重的政治军事风波，其负面效应扩散到经济层面，俄罗斯受到来自美西方严酷的经济制裁与国际孤立，这与油价低迷的情势相叠加使俄罗斯经济雪上加霜，财政捉襟见肘，人民生活前景不容乐观。

二是经济结构脆弱畸形。众所周知，俄罗斯前期优异的经济表现离不开其得天独厚的“石油创汇”，即趁国际油价上扬契机通过出口原油赚取可观利润。有数据表明，俄罗斯的石油、天然气及矿产资源出口占其出口总额的七成左右，占国家财政总收入半数有余。[①] 不可忽视的是，这种增长显然对外部市场条件依赖过重，缺乏内生动能，其脆弱性显而易见。自俄罗斯独立以来，大量技术人才流失西方，严重损害了其工业生产的原生动力，在危机中俄罗斯经济的抗打击性低下的根源即在此，这也是普京第三任期面临的最严峻的经济安全课题。

三是政策引导的科学性不足。由于经济模式的畸形与发展的路径依赖，俄罗斯政府的投入大多集中在军工、能源等方面，相比之下，对生产生活资料方面的投入就薄弱得多。在这种不甚科学的政策导向下，单一经济结构的弊端被放大了。据俄罗斯官方统计，2014 年 GDP 增长 0.6%，2015 年直接变为负增长 3.7%，通胀率则飙升至 12.9%，创近年来之最。[②] 在经济乏力的情形下，俄罗斯国内民众不满及社会风险持续上升，对普京构成重大执政安全挑战。

（二）俄罗斯军事优势独木难支

俄罗斯一向将强大军事实力作为自身复兴的最重要倚赖，但就现实来看，俄罗斯军队却难担重任。就核力量来看，俄罗斯核力量的不平衡性凸显：从数量上看，俄罗斯的核武数量在与美西方对比上虽未明显落后，且

---

① Структура ВВП России. Какая доля нефти в ВВП РОССИИ, http://www.syl.ru/article/199922/new_struktura - vvp - rossii - kakaya - dolya - nefti - v - vvp - rossii.

② Министр экономического развития заявил о конце рецессии в экономике России, http://informpskov.ru/news/201942.html.

大大领先周边国家;[①] 但在质量上，资金和技术的双重困境使得俄罗斯远落后于美西方。就常规力量来看，俄罗斯常规力量的作战能力难以达到捍卫国家所有安全利益的要求，仅能处理低烈度冲突。在局部冲突威胁高于大型全面战争风险的形势下，尽管核武依然具备震慑力，但常规力量将更切中时要。也正是基于这一考虑，俄罗斯近年来倡导“非核遏制”的目的即在于增强常规力量。俄军的常规武装因继承苏联遗留装备过多而广泛存在老旧问题，尽管“十年强军”计划部分缓解了该问题，但在横向比较上，俄军依然处在下风，与美西方部队在现代化水平上存在较大差距。

在世界多个战略竞争场，俄罗斯正遭遇力量对比失衡导致的美西方全面军事重压：在大西洋方面，美国通过北约加速、强化常规部队进驻欧洲，并全力补强欧陆反导体系建设，如在罗马尼亚和波兰均启动了新反导体系建设。[②] 而随着 F－22 战机和 B61－12 战术核弹等尖端常规武器部署欧陆，俄罗斯在大西洋方向上与美西方的军事安全竞争几乎全面落后，形势严峻。在地中海方面，俄罗斯的总体军力薄弱，黑海舰队的战斗力极难满足其维护海外利益的需要，这极大影响了俄罗斯在这一地区战略利益的实现。在北极方面，鉴于全球气候变暖使得北极通航性与战略价值提升，美俄在此的战略竞争日趋激烈。在美国于 2014 年 2 月公布《美国海军北极路线图（2014—2030 年）》后，俄罗斯不甘示弱，同年 12 月俄罗斯北极战略司令部正式运转，并配套开始军备建设。[③] 在太平洋方面，美国“亚太再平衡”的战略设计与俄罗斯转向远东的亚洲战略形成角力。原本在俄罗斯国土西部与美西方战略对抗白热化的状态下，转向亚太、开发远东可为俄罗斯分担部分压力，但俄罗斯太平洋舰队的力量已大不如前，即使是

---

① 根据美国国务院 2013 年 4 月公布的有关俄美核力量的对比资料，华盛顿在核武器数量方面仍领先于莫斯科。截至 2013 年 3 月 1 日，美国部署的洲际弹道导弹、潜射弹道导弹及重型轰炸机数量总计为 792 架，俄罗斯为 492 架。美国导弹装备的核弹头数量为 1645 个，俄罗斯为 1480 个。美国共有 1028 个已准备好可供使用和处于储备状态的发射装置，包括陆基、海基和空基，俄罗斯为 900 个。参见：“俄美最新核力量对比美国仍占优”，http：//world. people. com. cn/n/2013/0406/c157278－21031918. html。

② “美国在罗马尼亚启动天价反导系统 在波兰建第二系统”，http：//world. huanqiu. com/article/2016－05/8923631. html。

③ “俄北极战略司令部正式运作，将建两支陆上作战队”，http：//military. people. com. cn/n/2014/1202/c172467－26132966. html。

与地区海军强国日本相比，其劣势都十分明显，更别提满足远东利益的拓展需要了。美国借“再平衡”之机大量向该地区调动军力，尤其是先进战机和核动力航母的加入令人瞩目，而日本作为与俄罗斯领土存在争议的国家和美亚太盟国，其海军力量的节节攀升更令俄罗斯的亚太海军相形见绌。[①] 总而言之，美西方在各个战略重点区域均对俄罗斯形成了优势部署，俄罗斯面临的是美西方围攻式的战略重压，安全危机日益凸显。

二、国际方面

这一时期俄罗斯国家安全形势的国际背景主要表现为地缘政治形势日益严峻。

（一）俄罗斯的战略空间遭到严重蚕食

到2012年，俄罗斯国土安全的头号威胁是美西方的扩张触角已深入俄罗斯西部及西南部腹地，这是一个历史渐进的过程。早在21世纪初，波罗的海三国就联手上演“入约（北约）”大戏，积极推进与西方的防务合作。[②] 数年后，格鲁吉亚等国也不断发起靠向西方的造势活动。2013年底的乌克兰危机则是美西方正面挑战俄罗斯最核心安全关切的升级举动，触及俄罗斯的国家安全底线，引发了俄罗斯与西方的直接对峙。

（二）“新疆域”成为俄罗斯国家安全的新关切

近年来，随着科技进步与气候变化，深海、极地等被排斥在有效地缘战略安排之外的做法将有所改变。俄罗斯北部很多地区都涵括在北极圈内，鉴于全球变暖的影响，北极不再是传统意义上的地缘封冻区，在该地区通航乃至驻扎都变为可能，这势必带动俄罗斯整体安全向北侧重，并为

---

① “日俄远东地区军力对比：俄罗斯海军劣势明显”，http：//www. chinanews. com/mil/2012/09 – 11/4175594. shtml。

② “波罗的海三国建联合营，明年加入北约快反部队”，http//military. people. com. cn/n/2015/0619/c1011 – 27183713. html。

其国家安全带来新变数。

（三）俄罗斯的海外影响力被严重削弱

衡量大国实力的指标不仅包括自身实力，还包括其力量的辐射。而显然，美西方也在极力消解俄罗斯外部投射性影响。就当前来看，叙利亚是俄罗斯在中东的唯一盟友，叙塔尔图斯港则是俄罗斯仅存的在欧亚范围之外的海外基地。在战略空间被美西方压榨殆尽的情况下，我们不难理解俄罗斯为何要义无反顾地深度卷入叙利亚问题，坚决与美国在此展开博弈。随着乌克兰危机持续深入发酵，俄西之间的地缘战略博弈亦将持续下去，并成为普京重新执政后俄罗斯安全形势的主旋律。

（四）"颜色革命"危及政权安全

作为传统陆权强国，俄罗斯一直将欧亚地区视为自己的势力范围以及自身的安全生命线，但是这与美国巩固大西洋联盟的既定战略存在根本冲突。在欧洲这块主要角力场，除了军事部署对峙的"互秀肌肉"外，"颜色革命"作为一种性价比更高的软性蚕食策略也被美西方不断应用，即通过策动俄罗斯国内或其周边国家中的反对派以削弱主流政治力量。

美西方策动的"颜色革命"之所以引起俄罗斯的极度担忧，主要在于：一是俄罗斯自身国情、民情高度复杂。俄罗斯本身拥有 194 个民族，包含自治共和国、边疆区等 80 多个联邦主体，国家社会构成极其复杂。由于腐败、经济不振等因素的催化，俄罗斯国内民族及社会矛盾累积日甚，这些矛盾是策动"颜色革命"的绝佳土壤，切实威胁到政权安定。二是"颜色革命"具有联动效应。不论是早年的东欧剧变还是 21 世纪初期席卷多地的"颜色革命"，这些波动的共同特点在于一波未平一波又起。俄罗斯周边国家接连的不正常的政权更替自然令俄罗斯深度不安。三是俄罗斯与西方在网络空间等"新疆域"的话语权争夺上力不从心。近年来，新媒体革命极大改变了传统舆论斗争模式，对博弈各方的对新技术的掌握度、敏感度和技巧性都有极高要求。由于西方媒体占据对俄宣传的垄断性优势，俄罗斯改善国际形象举步维艰，甚至对独联体都难以施加应有影响。[①] 因此，苏联灭亡殷鉴不远，普京高度重视国内民族和睦和政治安定。[②]

面对上述国家安全形势，普京政府在以下几方面做了相应调整：

第一，全力加强经济建设。这一调整的背景在于当时全球经济发展动能缺失，开拓新增长点成为各国发展安全的重要维系。在新一轮调整中，美国依靠页岩气革命抢占发展高地，极大地改善了能源使用结构，助力经济复苏。经济稳固是整体国家安全的保障，俄罗斯经济疲弱极大影响了其强国计划的推进。为此，俄罗斯在巩固经济安全上推出以下措施：一是发展实体经济。俄罗斯政府认识到实体经济对国家经济稳健的根本作用，增强对其扶持力度。2016 年，俄罗斯出台了“反危机计划”，项目金额达百余亿美元，旨在加大对新兴实体产业的帮扶力度。[③] 二是强化能源大国作用。为了坐稳能源大国地位，俄罗斯一方面重视维持高产量，另一方面在降成本提效力上下功夫，着力研发先进能源技术，巩固俄罗斯能源领域的技术先导作用。三是加快偏远地区开发整合力度。近年来，远东连同更远的北极地区因地理环境变化和科技进步而显现出广阔发展潜力，成为俄罗斯重要的经济新增长点。2015 年，俄罗斯专门建立北极发展委员会，并提出设立“超前发展区”等新型机制推动极地发展。[④]

第二，不遗余力推动军事革新，全面提升战斗力。之前梅普时期的大规模军改虽然未能彻底革新俄军，但其成效仍令人瞩目，在军事体制更新、军队信息化建设和武器装备补强等方面都有所成就。面对西方严酷的战略压制，俄罗斯在强化军力上更是须臾不敢懈怠，即使经济下行、制裁压力重重，2015 年俄罗斯的国防预算依旧高企，同比上涨四分之一强，占 GDP 的 4% 有余。[⑤] 此外，大批先进装备进入部队，其中最值得一提的是

---

① “俄颁布互联网新规定 谷歌关闭俄罗斯工程部”，http：//world. people. com. cn/n/2014/1214/c1002 – 26203114. html。

② “普京建议制定俄民族法 并设立民族团结年”，http：//world. huanqiu. com/hot/2016 – 11/9619551. html。

③ План действий Правительства Российской Федерации, направленных на обеспечение стабильного социально – экономического развития Российской Федерации в 2016 году, http：//government. ru/media/files/X6NrRVuOjjj1ALG5ZoCbVm5G3IQ0lCkh. pdf.

④ “俄罗斯开发北极力度不减”，http：//world. huanqiu. com/hot/2016 – 09/9421071. html。

⑤ “俄罗斯削减 2015 年国防开支”，http：//www. Dsti. net/Information/News/94792。

俄罗斯新型导弹系统逐渐铺向火箭军，强化了空天能力。[①] 在军力配置上，俄军针对美西方的围攻态势展开反部署：大西洋方向，俄罗斯在国土西部相继部署包括米格－35 在内的一大批尖端武器，以期形成与西方在中东欧的战略平衡。地中海方向，由于克里米亚入俄，黑海舰队力量空间大为拓展，战略地位凸显。普京将提升黑海舰队战力定位为“特别优先任务”，仅在 2014 年黑海舰队就扩编先进舰艇十余艘。[②] 另外，俄罗斯还借叙利亚反恐之机加强在中东腹地军事存在。太平洋方向，加强远东亚太军事存在关乎美俄长远战略竞争，殊为重要。目前，俄罗斯太平洋舰队已编入第二艘“北风之神”级弹道导弹核潜艇“亚历山大·涅夫斯基”号，先进的苏－35S 战机则配置在位于共青城的泽姆吉机场。北极方向，俄罗斯针对极地的恶劣环境开展特殊基建和军事装备研发工作，成果颇丰。[③] 总之，普京第三任期的国土军事威胁更为迫近。不过，尽管实际困难不断，但俄罗斯没有放松强军步伐，并试图在各个方向上对冲美西方的军事压力。

第三，铁腕遏制“颜色革命”。有学者指出，青年团体组织经常成为本国反政府运动的中流力量，这绝非偶然。[④] 美西方国家对俄罗斯政权的颠覆破坏与其军事威慑进程密切相关，互为配合。近年来，俄罗斯国内反对派声浪日高，许多年轻人参与其中甚至成长为骨干，背后闪现的是西方势力的影子。因此，俄罗斯将全力防范遏制新形势下的“颜色革命”孳生：一是加强新媒体的建设。面对西方利用先进媒体技术策动反政府运动、培植反主流力量的潮水攻势，俄罗斯抓紧建设自身新媒体品牌，与之争夺舆宣高地。2014 年，俄罗斯借国有媒体重新洗牌之机发展本土媒体“卫星”，目的就在于反击西方汹涌的舆论攻势，发出独特声音。[⑤] 二是加

---

① “俄军将大幅提升最新型武器装备水平”，http：//news. xinhuanet. com/world/2016－01/12/c_1117753850. htm。

② День ВМФ России 2014，http：//21russia. ru/news/army/2014－07－29/den－vmf－rossii－2014.

③ “俄加强北极军事存在 将与美加成未来战争主角”，http：//military. people. com. cn/n/2015/0120/c1011－26416670－3. html。

④ 赵华胜：“原苏联地区‘颜色革命’浪潮的成因分析”，《国际观察》2005 年第 3 期，第 23 页。

⑤ “俄建新媒体‘卫星’应对西方‘宣传战’”，http：//military. people. com. cn/n/2014/1112/c1011－26009377. html。

强国内思想文化向心力。普京本人对苏联思想阵线混乱而导致的民心离德、国家消亡的惨痛教训记忆深刻。在普京看来，爱国主义是调动民族凝聚力的不二法宝，也是驱动社会高效运作的强大情感动机。[①] 俄罗斯激发爱国主义的途径主要有二，一是加强对青少年爱国情怀及历史的教育，二是坚持反腐斗争赢得民心。三是巧妙结合国家和社会力量开展应对。普京政府意识到新时期的“颜色革命”高度复杂，单靠国家强力难以根本化解，必须加强社会参与。为此，俄罗斯一方面成立“国家国防管理中心”专门针对颠覆威胁进行快速反应，另一方面拓展侨民作用，利用海外侨民提升自身正面形象。[②]

第二节 普京第三任期的国家安全战略

2015 年 12 月 31 日，普京签署了新版的《2020 年前俄罗斯国家安全战略》(以下简称《战略》)，取代了 2009 年由时任总统梅德韦杰夫签署的国家安全战略版本，对俄罗斯面临的国家威胁、外交政策的优先方向、军事力量的发展以及经济能源安全等做出新的规定。

一、文本结构

与 2009 年版相比，新版《战略》的行文结构变动不大，但内容侧重有所改变。《战略》依然分为六个部分：第一章《总则》主要是框架性规定，除按传统介绍法律依据、内涵逻辑等内容外，值得注意的是相对于上一版本，新版中对“国家安全”的概念规定得更为细致。第二章《当代世界中的俄罗斯》是以现实国际环境为参照设定国家身份的，并特意强调

① “普京称爱国主义是唯一国家思想”，http://news.xinhuanet.com/world/2016-02/05/c_128706320.htm。

② “俄罗斯多管齐下破解颜‘色革命’，维护国家安全”，http://www.81.cn/jwgz/2016-04/19/content_7012724_3.htm。

“武力作为国际关系的要素作用并未衰退”，凸显了俄罗斯的危机感。第三章《国家利益和战略优先项》相较2009年版发生明显变化，加强国防、维护国家主权统一等内容跃升至首位排序，更加强调保护俄罗斯的传统价值文化。第四章《确保国家安全》与前章内容呼应，在国家安全的保障上体现出鲜明的对美西方斗争意识与时代更新，如在“公共安全威胁”部分，新加入“利用信息传媒技术广泛传播不良意识形态”的内容。第五章《落实战略的组织、法规与信息基础》明确将政府权力作为战略落实的第一保障，更加注重对信息安全的维护，强调要给予“特别关注”。第六章《国家安全状态主要指标》的第115—116条，阐述了评估国家安全状态的十大主要指标，包括民众满意度、军事力量指标等方面。①

二、主要内容及特点

（一）俄美全面对抗成为贯穿新版《战略》的主轴

在新版《战略》中，俄罗斯点对点地将美国标立为首要战略威胁，指出美国对俄罗斯的战略施压是俄罗斯安全的威胁之源。《战略》认为，在俄罗斯看来，当下美国一厢情愿地竭力谋求霸权，导致其与包括俄罗斯在内的其他国家的多极化努力龃龉日深，乃至上升为国际主要矛盾。美国不遗余力地处处争强，压缩俄罗斯的生存空间，其他西方国家则依托地缘优势追随美国构建与俄罗斯冲突的策源地，2013年底爆发的乌克兰危机即是代表。而俄罗斯则对西方国家的两面做法予以强烈抨击。俄认为，一方面，西方在排俄、压俄上竭尽其能；另一方面，他们在处理全球共同威胁，如难民等问题上，却又乏善可陈。俄方断言，对于新威胁、新环境，西方的对抗思维和联盟政策早已过时。新版《战略》肯定了俄罗斯自身综合实力的强化和国际地位的稳健提升，强调俄罗斯拥有兼具维护整体国家利益的信念和能力。与此同时，俄罗斯对美国及北约对自身的全面安全威

① Указ Президента РФ от 31. 12. 2015 N 683 “О Стратегии национальной безопасности Российской Федерации”, http://legalacts.ru/doc/ukaz-prezidenta-rf-ot-31122015-n-683/.

胁十分不满，尤其是美在欧洲研究部署进攻性武器和反导系统，引得俄罗斯深度忌惮。新版《战略》明白宣示俄罗斯在重压下也不会屈服，即对北约加强在俄罗斯边界军事活动、扩建军用设施、大肆铺展反导系统等挑衅做法予以坚决反对，并指出北约应在战略规划上考虑俄罗斯的利益关切。

（二）新版《战略》对国际安全环境和周边安全形势的评估转向悲观

俄罗斯重新将武力摆在维护国家安全各手段的核心位置。针对国际安全局势，《战略》指出，伴随多极化进程出现的还有全球及地区局势的不稳定。各国发展不平衡，贫富差距拉大，对市场、资源和交通要道的竞争日益激烈，以及各国在发展模式、价值观和科技潜力等方面的竞争，这些矛盾的加剧均导致了国际安全环境的恶化，在大西洋地区、亚太地区以及欧亚地区，平等及共同的安全原则未能得到有效遵循。针对周边安全，俄罗斯点名指出北约是俄罗斯的头号心腹大患。《战略》指出，俄罗斯的安全威胁在于“加强北大西洋公约（北约）组织的武力潜力，赋予其执行违反国际法准则的全球性职能……”，这种威胁在乌克兰危机中更被露骨地展现出来。随着对国际和周边安全状况的评估转为悲观，俄罗斯对武力的倚重也相应加强：在《战略》中，强化国防和保持军事稳定被列为重中之重。俄罗斯明确指出，不排除动武维护自身安全利益的可能。[①] 近年来，俄罗斯周边地区的军事化程度不断提升，北约军事能力的增强及其针对俄罗斯采取的一系列举措令俄罗斯必须以军事手段加以回应。

（三）俄罗斯对美西方国家消解自身势力范围的战略警惕达到新高

虽然俄罗斯曾公开表示，独联体地区是其战略势力范围，并通过一系列双边及多边合作加强独联体范围内的一体化建设，但美西方对此却置若罔闻。美西方国家一直谋划分化瓦解独联体地区，以抵消俄罗斯在此区域

① “俄新版《国家安全战略》透析”，http://news.xinhuanet.com/world/2016-02/03/c_128697406.htm。

的影响，乌克兰危机就是美西方国家一手策划的典型。美国政治家洞悉到乌克兰是俄罗斯入欧的前哨要害，千方百计要把乌克兰分离出俄罗斯的势力范围。在《战略》中，俄罗斯一针见血地指出“西方国家旨在抵制欧亚地区一体化进程并在这里制造紧张，这对俄罗斯实现国家利益构成了负面影响”。对俄罗斯而言，挫败美西方国家遏制俄罗斯图谋的关键就在于维持对独联体地区的高度影响，尤其是不让乌克兰成为其对抗俄罗斯的“桥头堡”。

（四）提出本国经济安全正遭遇严重威胁

修订后的《战略》明确指出：“一些国家企图使用经济方法和金融、贸易、投资与技术政策手段实现本国的地缘政治目标，削弱了国际经济关系体系……针对俄罗斯的经济制裁、全球与地区经济危机、加剧的不正当竞争、对法律手段的滥用、对国民经济热力与能源供应主体稳定的破坏等，有损于俄罗斯的经济稳定。”2014 年 6 月底，国际油价达到年内最高点，为每桶 106 美元，此后便开始大幅跳水。2016 年 1 月 8 日，布伦特原油 2 月期货报价已降到冰点，只有每桶 34. 31 美元。据有关机构预测，随着伊朗石油出口的增加，油价可能会跌至每桶 25 美元甚至更低。支撑俄罗斯实现强势复兴的能源高价已一去不返，至少是短期难返，这对以能源出口为主导模式的俄罗斯经济而言更是雪上加霜。根据国际货币基金组织公布的数据显示，2014 年俄罗斯 GDP 约为 1. 85 万亿美元，排名世界第十。2015 年，俄罗斯国内生产总值下降约 4%，再加上卢布大幅贬值，若按美元计算的话，俄罗斯国内生产总值已降至不足 1. 2 万亿美元，有统计称其排名已降至世界第 15 位。从国际政治视角看，经济制裁与能源价格跳水是美西方国家针对俄罗斯实施“经济战”的重要武器。①

① 王晓军：“新版《俄罗斯国家安全战略》解读”，《现代军事》2016 年第 2 期，第 47—50 页。

三、主要变化

由于梅德韦杰夫执政时期和普京第三任期所面临的国家安全形势截然不同，2015 年版《战略》相较于2009 年版也有明显改动，主要体现在：

（一）关于俄罗斯在当今世界的地位问题

第一，相较于前一版，2015 年版《战略》认为俄罗斯的国际地位与作用变化显著。在2009 年版《战略》中，俄罗斯认为全球化正快速深入发展，并预测俄罗斯融入全球化将是“平等、顺利的”。在新版《战略》中，俄罗斯不再将“顺应全球化”作为关键词，而是把内部安全与发展及与之相关的政策定为战略优先级，并清楚地表示俄罗斯准备捍卫海外利益，参与国际协作与冲突调解。总之，新版《战略》更加强调俄罗斯在国际社会中的独立自主性，强调俄罗斯之于国际社会的特殊意义与作用。

第二，俄罗斯认为国际形势之于俄罗斯的威胁性在上升，能源的战略重要性被调低。前版《战略》重视俄罗斯得天独厚的资源优势，认为这将是俄罗斯扩大国际势力的重要凭借。但是，目前俄罗斯正经历严酷经济制裁，原先“能源强国”的对外战略构想显然已不合时宜。因此，新版《战略》称，俄罗斯安全将建筑在“全新并相互联系的威胁的背景下”，而能源在维护国家安全方面已不再是绝对核心。

第三，对联合国的重视在下降，转而强调综合运用多种国际机制乃至武力解决有关问题。前版《战略》格外重视联合国，将其视为国际法的保证，并明确表示俄罗斯将认真遵守包括国际法在内的各项国际关系基本准则，不走冲突对抗的险途。然而就之后的事实看，无论是对于乌克兰危机这样的大国冲突，还是在与“伊斯兰国”等恐怖组织的交锋中，联合国均不能发挥令人满意的效用。因此，在新版《战略》中，俄罗斯重新强调独立自主，不一味谋求国际机制支持，优先使用自身政治方式处理国际纷争，并保留最后的动武权。

（二）关于俄罗斯国家利益及战略优先项

由于周边安全形势激变，新版《战略》比前版在确保国家安全利益上的思路有所转变。前版强调的是规范作用，即通过法制保护国家利益的维系资源；新版则更加现实强硬，尤其是坚决表明动用核武是捍卫国家利益的有效选项，而这在旧版中仅表述为“保存核潜力”的一般字眼。另外，新版《战略》中还着重谈及对通信信息技术的监控与掌握，把其作为防范“颜色革命”的关键环节。

（三）关于国家安全威胁划分

前版《战略》提到的国家威胁主要有：一是国外情治机构的渗透破坏；二是对国家宪法和根本制度的颠覆行径；三是对俄罗斯统一和领土完整造成重大隐患的各种极端势力。新版《战略》则依据现实变化将国家威胁做了更详细明确的划分：首先，北约和美国的军事威胁是俄罗斯国家安全的首要大敌，其中既包括相关国家军事力量前沿部署所造成的直接威胁，又包括其在线下的颠覆活动；其次，其他安全威胁也不容忽视，这些虽没有美西方直接军事威胁迫切，但也不可忽视。这其中除前版已提及的内容外，还有多项新加内容，如通过新技术传媒手段传播的极端思想、蓄意恶性犯罪、贪污腐化、自然灾害事故等。

综上，新版《战略》是与时俱进的，针对新威胁背景做出适时调整。俄罗斯新的国家安全战略重视加强开展除美西方外的广泛多边国际协作，同时全力戒备美西方的战略威慑，凸显俄罗斯在重压下捍卫国家安全与发展权益的坚定信念。

第三节　普京第三任期国家安全战略的实践

第三次担任总统的普京，其所面临的国内外安全形势相比梅德韦杰夫时期都有了新的变化，其国家安全战略实践也有所调整。整体上看，该时期俄罗斯的安全总目标不变：确保宪法法律权威有效及人民生活质量；确保国家统一、主权及领土完整；确保国内稳定发展，这些根本目的仍是统领。但国内严峻的反腐形势和反对派势力的上升、国际上政治经济环境的恶化却对该目标的实现构成挑战，相应地，该时期俄罗斯的国家安全战略实践也依此展开。

一、国内方面

（一）政治安全

普京重新执政后，其政治改革既有新内容，又有连续性。虽然普京之前给俄罗斯民众带来了繁荣与机遇，但国家治理的弊病却一直未获根除，包括腐败、精英治国、对私有财产保护不力以及缺乏司法独立等。一段时期以来，俄罗斯政治危机的一个迹象就是“普京多数”的持续衰退。早在普京 2011 年 9 月宣布回归前，其支持率就已出现下滑势头。在政治规律前，俄罗斯也不能例外，即便是如普京这样保持长时期高支持率的“魅力型”领导人，也终有一天会走下神坛。实际上，“普京多数”正在消解，普京也被迫退回到自己的核心选民阵地，也就是那些更为传统、对反西方和保守论调更为接受的群众。十多年过去了，俄罗斯的选民结构和民意基础发生了显著变化。经济发展造就了一批掌握一定社会资源、有知识见地的新兴中产阶级，他们对上述提及的国家治理弊端深恶痛绝，强烈呼吁改革。因而，顺应新兴阶级需要、革除体制弊病、重新确立“普京多数”，也就成为维护此时期国家政治安全的重要内容。

1. 持续高压反腐，增进政府廉洁高效

虽然梅德韦杰夫时期将反腐作为国家战略优先项来抓，但由于腐败深入国家政权肌理、俄罗斯民众对腐败的容忍度较高等原因，反腐工作未有根本性突破。在“透明国际”的清廉指数排行榜中，俄罗斯排名相当落后，甚至与冈比亚这样极度落后的国家相差无几，令人吃惊。腐败问题事关吸引外资、提升政府执政公信力以及国际影响，普京作为身体力行坚定反腐的领导人，在第三任期内继续推动反腐走向深入，呈现出一些新特点：

第一，力度空前，持续时间长。最高领导层是否看重反腐是反腐工作能否持续纵深推进、真正得以落实的根本。就重新执政后的表现来看，普京在反腐问题上的决心力度都是空前的。普京重新上任后的第一篇国情咨文就把反腐列为核心主题，文中表达了新政府致力于政治清明的坚定意志，又提出要在制度管理层面创新反腐模式。就成果而言，该时期对腐败形成的是持续高压态势，初步取得了积极成果。据统计，2013 年前 9 个月俄联邦调查委员会侦查机关侦办的涉腐案件达 3.7 万余起，其中涉及刑事犯罪的超过 2/3。此外，据俄内政部数据显示，2013 年涉及受贿罪的立案数达 1.5 万余件，同比上升近 60%。

第二，涉及领域广，打击层次高。反腐领域的扩大和打击官员层级的上升是普京第三任期反腐工作的另一重要特点。普京深刻了解腐败在俄罗斯已是根深蒂固，必须猛药方能去疴。在普京看来，反腐无禁区，是全人员、全领域的大覆盖。[①] 在此轮反腐中，对于司法部门的惩处力度尤为突出。在 2014 年的前 9 个月，在涉嫌腐败罪的 8000 余名受惩戒的人员中，包含 500 名执法人员及 100 多名司法警察。此外，在国防军队系统的反腐行动也掀起高潮。2012 年 11 月，在梅普时期笃力改革的俄罗斯国防部长谢尔久科夫因其名下企业侵吞国有资产丑闻而被解职，开了部级官员因腐败获罪的先例。[②] 此后，俄罗斯落马的高级官员日增，其中知名的如前武装力量总参谋长马卡洛夫。仅 2013 年一年就有 7 名陆海军将领因涉腐而被查。仅 2014 年前 9 个月就有百余家国防企业受到调查，其中发现违规案件 7000 多起，所造成的损失达 5 亿多美元。[③]

第三，各项机制不断完善，法治化反腐初具雏形。原先俄罗斯反腐的第一动力是最高层意志，但从实际成效看，这种“人治”色彩较浓的做法稳定性较差，易出现回潮。梅普时期俄罗斯初步开始构筑反腐的法律框架

---

① 盛世良、曹妍：“俄罗斯总统普京重拳反腐”，《决策与信息》2014 年第 3 期，第 54 页。

② “俄国防部长因腐败丑闻被解职”，http：//news. xinhuanet. com/mil/2012 - 11/06/c_123921625. htm。

③ “俄罗斯国防系统的反腐‘持久战’”，《中国纪检监察报》2014 年 11 月 2 日。

与组织体系，加入国际反腐体系，将反腐上升到国家战略高度。进入普京第三任期，俄罗斯继续从立法和组织两方面推动反腐制度化发展。立法上，自普京上任以来，俄罗斯先后颁布、修订并通过了四部有关反腐的重要法律，如《监督国家官员开支法》等。这些法律对各级官员，尤其是涉及国家安全工作的官员的经济约束十分严格，如禁止国家安全官员在外国银行开户，严密监控存在代理人之嫌的在俄罗斯的非政府组织的经济往来，明确规定官员不能拥有国外资产等。组织上，2013 年 12 月，总统办公厅新设直辖的反腐事务局，主要职责是审查官员的个人财产信息，监督反腐法规的落实情况，成为总统延伸到反腐一线了解实情的一柄利剑。通过此次规范与强化，原先反腐工作各管一摊、缺乏协同的局面得到明显改观。另外，借助修宪，俄罗斯联邦检察机关的地位有所提升，监察职能发挥得更为充分。①

在普京的推动下，俄罗斯通过反腐稳定政权的行动一刻都未放松。2016 年 4 月 1 日，普京批准了《2016—2017 年国家反腐败计划》（以下简称《计划》），这成为新时期俄罗斯反腐工作的根本指引。《计划》规定，国家各级部门应在规定日期前向上提交本部门的反腐整改方案，并认真落实，抓紧监督。此外，俄罗斯最高法院研究起草了专门针对反腐的司法处理原则，从程序上强化了反腐的制度落实。

2. 推动政党制度改革，缓和反对派政治冲击

普京自宣布将回归总统职位以来，反对其再度就任的呼声就此起彼伏。2011 年 7 月 31 日，圣彼得堡和莫斯科两地爆发示威游行，要求建立一个“没有普京的俄罗斯”，数十人遭逮捕。② 同年 9 月底，俄罗斯反对党“公民联合阵线”集结约 300 人在莫斯科示威，指责梅普独揽大权并互换职位的“虚伪做法”。面对来自反对派日渐增强的政治压力，普京对俄罗斯政党制度进行了一系列重要改革：

一方面，放宽了对政党注册的门槛人数限制。2012 年 4 月，俄罗斯新

---

① “俄罗斯‘法治反腐’逐渐完善”，http://news.xinhuanet.com/legal/2016-07/09/c_129130243.htm。

② “俄爆发示威游行要求普京下台 数十人被捕”，http://gb.cri.cn/27824/2011/08/01/2805s3324074.htm。

《政党法》生效。该法的最大改动在于将政党注册的门槛人数由之前规定的4万人下调至500人。如此，俄罗斯官方认可的有权参选的政党就增至77个。另一方面，恢复了国家杜马混合选举制。2014年2月，俄罗斯国家杜马通过了新的代表选举法。新法案规定，国家杜马的代表选举制将从只允许党派身份参加的比例选举制，改为"多数—比例"共存的混合选举制。这样一来，人数结构不占优的小党党员也能通过个人参选的方式获得参政机会，政治平等得到强化。

当下，俄罗斯虽然实行多党制，但党派之间的权力分布极不平衡，呈"金字塔"形。处于权力顶端的无疑是执政党"统一俄罗斯党"。统俄党的权势覆盖是压倒式的，在中央和地方上下各层面，他们既在议会立法机关中保有法定多数，又牢固掌控着各级行政机关；处于权力中层的是其他三个较大的议会党——俄罗斯共产党、公正俄罗斯党和自由民主党；接下来的第三类政党是在俄罗斯地方议会有议席的，如公民倡议党、俄罗斯爱国者党等；处在权力底端的是还未享有议会议席的在野党，如公民倡议党、红色阵线党等。需要看到的是，在正式的政党组织外，俄罗斯政坛中具有"准政党"性质的一类社会组织也在发挥作用，他们中既有在司法机关正式登记并明确将建党作为政治目标的大型组织委员会，又有存在自身独特政治特点和需求的社会政治团体，如青年欧亚联盟、俄罗斯公民联盟等。根据俄罗斯当前法律规定，只有合法的正式政党才有资格参与政权机关选举。俄罗斯法律明确禁止以暴力推翻政权，因而若想获得参政资格，建党是所有有政治诉求的社会团体必须考虑的要务。就本次改革而言，政党制度改革有利于反对派获取政治权力，是俄罗斯执政力量在特殊环境条件下的一次政治调整与妥协。这些新获承认的小党可被看作是本次改革的基本成果，对当下俄罗斯的政局稳定有益。但囿于社会转型仍未彻底完成，公众政治素养亟待提升，俄罗斯政党制度的完善仍需时日。

3. 改革国家治理模式，推动"国家—社会伙伴关系"建设

在第三任期，普京对民众要求民主化改革的政治呼声予以回应。普京向大众承诺"会调动中产阶级日益强化的需求和能力来为公众福利承担责任，将创造2500万个基于创新产业的高技术工作以提供给受教育的俄公

民，并笃力反腐”。[①] 在政治上，普京承诺将在维稳条件下引入改革，具体措施有：改革地方行政长官选举模式，根据新规，俄罗斯的州长等地方行政长官通过地方直选产生，原先的总统委任制不再实行，而同时，总统对于存在腐败等履职问题的不称职州长则有权进行罢免；针对人民群众意见上达不畅，预备建立专门行政法院以接受人民对政府的投诉；对于反对派提出的选举舞弊问题，计划在投票点加装摄像头；对于腐败及暗箱操作问题，建议设立投资监察专员。对于上述改革，有学者认为普京的举措只是粉饰之举，实质意义不强。[②] 普京认为，政治改革必须以稳定为前提，强调“稳定是一种资产”。[③]

（二）经济安全

普京在第三任期上格外重视保障国家经济安全。上任后，他颁行了有关俄罗斯长远经济规划的总统令，内容包括在2020年前增加大批高质量就业机会，政府助力国内投资增长，使其在2018年前不少于GDP的27%等。然而，该时期普京在经济上面临的挑战依旧：全球经济疲软，发展环境不佳；国内实体经济发展不稳，适龄劳动人口下降；资金短缺严重制约着经济发展。由此，普京上任伊始就提出雄心勃勃的经济发展蓝图，制定了经济发展目标。以2013年为拐点，俄罗斯经济安全形势呈现出明显不同的两阶段，对于经济安全的保障措施也有所不同。

1. 2012—2013 年：经济发展的“中速稳定期”

2012年，俄罗斯的经济发展形势保持稳定，虽然经济增长率的绝对数值（3.4%）并不很高，但已超过世界平均值（3.2%），而且远超发达国家平均值（1.3%）。由于连续三年保持较高速增长，俄罗斯在世界主要经济体中的排名不断提升。在2012年的十大经济体排名中，俄罗斯以3.4万

---

① Alexander Bratersky, “Putin Pledges to Fight Own Legacy”, The Moscow Times, 13 January 2012.

② Richard Sakwa, Mark Galeotti, Harley Balzer, “Putin's Third Term: Assessment Amid Crisis”. CGI, March, 2015.

③ “普京展望‘第三个’总统任期 承诺维稳引入改革”，http://news.cntv.cn/world/20120117/120074.shtml。

亿美元排名第五，超过传统发达国家英国和德国，也超过新兴经济体巴西；在 2013 年 7 月初的人均 GDP 国家排行榜中，俄罗斯也顺利进入高收入国家行列。俄罗斯之所以在这一时期较好地维护了国家经济安全，主要在于采取了以下几方面措施：一是利用好国际油价高企的历史机遇，出口额保持增长。2012 年全年，俄罗斯外贸总额突破 8300 亿美元，其中实现顺差超 2100 亿美元。向非独联体国家出口的商品结构中，能源产品占比超过七成，对独联体内国家的这一比例也过半。由此可见，该时期俄罗斯经济发展仍极大依赖国际油价高企。当年度，国际市场油价一直保持较高水准，1—11 月平均每桶价格为 110.7 美元，其中 3 月更是突破 125 美元每桶。因而，能源出口和石油价格水位双高仍是俄罗斯 2012 年经济增长的主要推动力。[①] 二是该时期俄罗斯国内消费需求旺盛。虽然 2012 年俄罗斯固定资本投资总额增速低于预期，但由于低失业率、工资增长和信贷扩张、政府支出倾斜等影响，消费增长的强劲势头不改，充当了俄罗斯经济的引擎。促进俄罗斯国内消费需求相对稳定增长的主要因素，首先是失业率降低，2011 年失业率由上年的 9% 降到 6.1%。2012 年失业率达到最低，只有 5.1%。其次是工资大幅增长，从 2011 年的 2.8% 增至 2012 年的 8.4%，实际工资增长速度大大超过 GDP 的增长速度。再次是储蓄存款利率降低，由 2011 年的平均 12% 降至 2012 年下半年的不足 9%。最后是信贷规模扩大，尤其是居民贷款快速增加，增速在 2012 年达到 39.4%。三是宏观经济政策调整初显成效。从货币政策看，俄罗斯银行董事会报告提到，2011—2013 年货币信贷政策的主要目标是将通货膨胀率控制在 5%—7% 之间。从结果看，2011 年、2012 年两年的通胀率都在 6% 左右，为俄罗斯联邦独立以来最低。此外，2012 年俄罗斯开始收紧货币政策，部分提高了再融资利率，做出该决定的依据是国内物价上涨和通胀预期走高。有官员表示，如果强行采取降息放宽货币政策，其效果恐将适得其反。从财政政策看，就任总统后，普京阐述了俄罗斯的财政政策目标，提出保持经济增长是俄罗斯财政政策的首要任务。因此，2012 年俄罗斯推行积极的财政政

① 郭连成、王延春："'新普京时代'俄罗斯经济发展路径与趋势"，《国外社会科学》2013 年第 6 期，第 47 页。

策，进一步刺激经济增长。在税收政策上，俄罗斯更加注重简化税制，降低税率，减轻纳税人特别是中小企业和农业企业的税负，形成有利于企业发展进步的税收环境。

2. 2013—2017 年：经济发展的风险困难期

2013 年，俄罗斯经济遭遇寒冬，经济陷入难以挽回的颓势。据有关统计显示，该年末俄罗斯的 GDP 增速修正值仅为 1.4%，相比年初 3.6% 的高阶预测严重缩水。在此情形下，俄罗斯经济发展部对未来两年的国内经济预期走向悲观，2014 年俄罗斯实际 GDP 预期增速只有 1.4%，工业增长基本停滞，投资增长不到 1%。对俄罗斯而言，2013 年无疑是"失去的一年"。综合国内外环境，该年度经济下滑的原因主要在于：第一，外部市场环境不佳，需求下降显著，特别是作为俄罗斯最大贸易伙伴的欧盟经济疲软，进口乏力。俄罗斯出口额下滑与欧盟经济增速放缓、需求减少和进口缩减有关。第二，国内经济活力不足。2013 年，俄罗斯对固定资产投资增速先后做出两次下调，凸显了俄罗斯陷入投资低迷的困境，这也是造成该年度经济下滑的重要原因。第三，资本外流严重。据俄罗斯经济发展部的最新估算，俄罗斯 2013 年全年资本净流出额将达 700 亿美元（年初的估算为 100 亿美元），致使俄罗斯经济"失血"过多。俄罗斯经济发展部高级官员克烈帕奇认为，俄罗斯资本外流的原因在于投资者的投资方向有些盲目。[①] 面对严峻形势，俄罗斯适时出台了一系列刺激措施以遏制经济下滑趋势。自 2013 年 7 月开始，俄罗斯推出了经济"保增"举措，核心目的在于刺激投资。围绕该目标，俄罗斯侧重四方面的能力建设：企业自主投资能力、基建投资力度、投资环境竞争力以及银行投资保障力。在上述建设中，俄罗斯对扶植中小企业尤为关注。对于符合简化税制经营或新获专利的优良企业，俄罗斯中央政府还将特别给予其年度免税的优惠政策。从结果看，这些措施确实起到了防止经济停滞衰退的作用，自 2013 年 10 月以来，俄罗斯经济初现复苏，当月经济增速回暖至 2.5%。

然而 2014 年之后，乌克兰危机引发的西方对俄罗斯经济制裁使得本就脆弱的俄罗斯经济雪上加霜，主要体现在：一是主要宏观经济指标表现不

① "俄打响'经济保卫战'急投重资刺激经济增长"，《第一财经日报》2013 年 6 月 26 日。

佳。以2014年为例，虽然年度GDP同比仍在增长，但几项基础性指标如通胀率等严重不良，赖以维系的能源出口也出现下滑。二是旅游、航空和汽车销售等行业受到较大冲击。据俄罗斯旅游署数据显示，2014年俄罗斯居民旅游消费需求缩减过半，选择出境游的旅客同比下降半数，到俄罗斯旅游的外国游客也减少30%—40%。受此影响，汽车销售、航空业等亦业绩不振。三是卢布危机持续。由于国内外政经环境恶化，卢布信用暴跌，其一度对美元汇率断崖式下跌近一半。到2015年1月，卢布对美元汇率已跌至64∶1，到2016年1月，随着国际油价跌至每桶28美元以下，莫斯科交易所卢布对美元汇率跌至86∶1。四是能源出口形势严峻，资本外逃严重。能源方面，2014年前11个月俄罗斯原油出口额同比下降3.6%，天然气出口额下降6.5%，在原油期货价格降幅过半的情形下，俄罗斯外贸损失极其严重。由于乌克兰危机蔓延，仅2014年第一季度就有总额超过700亿美元的资本外逃。五是俄罗斯主权信用面临触底危机。2015年1月，标普将俄罗斯的主权信用评级由BBB-降为BB+，对其评级展望定为负面。对俄罗斯而言，这种降为“垃圾级”的做法也是近十年来前所未有的。

在经济结构弊病凸显、制裁和油价下跌交织的内外压力下，俄罗斯积极寻求突围，摆脱经济困境，维护国家经济安全，主要举措有：

第一，实行地缘东向战略，强化与亚太、欧亚国家经济联系，同时分化美欧。面对美西方国家的严酷制裁，俄罗斯依托自身连跨东西的地缘优势，将经济突围的重点放在亚太和欧亚地区。

首先，俄罗斯将亚太作为能源开拓的重要目的区域。乌克兰危机后，中俄接触增多，首要的突破点就在能源方面。2014年5月，中俄双方最大的油气国有企业签署了总额达4000亿美元的巨额天然气购销合同；7月，俄罗斯对华输气项目“西伯利亚力量”也顺利施工。除了对华合作，俄罗斯在对日经贸合作上也有进展，如俄罗斯政府与日本丸红株式会社、住友商事株式会社等签署了贸易投资合作协议。此外，俄罗斯还拟在远东建立面向亚洲的十多个享有税收优惠的超前经济区。此外，在第19次中俄总理会晤以及2014年底的俄印峰会上，俄罗斯同中国、印度均签署了数十项重要合作文件，内容涉及金融、能源、外贸等领域。有分析认为，搭乘亚太经济快车享受发展红利反推本国经济回升将是俄罗斯今后的经济努力方向。①

其次，对于独联体地区，俄罗斯积极推进欧亚经济一体化进程。面对国内现代化进程遭遇的诸多困境，整合欧亚地区发展成为普京第三任期内的核心议程之一。以俄白哈三国关税同盟为例，俄罗斯至少从四方面加强了与他国联系：一是相互贸易额迅速增长。2012—2015 年，三国贸易总额达 660 亿美元，与关税同盟启动前相比上涨了一半。二是贸易结构优化。三国结为关税同盟后，原先能源贸易占比过重的失衡状况得到很大改善，现已降至 40% 。三是促进了技术合作与进步。三国借助苏联时期遗留下的技术成果，在航空及机械制造等领域合作进步。四是增加了财政收入。三国的内部进口关税配比为：白罗斯 4.7% 、俄罗斯 87.97% 、哈萨克斯坦 7.33% 。五是提升区域投资吸引力。受益于税收优惠，联盟会吸引譬如中国等地缘相近的投资入资。六是机制制度带来便利。比如实现了劳动力自由流动。② 2015 年 1 月，欧亚经济联盟正式启动标志着欧亚一体化迈入新阶段。对俄罗斯而言，欧亚一体化并不是要大设藩篱与世隔绝，相反是要在意义更为宽广的“泛欧洲”层面建立新的经济区域。俄罗斯试图以联盟为新工具整合区域经济发展，为自身全球战略服务。

再次，对于美西方国家，俄罗斯寻求利用美欧利益分歧分化双方，消解制裁压力。俄罗斯充分认识到美国和欧盟对俄罗斯的根本利益关切不同：美国希望借助乌克兰危机就此压制俄罗斯，迫使其沦为二流国家；但对欧洲来说，其由于自身依赖俄罗斯的能源供应，加之俄罗斯对欧洲的可观投资，俄罗斯出现经济系统性危机并非对欧洲的利好，对俄罗斯制裁是“自损八百”的痛苦选择。正是因为看到美欧对于制裁的深层分歧，俄罗斯抓住与相关成员国领导人接触的机会，不断强调欧洲遭受的损失。有专家表示，俄罗斯对美欧将采取不同态度，对待欧洲，俄罗斯仍将努力寻求

---

① “俄罗斯‘向东看’提振经济”，http：//intl. ce. cn/sjjj/qy/201405/24/t20140524_2867899. shtml。

② “逆境而生的欧亚经济联盟”，http：//news. xinhuanet. com/world/2015 - 01/13/c_127377063. htm。

合作与改善关系的可能。①

第二，加强建立独立支付体系应对制裁，多渠道反制裁。乌克兰危机后，受困于美西方的金融制裁，俄罗斯商业银行支付业务陷于停顿。为避免制裁所造成的对俄罗斯金融主权侵犯，创建独立自主的国家支付系统在俄罗斯被提上议事日程。在普京于2014年3月提议自主研发该项目后，俄罗斯主要与中国沟通，借鉴中国银联的成功模式来发展自身金融支付体系。同年4月中旬，俄罗斯专门成立央行下属子公司承担该任务。俄罗斯发展本国支付体系的成效初显：2015年4月，俄罗斯启用新建国家支付体系，多家支付系统均表示出合作意愿；12月，俄罗斯首次发行独立的电子支付卡，有力打破了金融制裁。在俄罗斯有优势的第一产业上，俄罗斯强硬颁行“以牙还牙”的反制裁措施，如禁止从美国、欧盟等国家和地区进口果蔬鱼肉和乳制品等农产品，同时开展二级制裁，禁止乌克兰航空公司中转航班飞越俄罗斯领空。②

第三，俄罗斯运用综合货币手段稳定国内市场。2014年，俄罗斯为控制通胀，令央行数次上调基准利率，自3月开始8个月内从不足6%一路提升到年末的17%。此外，干预汇市也是俄罗斯重要的政策手段。为抵御卢布暴跌，抛售外汇成为俄罗斯的应急出路，俄罗斯副财长表示现阶段出售外汇将既不设限额，也不设时限。③ 年末，俄罗斯央行干预汇市更为强力频繁，国际储备甚至一度降至4000亿美元以下。

第四，对大型银行和企业全力救助。俄罗斯大型国有银行和企业是美西方的制裁重点。自2014年中开始，俄罗斯联邦储蓄银行、外贸银行及其子公司相继遭到制裁，能源及国防行业也未能幸免。面对制裁，俄罗斯央行明确宣布将对受制裁银行提供支持，以保证金融机构运转正常。④ 同年

---

① “美欧加大制裁俄罗斯力度 俄将对欧美采取不同态度”，http：//world. huanqiu. com/hot/2015 - 12/8248661. html。

② “俄罗斯推出首批反制裁措施”，http：//news. xinhuanet. com/world/2014 - 08/07/c_1111985274. htm。

③ “俄财政部：将出售外汇储备 需要多少就出售多少”，http：//world. huanqiu. com/article/2014 - 12/5255304. html。

④ “俄央行表示将支持被美欧制裁银行”，http：//www. chinanews. com/gj/2014/07 - 31/6445574. shtml。

12 月，俄罗斯国家杜马通过一项草案，宣布对受制裁银行进行融资支持，额度高达百余亿美元。① 2014 年 12 月，为保护储户利益，防止银行破产带来社会金融动荡，普京自 2008 年以来首次批准把存款保险赔偿金在原先基础上提高一倍至 140 万卢布。② 在企业援助方面，2015 年 2 月俄罗斯经济部表示，俄罗斯将对选定的 199 家本国战略企业实行援助。此次援助计划至少拥有 23.4 亿卢布的资金，将为俄罗斯多个经济领域提供资金支持，以应对国际原油市场价格下跌。③

第五，全面部署反危机计划，促进重点优势行业发展。部署一系列反危机计划是俄罗斯应对美西方制裁的重要举措，也是对危机中暴露的经济结构深层弊端的改革。2016 年 3 月，在俄罗斯新版反危机计划中，优化经济增长模式成为关键词，重点领域在改良经商环境、中小企业扶持、进口替代等方面，整体计划包含 120 项举措，涉及金额近 9000 亿卢布。军品出口贸易和进口替代是俄罗斯的重要经济利益关切：2016 年，俄罗斯军品出口贸易为俄罗斯经济立下汗马功劳，军工企业大幅扩大生产，全年完成约 150 亿美元的收入；进出口替代项目成为俄罗斯直接投资基金的投资战略之一。俄罗斯直投基金总裁德米特里耶夫表示，该基金旨在向有能力提供国产化设备的生产商提供项目投资。④ 此外，俄罗斯还积极优化国内营商环境，如资本大赦、四年内冻结企业税率、限制检查企业等。⑤

（三）社会文化安全

在 2015 年版《战略》中，“维系、发展俄罗斯文化与传统道德价值”是国家利益所在。随着全球化的深入发展和信息技术的飞速进步，俄罗斯

---

① “俄国家杜马加速通过法案 拟为银行业提供资金支持”，http：//news. cnfol. com/guojicaijing/20141219/19744344. shtml。

② “普京签署法令 提高俄公民存款保险赔偿金”，http：//world. huanqiu. com/hot/2014 – 12/5316792. html。

③ “俄罗斯政府将为 199 个本国战略企业提供援助”，http：//world. huanqiu. com/exclusive/2015 – 02/5632105. html。

④ “俄直投基金或将投资进口替代项目”，http：//www. suifenhe. gov. cn/。

⑤ “俄罗斯营商环境改善 中国企业大有可为”，http：//news. xinhuanet. com/world/2016 – 12/08/c_1120082937. htm。

文化安全受到了诸多威胁：外来文化与信息扩张（包括劣质大众文化产品的扩散）；对放纵享乐与暴力的宣扬；在种族、民族以及宗教方面的不宽容态度；俄语在世界上重要性的下降以及国际国内俄语教学质量的下降；歪曲俄国及世界历史的企图；对文化客体的不公正侵犯。[①] 乌克兰危机后，内外交困的形势使得增强民族凝聚力、维护文化安全、构建强大统一的民族文化情感成为俄罗斯领导层高度重视的国家顶层设计。在维护国家文化价值安全的实践中，俄罗斯始终坚持以爱国主义思想为核心指导，大力推崇爱国主义教育，将俄语和东正教文化作为俄罗斯文化独特性的重要源头，通过加强教育和官方宣传来凸显其重要性。

一方面，爱国主义是俄罗斯保障文化安全的根本要旨。2016 年 1 月，普京在接见企业界创新积极分子时表示："除爱国主义外，没有也不可能存在其他具有凝聚力的思想……这便是国家思想。"[②] 2013 年 11 月，普京向俄罗斯国家杜马提交一份草案，建议俄罗斯各教育机构更广泛地使用国家象征物，以培养青少年的爱国情怀。[③] 再任总统后，普京在多个场合都强调爱国主义的重要性，尤其是强调对年轻人的爱国主义教育，要加深他们对祖国的认识了解，培养其家国情怀。[④] 普京第三任期内，政府通过设立奖项、鼓励爱国主义题材艺术创作以及召开相关专题研讨会等多种方式培养公民的爱国情感，取得了相当成效。有数据表明，到 2012 年底，八成俄公民自认为是"爱国者"，半数以上人把"俄罗斯公民"作为"我是谁?"这一问题的答案。进而，这些受访者表示，珍视传统、重视家庭培养应是涵养爱国情怀的最主要方式。[⑤] 2016 年 1 月，俄罗斯出台有关爱国主义教育的第四个"五年计划"，获政府批准。计划着重指出，军民互动

---

① Указ Президента РФ от 31. 12. 2015 N 683 "О Стратегии национальной безопасности Российской Федерации", http://legalacts. ru/doc/ukaz－prezidenta－rf－ot－31122015－n－683/.

② "普京称爱国主义是唯一国家思想", http://news. xinhuanet. com/world/2016－02/05/c_128706320. htm。

③ "普京：广泛使用国旗国歌有助于培养爱国主义情怀", http://world. huanqiu. com/regions/2013－11/4542829. html。

④ "普京呼吁加强爱国主义教育", http://news. xinhuanet. com/world/2016－04/06/c_1118544985. htm。

⑤ "俄重视爱国主义教育 多种措施提升国民爱国情感", http://www. chinanews. com/gj/2013/06－06/4899771. shtml。

交融应得到加强，公民保家卫国的意识要进一步提高，教育的重点对象是青少年。为督促该计划落实，俄罗斯总统办公厅下还成立了专门负责管理该计划的项目管理局。同时，俄罗斯地方上也下大力促进爱国教育机构建设，以期将爱国主义落到每位公民心中。[①]

另一方面，发展俄语教育和维系东正教文化是维护俄罗斯文化安全的重要关切。语言是文化的核心载体。俄罗斯高层认为，俄语和俄罗斯文学是俄罗斯民族文化的核心传承和维系工具，必须大力弘扬。普京看重俄罗斯文艺的社会作用，强调“古典和现代文学知识”应是人民生活的必备；在向外推广俄语语言文学时，俄罗斯应借鉴国际先进经验，尤其是要“以邻为师”，多向中、德等成功邻国学习。[②] 对于宗教，普京非常重视东正教之于俄罗斯社会的精神引领作用。在他看来，宗教是很好的凝聚公信力与民族感情的“黏合剂”。在其第三任期上，普京在参加一次宗教仪式活动时，赞扬谢尔盖圣三一修道院是“俄罗斯的宗教中心与保卫俄罗斯的真正堡垒”。[③] 由此可见，俄罗斯正积极利用政治、社会手段保卫自身精神文化安全，语言文化及宗教等特色文化财富在促进俄罗斯民族认同形成中的作用也日益凸显。

在维护社会安定方面，恐怖主义和日益上升的反对派示威对俄罗斯国内治安造成一定潜在威胁。2015 年 10 月，一架从埃及飞往俄罗斯圣彼得堡的空客 A321 客机坠毁，这起恐怖袭击事件对俄罗斯民众心理造成了巨大伤害。为惩治恐怖分子，安抚民众情绪，俄罗斯加强对恐怖分子的打击。2015 年 11 月 18 日，普京签署了组建“反资助恐怖主义跨部门委员会”的命令，负责查证和处理资助恐怖活动的案件，冻结封锁有证据涉嫌参与恐怖主义活动（包括资助恐怖主义活动）的机构或个人的资金或其他财产。[④] 而对于潜在的恐怖主义威胁，如“伊斯兰国”（IS）叫嚣“瞄准

① “俄罗斯强化爱国主义教育”，http：//news. xinhuanet. com/world/2016 – 01/04/c _ 128591393. htm。

② “普京要求在推广俄语方面学习孔子学院经验”，http：//world. people. com. cn/n1/2016/0527/c1002 – 28384652. html。

③ 李渤：“普京执政以来的俄罗斯政教关系”，《世界宗教文化》2017 年第 2 期，第 41 页。

④ “俄罗斯重拳打击恐怖主义”，http：//world. people. com. cn/n/2015/1119/c157278 – 27830939. html。

克里姆林宫”，俄罗斯安全部门表示将认真研究 IS 发布的威胁视频。2015 年 11 月，俄罗斯执法机构粉碎了数起制造恐怖事件的阴谋，抓捕了一批恐怖分子，查缴了许多武器和炸药，一些敏感地点的警力明显增强。① 此外，近年来，反对派示威在俄罗斯也不断引发骚动，成为社会不稳定因素。对于反对派的压力，普京政府采用疏堵结合的办法综合应对：在态度上，政府对反对派渐趋宽容，放宽对政党的限制，给予非政府组织活动支持，激发了社会力量的参政热情，促进了整体政治竞争的有序发展；然而，对于非法的反对派集会活动，政府则毫不留情、坚决惩治。2017 年 3 月 26 日，反对派领袖阿列克谢·纳瓦尔内领导的莫斯科集会活动就因未获政府批准而被当地警方强力控制并严惩。②

二、国际方面

总的来看，国家对外政策的永恒归宿在于在保证自身国际影响的同时为国内发展稳定营造有利环境，而紧随外部客观条件规划、调整维护国家安全的实践则是国家安全战略成功实行的不可缺少的一环。普京第三任期内，俄罗斯外部安全环境大变：首先，地缘战略形势堪忧。近年来，美西方国家对俄罗斯的战略挤压有增无减，俄罗斯受到全方位的地缘威胁：周边战略空间日渐萎缩；在北极面临激烈地缘争夺；传统势力范围一再缩减，对海外利益掌控力不从心。其次，经济衰落危及国家安全根本。美西方的罕见制裁和孤立与国际油价下跌使俄罗斯国内通胀企高，货币信贷环境不断恶化，经济陷入谷底。再次，军事实力下降，难以适应当前战争需要。由于技术装备老旧和军队体制改革不彻底，俄罗斯整体军事实力在走下坡路，与对手整体差距不断扩大。另外，“颜色革命”威胁加剧。除军事平衡和威慑外，“颜色革命”等和平演变手段也为西方所屡试不爽。长期以来，西方对俄罗斯奉行孤立政策和冷战思维，不断利用“颜色革命”

---

① “俄强悍应对 IS 恐吓威胁 对恐怖主义毫不手软”，http：//world. huanqiu. com/exclusive/2015 - 11/7976383. html。

② “俄罗斯反对派集会 强力部门逮捕违法示威者”，http：//news. xinhuanet. com/world/2017 - 03/28/c_129519697. htm。

对内破坏其稳定、对外弱化其影响。这一策略给本身民族构成复杂、周边地区民运浪潮迭起以及缺乏新媒体技术优势的俄罗斯带来了极大的潜在政治社会风险。在2015年新版的《战略》中，俄罗斯针对上述国际国内变化，相应在国家利益与安全维护认知上有所改变，在安全战略实践上也做出了调整。

（一）重新定位与美关系，积极维护国家核心战略利益

梅普时期，与美西方建设性交往是俄罗斯对外政策的实践重点。由于美国当时也出现了“亚太再平衡”的战略需要，俄美双方对于缓和双边关系一拍即合，开启了关系“重启”时刻。但这种“重启”的内在动力匮乏，因为美国政界对梅普易位的“虚假民主”反感很深，认为这是对民主制度的玩弄。可以说，从普京第三任期开始，俄美关系“重启”已无实质基础，而是开始新一轮恶性循环，俄罗斯对美西方抱有的缓和意象也走向终结。

1. 2012—2013年：俄美有限对抗期

从2011年后期到2013年，俄美关系历经重重跌宕。最初，美国指责俄罗斯总统选举不够透明公正，存在舞弊现象。时任美国国务卿希拉里称“俄罗斯杜马选举既不自由，也不公正，俄罗斯选民有权利要求对操纵和欺诈进行全面调查”。[①] 在2011年底新一轮俄罗斯大选开始前，美国对俄罗斯的政治攻势异常凶猛。2011年12月，美国国务院发言人马克·托纳声称，美国将出资维护俄罗斯大选的“公正透明”，并承认美国有向俄罗斯社会组织提供经济支持，并将继续提供更多资金。在此背景下，大选前的数月俄罗斯遭遇多场反政府游行，矛头直指普京，这使得普京愈发忌惮美国的政治诡计。2012年12月，“马格尼茨基”事件[②]引发了俄美法律拉

---

① “希拉里称俄选举不公 俄回击美应关心自己选举”，http：//gb. cri. cn/27824/2011/12/07/5187s3464765. htm。

② 谢尔盖·马格尼茨基是俄罗斯赫密塔吉基金管理公司（Hermitage Capital）的一名律师，因揭露了一起涉案金额达2.3亿美元的俄罗斯官员诈骗案，于2008年被俄罗斯警方以逃税为由逮捕，2009年11月因心脏病在莫斯科“水兵寂静”看守所去世。此案引发了美俄两国的外交争端。美国对那些被指控与马格尼茨基之死有关的俄罗斯官员进行了制裁，而俄罗斯也做出报复性回应，禁止美国公民收养俄罗斯儿童。

锯战，双方针锋相对，分别出台了带有制裁性质的《马格尼茨基法案》和《季马·雅科夫列夫法案》。2013 年 6—8 月，在法律战余波未平之际，斯诺登事件再次令俄美关系雪上加霜。8 月 6 日，在 G20 峰会召开前夕，奥巴马宣布取消原定与普京的首脑会晤，释放出俄美关系紧张的信号。奥巴马明确表态，美俄关系挑战巨大，美国政府将“重新评估俄罗斯的走向、美国的核心利益以及校准美俄关系”。[①] 与此同时，俄美能源合作关系也因美国加大页岩油气生产而前景黯淡，两国关系的脆弱信任饱受打击，“重启”日渐乏力。对此，俄罗斯在处理与美关系上从认知到实践都有调整。就认知而言，在 2013 年版《俄联邦对外政策构想》中，俄罗斯有针对性地批判了美国的上述举措：“试图向他国推行自己的价值观只会强化国际事务中的排他性、偏执性和冲突性，最终导致国际关系的混乱和不可控制。国际关系重新意识形态化的趋势对加强全球稳定的前景产生了负面影响。”[②] 而对于俄美关系“重启”的本质，俄罗斯高层也有清醒认识。俄罗斯外交与国防政策委员会主席卢基扬诺夫评论俄美关系“重启”不过是“工作关系得到恢复，若干具体问题得以解决，仅此而已”。在他看来，“重启”不可能深度改变双方的对立态势，因为它“不是一种政治路线，而是具有明确目标的系列措施而已”，俄美关系形态依然停留在传统大国争斗的基础上。

实质上，俄美关系的核心仍是军事安全博弈，这一点未曾改变。在俄罗斯看来，维护对美战略平衡是保证自身安全和大国身份的关键所在，因而其对美总体政策的目标也难免带有对抗色彩。就此而言，俄美关系的决定性因素仍在军政层面。但在军事力量完善程度上，俄美之间差异巨大。相对于美国在世界新军事变革潮流中的引领——打造“全球即时打击系统”、加速开发并部署反导系统以及强化“网络战”能力等，俄罗斯力量建设仍存在短板，如片面重视战略核力量、海军建设落伍等，拉低了俄军

---

① President Obama Took Questions from Reporters at the White House on Aug. 9, 2013, http://www.washingtonpost.com/politics/transcript-president-obamas-august-9-2013, 2014-5-1.

② Концепция внешней политики Российской Федерации, Утверждена Президентом Российской, Федерации В. В. Путиным 12 февраля 2013г, http://www.mid.ru/bdomp/ns-osndoc.nsf, 2014-5-1.

整体现代化水平。军队现代化建设乏力直接导致俄美力量对比拉大，战略安全关系失衡，进而导致双边不信任。在俄美关系的“逆风口”上，普京当选后坚决对美展开反干涉斗争，捍卫国家安全利益。

在民主人权领域，俄罗斯加强对非政府组织监管，防止其成为渗透工具。普京对美国操纵、支持他国非政府组织煽动颠覆的行径有着深刻认识，因而采取多管齐下的方式对非政府组织进行管控：首先，在法律层面，2012 年 7 月普京签署新版《非政府组织法》，将“受到境外资助并从事政治活动”的非政府组织列入“外国代理人”清单，规定其必须提交特殊的报告并接受特别检查，否则予以重罚。其次，在外交层面，普京要求美国国际开发署停止在俄罗斯的活动。俄罗斯解释采取该措施的原因在于该机构在俄罗斯的活动与所谓“人道主义合作”相去甚远，而更多地是在“尽力利用资金援助干预政治，影响各种选举活动”。[①] 最后，在管理层面，俄罗斯放弃了以往传统高压管理模式，转而放宽相关限制，从联邦预算中支付大量资金用以资助本国非营利性机构及非政府组织。在人权议题上，俄罗斯寸步不让，针对美国敌意浓厚的《马格尼茨基法案》颁布了相应的《季马·雅科夫列夫法案》。这一法案的出台承载着“反美”政治使命，有学者称“……（法案出台）标志着俄美关系将长期陷入冷淡，它明确反映出俄罗斯要求完全平等地与美国交往，并且俄罗斯将以强硬的手段让美国明白这一点”。

在高层交往领域，俄罗斯回敬了美国的冷淡与指责。2013 年，普京与奥巴马仅有两次会面，且会面成果乏善可陈。同年 9 月，普京在《纽约时报》公开撰文，严肃批评了美国的“例外主义”。普京在文中将美国描绘成“国际恶霸”，直言“不管出于何种动机，鼓励国民把自己视为例外是极其危险的……我们各不相同，但是当我们祈求上帝赐福时，决不能忘了上帝创造我们时，大家是平等的”。[②] 有俄罗斯媒体认为，该文是普京的“反美宣言书”，明确表达了俄罗斯将与美斗争到底的决心与意志。

---

① “美国政府将停止在俄罗斯的援助活动”，http：//www. chinanews. com/gj/2012/09 – 19/4193998. shtml。

② “A Plea for Caution From Russia”, *The New York Times*, www. nytimes. com/2013/. . . /putin – plea – for – caution – from – russia – on – syria. html。

在外交理念规划上，普京复任后突出强调“软实力”的作用。“软实力”一词正式出现在俄官方文件是在2013年的《俄罗斯联邦对外政策构想》中。在普京看来，软实力塑造就是要在科教文卫等领域发出独特声音，树立鲜明独到的国际形象。早在2012年7月，普京就在驻外使节会谈时提出要在外交工作中提升“软实力”。在此次讲话中，普京一方面指出俄现时的软实力建设思路不够开阔，在契合时代的新方式、方法的运用上还需补强；另一方面则指出软实力的政策效果不仅仅依靠硬性的物质推广，更在于精神文化上的引导说服。在此指导下，俄罗斯积极学习他国成功经验，在维护本国传统价值，推广俄语及俄罗斯文化上不断发力。有分析指出，俄罗斯此番凸显“软实力”的外交表明俄罗斯正筹谋建筑一套专属的思想道德体系，为国人的价值观建设固本强基。俄罗斯依靠国家媒体的强大宣传，唤起周边国家，尤其是独联体国家对昔日苏联的回忆向往，再辅以自身的政治经济吸引力拉近与周边国家距离，是新时期普京领导下通过“软实力”巩固国家外部安全环境的重要手段。按照普京的构想，除了以综合硬实力建设作为俄罗斯政权合法性的物质保障外，以东正教文化为核心的民族精神主体与软实力构建同样不可或缺。①

2. 2013年末至2017年：俄美深度对抗期

美国对俄罗斯的担忧与普京上台后推动欧亚一体化关联密切，美国认为俄罗斯在“后苏联空间”的这一重大举动是“恢复帝国”的明确信号。以2013年11月欧盟与摩尔多瓦和格鲁吉亚签订“联系国协定”为开端，俄美启动新一轮地缘政治较量，而交锋高潮无疑是乌克兰危机。可以说，乌克兰危机是自冷战结束后俄美之间最严重的地缘政治争斗，对俄罗斯的国家安全外部环境的威胁最为深刻。2014年7月，普京在联邦安全会议上痛陈美西方利用技术优势和国际竞争规则优势指使社会组织对俄罗斯国内进行政治软性渗透，大肆煽动“颜色革命”，策划政变。面对美西方的严酷制裁，俄罗斯在政治稳定、社会发展、民族和谐等诸多方面采取综合性措施，捍卫国家统一与宪法制度：

---

① Michael Bohm, “Putin Revives Russian Exceptionalism”, *the Moscow Times*, September, 27, 2013.

第一，俄罗斯提高对亚太、拉美等地区国家的军售力度。在亚太，俄罗斯一方面对传统的购买国，如中国、越南等出售更为先进的装备，如对华出售火箭发动机；另一方面还积极开拓新买家，如印尼等。① 在拉美，俄式装备愈发受到拉美国家的青睐，俄罗斯对拉美的武器出口成为对冲美西方在欧洲对俄战略压力的实际工具。

第二，密切与周边国家的能源合作。在俄罗斯周边国家中，中国必然是首要的能源合作对象。自 2014 年以来，中俄能源合作不断深化，落实了许多重要项目。2017 年 8 月，被誉为“世界最大的能源合作项目”——中俄天然气管道东线建设项目的源头工程阿穆尔天然气加工厂开工建设，标志两国能源合作迈向高速发展阶段。② 另外，土耳其也是俄罗斯的重要能源伙伴国。2014 年 12 月，普京在土访问时送出数份能源大礼：一是两国协议由俄罗斯出资建造土首座核电站；二是从下一年起，俄罗斯将对土供气价格下调 6%，并每年增供 30 亿平方米；三是两国决定在土希边境另建一条向南欧国家供气的管道。2016 年 10 月，普京与土总统埃尔多安就铺设天然气管道“土耳其流”达成协议，以避开乌克兰将天然气输往欧洲，意在打破经济制裁，加强对欧洲市场控制。③

第三，积极利用新型国际组织拓展金融合作。面对美西方的国际孤立，上合组织和金砖机制等以发展中国家为主的新型国际组织随之成为俄罗斯重要的合作平台。在巴西举行的金砖峰会上，普京积极赞成建立新的开发银行和应急储备基金，并称二者将有助于金砖国家摆脱西方的金融霸权，加强金融主权——“金砖国家在经济和金融领域更加紧密的合作将有助于落实大规模共同项目，实现成员国的可靠发展”。④ 2014 年 11 月 15 日，普京于当年 G20 峰会上宣布俄罗斯正酝酿“金砖国家经济合作战略草案”和“投资合作路线图”，展现了俄罗斯寻求新型经济发展合作的决心。

---

① “俄罗斯抢占亚洲军火市场”，http：//www. chinatimes. com/cn/realtimenews/20151102003174 - 260417。

② “中俄能源合作驶入快车道”，http：//world. huanqiu. com/hot/2017 - 08/11078365. html。

③ “俄土达成输气协议 绕过乌克兰打破欧美制裁”，http：//energy. people. com. cn/n1/2016/1012/c71661 - 28771225. html。

④ “普京：金砖开发银行与外汇储备将有助于金融独立”，http：//www. chinanews. com/gj/2014/07 - 16/6393337. shtml。

此外，俄罗斯还积极投身于上合组织开发银行的筹划建设中。[①]

第四，积极部署落实反制裁举措。作为西方国家的重要农产品出口国，俄罗斯的反制裁措施也从这里打开缺口。2014 年 8 月，俄罗斯政府宣布将对美、澳等国的牛肉和水果等食品停止进口一年，以作为对美西方制裁的回击。此举产生了敲山震虎的效果，西欧的法国、比利时等纷纷对此感到不安。而作为对 2017 年 6 月底欧盟延长对俄制裁的回应，俄罗斯也将反制裁延长至 2018 年底。对于俄罗斯的反制裁措施，国际能源巨头埃克森美孚和其他能源公司表达了对加强制裁俄罗斯法案的担忧，认为此举可能导致公司与俄罗斯合作伙伴的全球油气项目关闭。[②]

第五，调整战略重心，倾斜向远东亚太的投入开发。为平衡美西方国家在俄罗斯西部边界施加的安全压力，俄罗斯将战略关注适度向亚太方向迁移，这一进程将主要围绕远东西伯利亚的开发建设展开。关于远东崛起的路径，普京在 2014 年国情咨文中曾提到“跨越式发展区”的设想。“跨越式发展区”构想的落实进展很快：同年 4 月，远东跨越式经济发展区法律草案正式出台，明确将在远东联邦区 9 个地区建设 23 个跨越式经济区，规定它们将享受多项优惠发展政策，各政府职能单位也将在新区辖设分支机构开展工作；同年 12 月 1 日，普京签批了有关新区的税法修订法案；当月 23 日，俄罗斯国家杜马三读通过了有关新区建设的直接法案与相关修正案。[③]

第六，同“七国集团”分道扬镳。受乌克兰危机影响，G7 集团于 2014 年 3 月 2 日发表联合声明，称俄罗斯对乌克兰克里米亚自治共和国采取的军事干预不符合其 G8 成员身份——“我们决定，暂时停止参与筹备 2014 年 6 月索契 G8 峰会相关的工作，直至重新出现 G8 国家能够展开有意

① “中国前驻乌克兰大使：俄罗斯对金砖银行态度更趋积极”，http：//news. youth. cn/jsxw/201412/t20141211_6228374. htm。

② “俄政府将反制裁禁令延长至 2018 年 针对美欧等国”，http：//intl. ce. cn/qqss/201707/05/t20170705_24036724. shtml。

③ “俄国家杜马三读通过‘跨越式发展区’两部法案”，http：//www. mofcom. gov. cn/article/i/jyjl/e/201412/20141200845362. shtml。

义磋商的环境”。[①] 同年6月，G7领导人抛开普京在布鲁塞尔举行了峰会。

第七，加紧与北约军备拉锯，维护国家核心安全。乌克兰危机后，北约在海空两端对俄军事施以高压：在海上，北约在地中海与波罗的海一南一北增派舰只、组织军演，形成海上夹击态势；在空中，北约以承担盟友安全责任之名强化在北欧国家的巡航力度，并对罗马尼亚、波兰等战略交接地开展飞行侦察。在2014年9月初的北约威尔士峰会上，北约20多年来首次将俄罗斯公开定义为“对手”，并筹备建立名为“尖锋”的快速反应部队，加强联盟各国的军事协同效力。面对北约高昂凌人的进逼姿态，普京果断开展针锋相对的反制行动：首先，加速构建克里米亚防卫力量。普京在克并入后不久就批准了在克组建集团军并将其融入俄军整体发展计划的意见。其次，加大军事投入，尤其是对战略前沿地带的投入。为稳定新并入地区局势，俄罗斯决定向克里米亚、塞瓦斯托波尔划拨130多亿卢布的国家补助，强化在这些地区的军事基建，并在未来两年国家预算中把开支项向军事层面大幅倾斜。[②] 最后，加强顶层设计，制定军事指导文件。2014年12月底，普京批准新版军事学说，直言北约在俄罗斯边境的进攻倾向加剧大大增加了该地区冲突风险，致使俄及相关接壤国受到严重安全威胁，称这是“目前俄罗斯的战略新威胁”。

（二）转圜俄欧关系，保留战略回旋余地

乌克兰危机无疑是俄欧关系的重要转折。乌克兰危机前，俄罗斯与欧盟形成的“全面战略伙伴关系”仍为人所乐道，但在危机后，俄欧关系如“大厦之倾倒”，急转直下。双方关系迅速恶化的重要表现之一就是激烈的制裁与反制裁。但应看到，相较于刚性冲突的俄美关系，俄欧冲突并非不可调和。在普京看来，俄欧关系恢复正常只是时间问题。[③] 改善对欧关系

---

① “G7抵制G8峰会欲孤立俄罗斯”，http：//news. ifeng. com/gundong/detail_2014_03/04/34387147_0. shtml。

② “俄将拨130亿卢布支扶持克里米亚和塞瓦斯托波尔”，http：//www. chinanews. com/kong/2014/03 –28/6007248. shtml。

③ “普京说俄欧关系正常化 只是时间问题”，http：//world. huanqiu. com/hot/2016 –02/8569099. html。

是突破俄罗斯与西方关系全面恶化困境的优选，原因在于：一方面，欧盟内部对俄罗斯态度实际并非铁板一块，不少国家对俄罗斯抱有同情心。到2014年底，制裁对欧的负面作用发酵，欧洲对制裁的反思之声渐高。在奥地利时任总统菲舍尔看来，欧盟对俄加剧制裁是“愚蠢并带有破坏性的”，只会给自身徒添麻烦。德国时任外长施泰因迈尔则认为俄罗斯在经济攻势前不会屈服，制裁作用不大，他还表示制裁若导致局面失控，将有悖于欧洲利益。另一方面，与俄关系恶化对欧洲经济实际打击严重。在俄罗斯对欧实施反制裁后，欧洲出口遭遇削减20%的严重挫折，更为深重的是许多在俄的欧企也被迫迁出俄罗斯市场。在自身经济亟待复苏的情况下，丢失新兴的邻近俄罗斯的广大市场对欧洲经济而言无疑是雪上加霜。为纾解紧张的外部安全困境，普京决定适时向欧洲释放缓和信号。

俄罗斯的首个善意举动就是恢复对乌克兰的能源供应。2014年底，俄罗斯依次恢复了对乌克兰的天然气和煤电供应。在国家层面，普京作为俄罗斯最高领导人，对于与改善欧关系一直态度积极。2015年12月20日，普京在纪录片《世界秩序》中谈及俄欧关系，表示俄罗斯将继续开放，愿与欧洲在各领域展开合作。虽然欧洲依旧延续制裁，但普京的软化表态彰显了俄罗斯的缓和意愿。而在之后，普京一再表示俄罗斯对与欧合作抱有期待，不会拒绝。在民间层面，双方企业也没有一刀两断，俄欧的油气合作仍在推进中。尤其值得一提的是，俄罗斯敏锐抓住了反恐这个与欧利益契合点，借此寻求合作，打破关系坚冰。在法国恐袭事件发生后，普京第一时间致电法国时任总统奥朗德，表示俄罗斯将与法国民众团结一致，并讨论了反恐合作。①

事实证明，俄罗斯以改善对欧关系为突破口转圜自身处境的策略是正确的。许多欧洲领导人陆续对缓和与俄罗斯关系持正面态度。意大利反对党党魁萨尔维尼表示，对俄制裁给欧洲和意大利造成了莫大的经济损失，欧洲每日损失达1.5亿欧元，意自身总体损失达50亿欧元，均不可承受。由此，意大利总理伦齐在2015年底表示将重新审视对俄制裁问题。此外，

① “普京就尼斯恐袭向奥朗德发电慰问：俄与法国民众团结一致”，http://world.huanqiu.com/exclusive/2016-07/9180230.html。

由于恐怖主义对欧威胁日益突出，英法等国也纷纷呼吁与俄重回合作。[①] 2016 年 4 月，德国外长施泰因迈尔公开表示应让俄罗斯重返 G8，坦言俄罗斯在解决国际冲突中的角色不可或缺。[②] 2017 年 1 月，匈牙利外交与对外经济部部长彼得·西亚尔托在与俄罗斯联邦委员会第一副主席尼古拉·费多罗夫会面时表示："欧盟与俄罗斯关系的恶化带来了极大亏损，是时候该结束了。"[③] 在欧洲面临大选，反恐形势依旧严峻，俄欧双方经济复苏乏力的多重推动下，俄欧缓和势在必行，而对欧关系改善则将极大有助于俄罗斯缓和与西方关系，摆脱整体安全困境。

（三）重视与金砖国家、上合组织合作，纾解被孤立困境

同美西方国家关系恶化促使俄罗斯打开视野向更广泛的新兴经济体国家寻求建立更强联系，金砖国家与上合组织机制则是合作的重点。2014 年 7 月，普京在金砖国家领导人第六次会晤前指出，对金砖国家的国际经济作用应有新定位，金砖国家应在全球管理体系中成为必要。鉴于当前国际货币金融体系过度依靠美元的不公正状况，金砖国家理应对此有所改革，使之更为公平公正。[④] 此外，此次峰会上普京还倡议建立金砖国家能源联盟，并在该组织框架下成立能源政策研究所和燃料储备银行，以在国际形势紧张的条件下实现金砖国家经济体的互补优势，降低各方经济脆弱性，巩固金砖国家能源安全。[⑤] 在 2016 年金砖国家果阿峰会前夕，普京表示金砖国家是多极世界的重要舞台，尤其指出"在某些西方大国单边主义作派

---

① "俄罗斯传递改善对欧关系信号"，http：//news. xinhuanet. com/politics/2015 - 12/22/c_128553891. htm。

② "德国为何总想把俄拉回 G7：欲促进俄欧关系缓和"，http：//www. chinanews. com/gj/2016/04 - 14/7834125. shtml。

③ "匈牙利外长谈俄欧关系恶化：是时候该结束了"，http：//world. huanqiu. com/exclusive/2017 - 01/10018397. html。

④ "普京：应将金砖国家作用提升到全新高度"，http：//gb. cri. cn/42071/2014/07/15/6071s4615723. htm。

⑤ "普京倡议成立金砖国家能源联盟"，http：//world. people. com. cn/n/2014/0716/c1002 - 25285749. html? _fin。

高涨的当下，金砖国家所持的对国际法和国际规则的遵守显得特别重要”。[①] 除金砖国家机制外，上合组织也是俄罗斯打开国际局面的重要突破口。在杜尚别举行的上海合作组织峰会上，普京呼吁各成员国紧密联系合作以迎接挑战。在他看来，上合组织的交通建设，如俄西伯利亚铁路、贝阿铁路等，与中国的“一带一路”倡议能很好耦合对接，前景广阔。在2014年9月，普京以上合组织轮值主席国领导人身份发表声明，指出上合组织的优先任务是确保地区安全、打击恐怖主义、极端主义和贩毒。[②] 2016年6月，上合组织迎来15周年诞辰纪念，普京对上合组织的未来信心十足，将之作为俄罗斯外交重点发展方向，并表示将积极推动扩大其潜力，加强其在国际和地区事务中的作用。[③]

（四）继续推进欧亚一体化进程，巩固传统势力范围

欧亚地区不仅是“后苏联空间”的重要组成部分，也是俄罗斯赖以维系自身国际影响力的核心地缘依托。鉴于乌克兰危机对俄罗斯外部战略环境的严重损害，在2015年新版《战略》中，俄罗斯在全球外交优先级排序中将包括独联体在内的整个欧亚地区列在首位，提出挖掘其合作潜力对该区域稳定具有建设性作用。2016年普京的国情咨文再次确认了以欧亚联盟为核心的独联体地区之于俄罗斯的优先性，深化与之合作将是俄罗斯的外交努力方向。2017年2月，普京与纳扎尔巴耶夫会晤时着重谈到了欧亚一体化议题。普京强调两国关于联盟的合作应当拓展延伸，使之呈现实质性增长，助推一体化前进。纳扎尔巴耶夫则表示“在紧密合作基础上组建欧亚经济联盟对所有成员国都是重要和有前途的”。[④] 毫无疑问，俄罗斯将对该地区不间断地保有影响。在普京第三任期，欧亚一体化进程进展显

---

① “普京：金砖国家是建立多极世界的关键要素”，http：//world. huanqiu. com/hot/2016 -10/9555145. html。

② “普京：上合组织优先任务仍是确保地区安全等”，http：//www. chinanews. com/gj/2014/09 -15/6593320. shtml。

③ “普京：上合组织框架内的合作是俄对外政策优先方向之一”，http：//world. huanqiu. com/hot/2016 -06/9081731. html。

④ “普京访问哈萨克斯坦 欧亚一体化进程成重要议题”，http：//www. chinanews. com/gj/2017/02 -28/8161880. shtml。

著，体现在：

一是欧亚经济联盟的建立与发展。2015 年 1 月 1 日，欧亚经济联盟正式开启。同年第四季度，亚美尼亚和吉尔吉斯斯坦也相继加入其中。亚美尼亚总统萨尔基相表示入盟抉择是正确的，该联盟拥有巨大发展潜力。[①] 吉尔吉斯斯坦则对入盟后的贸易优惠政策和更大的援助力度表示赞赏。事实证明，欧亚经济联盟的确有助于成员国经济发展。据有关统计，与 2015 年相比，2016 年欧亚经济联盟国家在经济增长、相互贸易以及工农业生产方面均进步明显，遏制住了下滑势头。值得一提的是，在入盟后的头一年即 2016 年，亚美尼亚的出口形势就有显著向好态势：亚美尼亚向白罗斯出口同比增长 130%，向吉尔吉斯斯坦出口同比增长 240%。[②]

二是俄罗斯推动欧亚一体化进程与其他国际机制及他国战略倡议对接。有学者指出，欧亚经济联盟有三个内在缺陷阻碍其助力俄罗斯实现政治经济目标，分别是联盟内俄罗斯一家独大的结构失衡、成员国经济模式趋同与内部活力匮乏以及外部施加的地缘政治压力。[③] 为走出上述困境，以机制对接的方式同其他地区开展合作成为俄罗斯推动联盟发展的必然选择。在这一点上，欧亚经济联盟与“一带一路”倡议的对接就是最好的例子。2015 年 5 月，中俄两国签署《关于丝绸之路经济带建设和欧亚经济联盟建设对接合作的联合声明》，该声明为两国的战略经济共荣提供了基本遵循与原则指导。从合作背景看，对华而言，俄罗斯拥有“一带一路”倡议沿线国中最大的单一市场，同时也是亚投行的创始成员，战略意义突出。近年来，欧亚经济联盟赢得了所在地区人民的支持拥护，在决策、维护等机制建设上日趋成熟，展现出强大生命力。普京在谈及中俄两大战略构想对接前景时指出，对接将促进两国在高科技、交通和基建等领域的合作，由于地缘覆盖范围重合在俄远东地区，该地区发展也有望搭乘此快

① “亚美尼亚总统认为加入欧亚经济联盟是正确的”，http://www.mofcom.gov.cn/article/i/jyjl/e/201504/20150400939831.shtml。

② “2016 年欧亚经济联盟国家经济发展情况”，http://www.mofcom.gov.cn/article/tongjiziliao/fuwzn/oymytj/201702/20170202509342.shtml。

③ 顾炜：“欧亚经济联盟的新动向及前景”，《国际问题研究》2015 年第 6 期，第 38－40 页。

车，并反推对欧亚地区一体化建设。[①] 另外，上合组织还可在两者对接中发挥独有的平台作用，如促进规则和技术标准对接、为合作项目提供政治和安全上的综合保障等。[②] 金砖国家机制与欧亚经济联盟也存在合作可能。

三是对传统的欧亚合作机制继续予以关注。集安组织是俄罗斯维系与独联体国家军事安全联系的最重要纽带，也是俄罗斯稳定地区局势、发挥国际影响的重要凭借，俄罗斯对其颇为重视。自 2012 年开始，每年集安组织维和部队均要举行“牢不可破的兄弟情”演习，旨在加强集安组织维和部队联合司令部策划和指挥维和行动的能力。[③] 乌克兰危机是考验集安组织团结立场的“试金石”，在集安组织领导人看来，除了美西方的分化鼓动外，乌克兰的国家混乱完全是与独联体大家庭貌合神离、游走于集安体系之外的恶果——“一些国家企图分裂斯拉夫国家，使乌克兰与独联体及与其有着共同历史的周边国家隔绝”。[④] 2014 年 12 月 23 日，普京在集安组织安理会会议发言时强调，当前全球局势飞速变化，新老问题同时交织蔓延，而世界安全体系也在发生变化。集安组织成员国必须采取集体协调行动，以维护各成员国和地区的安全。[⑤] 对于上合组织，普京复任后也表现出浓厚兴趣。2015 年 6 月 3 日，普京在会见上合组织各国外长时表示，上合组织愈发重要，还有 12 个国家对上合组织表现出兴趣，并会考虑接纳印度和巴基斯坦加入的可能性。[⑥] 2016 年 6 月 24 日，普京在上合组织成员国元首理事会第十六次会议上说，俄罗斯将继续积极扩大该组织潜力，加强其在国际和地区事务中的作用，上合组织内合作仍将被俄罗斯视为本国对

① “‘一带一路’与欧亚经济联盟对接前景广阔”，http：//news. xinhuanet. com/city/2015－06/29/c_127963846. htm。

② 王晓泉：“上合组织在‘一带一盟’对接合作中的平台作用”，《欧亚经济》2016 年第 5 期，第 47 页。

③ “集体安全条约组织在俄罗斯举行联合军事演习”，http：//news. xinhuanet. com/2013－10/08/c_125490694. htm。

④ “集安组织秘书长：乌克兰危机是与独联体隔绝结果”，http：//world. huanqiu. com/exclusive/2014－04/4978303. html。

⑤ “普京说世界局势要求独联体集安组织协调行动”，http：//world. huanqiu. com/hot/2014－12/5283638. html。

⑥ “俄总统普京：上海合作组织越来越举足轻重”，http：//world. huanqiu. com/exclusive/2015－06/6597295. html。

外政策的优先方向。[①]

（五）调整战略方向，进一步加强亚太外交

在西部边界面临重重压力之际，俄罗斯素有的“双头鹰”外交传统发挥了独特作用。俄罗斯开始将战略精力转向东方，寻求深度参与亚太事务，在分享亚太地区发展红利的同时，更进一步拉近与亚太各国关系，以对冲美西方在西部所施加的地缘政治压力，缓解国家安全困境。具体来说，俄罗斯采取了如下战略实践：

首先，进一步密切与中国关系。这一时期，普京对华关系的最大亮点是他与习近平建立的良好私交及元首外交的战略引领作用。普京认为中俄战略友好，他本人对华也抱有亲近态度，而“习普会”从 2015 年开始已连续三年举行，频率高达至少每年 5 次，带来了中俄关系“高水平发展”，两人的亲密协作功不可没。[②] 中俄军事关系升温。近年来，中俄在军事演习、军用技术合作和军队高层往来等方面的合作进展迅猛。两国军事演习不仅频次增多，而且地理范围不断扩大，核心操作也愈发复杂，彰显双方提升彼此安全利益一致性。经贸合作成果丰富。中俄由于地缘接壤，经贸互惠有天然优势。2017 年前 8 个月，中俄贸易额增幅超过三成，这在全球经济持续低迷的背景下殊为不易；两国能源合作也捷报频传。2017 年 11 月中旬，中俄原油管道二线工程贯通，是两国能源打通战略通道的一大进步。面对制裁孤立，俄罗斯举行的民调“俄罗斯的敌人与朋友：制裁时代”的结果显示，过半俄罗斯民众视中国为伙伴。[③] 2017 年 7 月，习近平在对俄罗斯进行国事访问期间再次谈到两国关系正处于历史最好时期，将中俄关系定调为“新型国家关系”，并着重指出两国的欧亚经济联盟与

---

① “普京：上合组织框架内的合作是俄对外政策优先方向之一”，http：//news. xinhuanet. com/2016 -06/24/c_129088692. htm。

② “普京：我和习近平有亲切的私人交往 期待再次会面”，http：//news. cnr. cn/special/cica/latest/201405/t20140519_515542484. shtml；“习近平普京 4 年见面 20 多次！如此密集，传递什么信息?”，http：//www. 81. cn/jwgz/2017 -07/04/content_7662465. htm。

③ “俄罗斯半数民众认为中国是对俄罗斯最友好国家”，http：//world. huanqiu. com/exclusive/2014 -10/5161312. html。

“一带一路”倡议有历史性的对接契机，可为两国关系发展做出贡献。①

其次，与越南、蒙古国、朝鲜等亚太地缘邻近国家关系取得新进展。

在对越关系上，2014 年 11 月 24 日，越共中央总书记阮富仲访俄，普京称越南为“全天候战略伙伴”。两国为关系发展设立了一系列清单，如增加越出口俄农产品，建立三国关税同盟、对越自贸区等。两国对在 2020 年前双边贸易总额破百亿美元大关信心满满。② 俄罗斯专家认为，俄越建立自贸区是俄罗斯发展与东盟经贸关系的“敲门砖”，为的是未来让俄罗斯商品更好打入东南亚市场。

在对蒙关系上，蒙古国是俄罗斯亚太战略的“杠杆地”，素来为普京所重视。在 2014 年普京访蒙前，蒙古国领导人表示对俄蒙关系未来看好，希望能将之推升到“全面战略伙伴”水平，并让蒙古国产品打开俄市场。③ 2014 年 9 月，普京继 2009 年后再度访蒙。其间，他对两国基于历史记忆的战斗情谊和俄蒙关系进步予以称赞。此访历时不长，但成果颇丰：一系列有关基建、过境、免签的重要问题获得一揽子解决，双方确认俄蒙军援力度将继续扩大，努力使两国贸易额 2020 年达到 100 亿美元等。本次访问中，两国各级机关和企业还达成了合作文件 15 份，内容涵盖社会各领域。

在对朝关系上，俄朝合作迅速升温。2014 年 4 月，“俄罗斯—朝鲜友好年”启动，两国在科技文化、国际运输以及央行合作等方面达成备忘协议，并将 2015 年定为两国友好年。④ 同年 5 月，俄罗斯为朝鲜送上大礼，免除朝九成债务，余下可由稀土出口充抵。10 月，俄罗斯远东发展部长加卢什卡访朝，就俄助扶朝铁路网络现代化达成协议，协议规定，俄罗斯将用 20 年投资 250 亿美元助朝 3000 多公里的铁路网完成现代化。11 月，金正恩特使崔龙海率团访俄并与普京会面，就双方交往中的紧要问题交换了

---

① “第 21 次‘习普会’释放什么信号”，http：//opinion. haiwainet. cn/n/2017/0704/c353596 - 31001791. html。

② “俄罗斯越南要建自贸区 逐步推进战略伙伴关系”，http：//www. chinanews. com/gj/2014/11 - 27/6819729. shtml。

③ “蒙古总统：希望俄蒙关系可达全面战略伙伴水平”，http：//world. huanqiu. com/exclusive/2014 - 08/5110829. html。

④ “俄罗斯—朝鲜友好年启动”，http：//world. huanqiu. com/hot/2015 - 04/6199797. html。

意见，双方会谈内容涵盖广泛，尤其将半岛无核化作为关键议题。[①] 2015年是俄罗斯卫国战争胜利70周年，普京邀请金正恩访俄参加庆祝活动并授予其纪念奖章以示友好。[②] 韩媒称，对华关系转冷迫使金正恩重寻外部伙伴，俄罗斯则借此强化对朝影响。

在对土关系上，2014年12月普京访土，达成了数个重要协议，俄土迎来“蜜月期”。双方决定把双边贸易额在2020年前提升至千亿美元水平，此外俄将投资200亿美元在土建造核电站并开辟一条通过希土边境向南欧的新供气管道。[③] 虽然此后俄土战机事件令两国关系下滑严重，但局面在半年后反转，在埃尔多安正式道歉后，两国关系迅速回暖，并更加坚固。[④]

在对印关系上，俄印传统战略友谊继续巩固。2014年12月，普京复任后访印标志着印作为俄传统友好国家的延续。此次访问中，两国达成了覆盖各领域的共计16个合作文件，并形成联合声明。能源合作上，俄罗斯承诺在10年内助印建造数座核反应堆，而印公司此后不仅有望参与俄境内新油田开发，同时两国也开始商讨铺设能源管道。经贸上，俄印期待以2025年为限，将双边贸易额和投资额分别提至300亿和150亿美元。军事上，两国防务技术合作及联合军演密切。技术合作上，印度现为俄军工外销第二大市场，而且是俄唯一的战略武器出口对象，两国防务合作水平“高出其他所有国家，独一无二”。[⑤] 联合军演上，2016年10月，俄印两国举行以深化反恐协作为目的的“因拉德—2016”联合军事演习，大获成

---

① “俄罗斯总统普京会见朝鲜最高领导人特使崔龙海”，http：//world. huanqiu. com/article/2014 – 11/5207204. html.

② “普京授予金正恩卫国战争胜利70周年纪念奖章”，http：//news. xinhuanet. com/mil/2015 – 05/09/c_127781857. htm。

③ “土耳其将加快建设首座核电站 预计2020年投用”， http：//www. chinanews. com/gj/2014/12 – 02/6837669. shtml。

④ “俄土首脑会晤水到渠成 俄土关系升温为那般”，http：//world. huanqiu. com/hot/2016 – 08/9289489. html。

⑤ “俄称俄印军事合作比任何国家都高 能买战略武器”，http：//mil. huanqiu. com/observation/2015 – 05/6511804. html。

功。[①] 在国际立场协调上，俄印也互为援应。俄罗斯明确表态支持接纳印度加入上合组织，同时支持印“入常”安理会的强烈意愿。印度则反对未经联合国安理会同意的经济制裁。

再次，日本在制裁俄问题上有所松动，俄日关系仍有正面发展。在俄罗斯与美西方国家交往中，日本显得较为另类，主要在于日本单独处在东北亚地区，且与俄罗斯有领土争端。正因如此，日本既对俄罗斯有能源资源诉求，俄罗斯又将日本视为西方阵营的软化突破口，两者关系颇为微妙。在制裁俄罗斯问题上，日本虽然参加其中，但力度并不大，这一行为表现出日本当局的复杂考虑，因为制裁势必影响到俄日关系核心的“北方四岛”争议的解决进程。从俄方表态看，其对此表示了理解，婉转指出“日方制裁来自于外部压力”。[②] 总的来看，经济技术合作和领土争端解决这两条俄日关系的主线近年来均有进展。经济方面，2016 年 9 月，日本表示将与俄罗斯加深能源合作，包括联合调查远东地区开发、分享核废堆处理和新能源设置经验以及收购俄石油公司股票等，负责该计划落实的日方代表相世耕弘成表示“与俄合作对日增长战略非常重要”。[③] 在领土问题上，2016 年 6 月 22 日，日俄在日本外务省就两国和平条约缔结进行谈判，而早在同年 5 月，安倍就与普京基于争端解决“新思路”进行了初步谈判。11 月，两人在秘鲁再次会面，此次会谈是之后普京访日的预演，考虑到缓解制裁压力，普京在领土争议解决上的表态展现了一定灵活性，日方也认为此次会谈“很有意义”。[④] 2016 年 12 月 15 日，普京时隔 11 年再次访日，对日本解决北方四岛问题所提的“新思路”释放了积极信号。普京说，希望访日期间俄日双方能就和平条约问题达成一致。在深受经济制裁之苦，外交、战略空间又遭西方挤压的情形下，俄罗斯在坚持原则立场不

---

① “俄印‘因德拉—2016’联合军演意欲何为”，http：//zqb. cyol. com/html/2016 - 10/13/nw. D110000zgqnb_20161013_3 - 11. htm。

② “俄外交部说日本对俄制裁令人失望”，http：//www. mod. gov. cn/opinion/2014 - 05/04/content_4506582. htm。

③ “日媒：日本将向俄罗斯提能源领域一揽子合作建议”，http：//world. huanqiu. com/exclusive/2016 - 09/9393175. html。

④ “安倍与普京会谈 称希望两国争议领土问题获进展”，http：//world. huanqiu. com/hot/2016 - 11/9706378. html。

动摇的前提下发展对日关系，获得日本对俄投资和贷款，是改善自身处境的有力举措。[①]

综上，普京第三任期开始后，俄罗斯无论是对内还是对外，在维护国家安全上都付出了巨大努力。发生于2013年底的乌克兰危机是冷战结束以来俄罗斯国家安全所面临的最大挑战，对俄本土安全形势以及国际安全格局都产生了深远影响。在危机前，普京展现了其政治强人的一贯作风，以铁腕手段收回了克里米亚和塞瓦斯托波尔，并坚定地与西方展开对抗。在普京看来，国际形势恶化只是一时的，往后必将好转，但是“这种好转不是通过我们经常让步、低头来实现的，只能在我们变得更强大的情况下”。[②] 同时，国内经济下行压力与人民日渐高涨的有关政治改革的呼声也要求普京转换执政思路，采取综合措施维护国家政治稳定与经济繁荣。而事实证明，普京在反腐、政党制度改革、维护本民族文化价值等多领域的举措有力保障了国内形势稳定。2018年普京再度当选后，他能否实现自己的“20年强大俄罗斯”的政治诺言也愈发引人关注。在乌克兰局势短期难变、世界政治经济格局进入深度调整期的大背景下，俄罗斯实现国家内外安全的任务仍是道阻且长。

第四节 普京第三任期国家安全战略实践的影响

相较于梅普时期，普京新任期内俄罗斯的国家安全内外形势发生深刻变化：国内方面，以往经济结构单一、政治制度腐败等沉疴痼疾未获根本好转，而随着新兴中产阶级壮大而日渐增强的反对派势力又对国内安定提出新挑战；国际方面，乌克兰危机的爆发急速恶化了俄罗斯的外部安全环境，与西方国家关系缓和友好的进程彻底终结，巩固国防、捍卫国家核心

① “普京时隔11年访日 安倍‘新思路’难破日俄困局”，http：//news. xinhuanet. com/world/2016 - 12/15/c_129405268. htm。

② “普京：俄将对国家安全面临的威胁做出回应”，http：//world. people. com. cn/n/2015/0327/c157278 - 26757066. html。

利益和边界安全与打破封锁制裁、争取有利国际形势成为本届政府最大的对外战略任务。由此，普京第三任期内在安全战略实践上于内更加注重经济维稳保增和政治渐进改革，努力争取民意基础与增强民族凝聚力；于外则在坚定与西方对抗的同时注意寻求对话可能，侧重在其他地区和国际平台打开交往突破口，摆脱被孤立困境。而这些维护国家安全的内外举措无论是对本国安全形势还是对周边、国际安全格局都产生了深远影响。

一、对国家安全的影响

（一）反危机计划和侧重于亚太的经贸联系巩固了本国的经济安全

经济稳定是国家安全的根基所在。俄罗斯国家安全设计亦充分考虑到现实经济威胁以及经济安全的基础作用。因此包括如何实现经济增长在内的诸多问题被列为国家战略发展的优先方向。① 根据修订后的安全战略，俄罗斯加强了国家调控，建立完整的国家经济社会调控体系以维持宏观经济的稳定，同时采取措施促进经济增长，如扶持实体经济。② 为应对复杂的经济形势及保证经济稳定发展，俄罗斯出台了资金庞大、项目繁多的2016年“反危机计划”。其采取的措施分为两大类。第一大类是应急措施，目的在于帮助眼下资金不畅但潜力后劲充足的行业，如汽车工业、轻工业及农机制造业等。第二大类是中长期措施，着眼点是制度结构改革，如司法制度完善、国家开支优化等。③ 2016年6月，俄罗斯央行行长纳比乌林娜在圣彼得堡国际经济论坛上谈到，俄罗斯经济形势出现改善迹象，发出积极信号，反危机计划初见成效。④ 另外，战略伙伴关系的调整也将促进俄罗斯经济发展，有利于增加其经济活力。

---

① 陆齐华：“俄罗斯国家安全战略的历史演进”，《俄罗斯学刊》2016年第4期，第44页。

② 孙伟春：“俄罗斯国家实用主义安全战略研究”，《现代军事》2015年第4期，第54页。

③ “俄罗斯推出反危机计划‘拯救’经济”，http://news.ifeng.com/a/20160303/47670547_0.shtml。

④ “俄经济出现积极信号，反危机计划初见成效”，http://finance.ifeng.com/a/20160617/14499367_0.shtml。

（二）军事改革增强了部队战斗力，有效捍卫了领土安全

2015年版《战略》中，俄罗斯保卫军事安全的重点方向有三：一是继续深化军改，二是保有战略核武器对等潜力，三是扩充常备军规模。2014年底出台的新版《俄罗斯联邦军事学说》标志着俄罗斯对乌克兰危机爆发背景下自身军事战略的再度调整。在新《学说》中，俄罗斯提出了“非核遏制”概念，即依靠常规武器预防遏制冲突，打破了以往对核遏制的盲目崇拜。该创新显示出俄罗斯充分认识到，针对“颜色革命”等依托现代信息技术的软性进攻手段和现代战争愈发突出的空间一体化和高精尖发展特点，核武并非万能灵药，先进有效的常规打击手段亦有其用武之地，必须予以重视。在新理念指导下，俄军的装备现代化进程加速推进：2014年底，普京给俄国防军工企业提出硬性要求，到2020年武装力量的现代化比例至少应达到70%；2016年1月，俄罗斯防长提出要在年内大幅提升俄军现代化水平，将最新武器装备率从47%升至51%。[①] 俄军事改革逆境起飞，既在体制革新上突破藩篱，也开展了大量新军事技术变革，各项装备亦得到更新。有观点认为，俄罗斯在2015年9月叙利亚行动中的不俗表现正反映了其军改的成效。[②] 俄罗斯表示，其国境内外都有自己的利益，加强军事力量的建设和部署为其捍卫这些利益提供了保障。在大西洋方向，俄罗斯面临着乌克兰危机带来的西部边境安全挑战和北约东扩的威胁，因此部署了导弹旅和防空导弹系统予以应对。地中海方向，克里米亚入俄给黑海舰队带来福音，以往装备落后、地位边缘的黑海舰队一改颓势，重获新生。此外，俄罗斯在地中海的力量部署还因叙利亚行动而得以加强。太平洋方向，虽然这里对俄罗斯并不存在直接威胁，但是关系着俄东部地区的稳定发展，俄罗斯自身也在加强太平洋舰队的建设。在北极

---

① “俄军将大幅提升最新型武器装备水平”，http：//news. xinhuanet. com/world/2016 - 01/12/c_1117753850. htm。

② “日防卫省：俄参与在叙军事行动展现军队改革成果”，http：//world. huanqiu. com/exclusive/2016 - 08/9255087. html。

方向，加强部署也有利于其在北极地区的大国博弈中取得优势。① 总之，随着安全侧重方向的改变，尽管经济危机仍会给俄罗斯带来财源拮据的困境，但俄罗斯强化军事力量的脚步不会放慢，以便其与美西方保持军事上的战略平衡。

（三）对“颜色革命”以及颠覆力量的系统防范应对有效维护了政治安全

在俄罗斯国内外挑战均异常严峻之际，西方极易煽动俄社会内部的反对颠覆力量，尤其是对年轻人不遗余力地大肆鼓动。2014 年 1 月，在俄罗斯军事科学院举办的军事科学大会上，院长加列耶夫大将的报告将“颜色革命”列为第一安全威胁，足以说明其危害之深重。② 随着经济问题的逐步解决、军事力量部署的增加，以及对“颜色革命”防范意识的逐渐加强，俄罗斯将有效预防和遏止西方国家的颠覆活动。俄罗斯在立法和行政机构设置上均对“颜色革命”做了特殊防范。在立法上，由公俄党议员提出的《不受欢迎组织法》在 2015 年 5 月正式生效，该法的目的是铲除危害俄罗斯国家安全与根本稳定的非法活动组织。根据规定，将授权总检察长或其副职在与外交部协调后最终确定“不受欢迎组织”名录，国家有权对这些组织采取禁止发展分支机构、大额罚款等惩罚措施。③ 在行政设置上，俄罗斯国家杜马将计划设置专门机构分析研判“颜色革命”的潜在特性与威胁，有报道称这一新机构类似于“反颜色革命智库”，对综合预估“颜色革命”的危害程度、形成根源等问题将有所裨益。除了国家层面的应对外，普京对社会力量参与破解“颜色革命”也很关注，认为只靠执法强制力量并非治本之策，要让全社会公民都加入其中，并且将长期坚持下去。

① 马建光、孙迁杰：“俄罗斯国家安全战略的变化及影响”，《现代国际关系》2016 年第 3 期，第 20 页。

② “俄智库分析：俄国家安全第一威胁是‘颜色革命’”，http：//www. 81. cn/wjsm/2014 - 02/07/content_5761404. htm。

③ “俄出台《不受欢迎组织法》防‘颜色革命’”，http：//epaper. legaldaily. com. cn/fzrb/content/20150526/Articel11002GN. htm。

（四）与新兴经济体加强能源合作以及将能源安全设置为战略优先级，这些维护了本国能源安全

普京复任后，对俄罗斯当前能源领域的挑战洞若观火。由于前十年改革所做的将经济结构由能源依赖转向完备工业体系建设的转型未有理想效果，能源依然一直是俄罗斯的首要经济命脉。但将能源同时作为俄罗斯政府的外交工具和经济增收工具会引发二者矛盾：能源作为外交工具要求政府必要时对贸易做强力干预，包括强制改价、切断供应等，但这样又会损害国家的贸易信誉，伤及外贸发展，影响经济增长。时下，确保能源安全是关键，俄罗斯高层已开始制定一系列用于调整应对未来国际能源斗争形势变化的政策。俄罗斯把加强能源安全作为维护国家安全的长期优先项。① 在美西方制裁的背景下，俄罗斯开阔思路，大力发展与新兴经济体的能源合作关系，取得初步成效。未来，俄罗斯能源领域的重点努力方向在于：其一，保证石油产量，尽力争取市场份额；其二，改良能源开采技术，优化能源加工工艺，提升使用效率；其三，广泛应用能源清洁技术，降低产业成本。以上举措将成为俄罗斯世界能源大国与技术领先国地位的坚强保证。②

二、对中俄关系的影响

中国外交部长王毅曾提及，“中俄之间的战略协作已经超出双边范畴，中俄关系成为维护世界和平与稳定的重要压舱石”。③ 这句话表明，中俄关系不仅对中俄两国有重要意义，而且对世界也有非凡作用。而实际上中俄两国存在广泛的共同利益和相近的发展需求，在国际舞台上能够相互支持以抗衡美国霸权威胁，因而良好的双边关系成为两国的共同选择。普京第

---

① 舒桂：“俄罗斯联邦新版国家安全战略解读”，《中国信息安全》2016 年第 1 期，第 123 页。

② 马建光、孙迁杰：“俄罗斯国家安全战略的变化及影响”，《现代国际关系》2016 年第 3 期，第 20 页。

③ “王毅部长在出席 2016 年度国际形势与中国外交研讨会时的讲话”，http：//www.fmprc.gov.cn/web/wjbz_673089/zyhd_673091/t1421096.shtml。

三任期对国家安全战略的调整和在维护国家安全战略进程中的多项实践，都对中俄关系产生了积极的影响。

（一）2015 年新版《战略》对亚太和中国的特别关注提升了中国在俄罗斯外交中的地位

随着俄罗斯战略优先方向的调整，中国作为一个“东方国家”，其所扮演的角色和作用日益重要。首先，俄罗斯西部面临欧盟北约“双东扩”的威胁，战略空间进一步压缩。为取得战略缓冲，俄罗斯需要在亚洲方向发展友好的双边和多边关系，以减缓欧洲方向的压力，中国和上海合作组织成为俄罗斯战略考量的重点。其次，随着中国经济实力强大与投资能力上升，中国已是俄最大贸易伙伴国，中国的投资和建设成为俄罗斯摆脱经济制裁、恢复国民生产的重要途径之一。最后，随着中方“一带一路”倡议和俄方欧亚经济联盟战略的相继提出，中国成为俄罗斯在欧亚一体化进程中最重要的合作伙伴，俄罗斯的欧亚一体化构想有赖于中国倡议的亚投行等大型融资机构的支持。基于此，中国在调整之后的俄对外安全战略中的地位突出。

（二）中俄战略规划的对接为深化两国合作带来机遇

俄罗斯安全战略的调整和战略实践进程需要积极开展国际合作，以改善自身被西方国家孤立的状态。中俄关系作为俄罗斯外交的重点方向，对于俄罗斯国家安全战略的实施具有重要意义。“一带一路”倡议与欧亚经济联盟的对接合作为俄罗斯提供了更为广阔的市场和更为充足的资金来源，也为俄罗斯应对经济制裁、保障国民经济安全提供了重要的战略支持。中俄在上合组织内开展的安全合作对“三股势力”产生震慑作用，给中亚地区稳定带来福音。现时，两国合作横向大幅拓展，合作领域由传统的政治经济扩展到文化、生态等各个社会层面，合作愈发全面坚实。

（三）俄罗斯安全战略调整为中俄全面战略协作伙伴关系的巩固打下基础

俄罗斯安全战略的调整使得俄罗斯在安全上更加重视中国，更加注重发展同中国的全面战略协作关系。两国领导人定期会晤，在重大国际问题上相互支持，切实开展务实合作，使得双方的全面战略协作伙伴关系进一步加深。2017 年 7 月 4 日，习近平在对俄罗斯进行国事访问期间，与普京签署了《关于进一步深化全面战略协作伙伴关系的联合声明》，再次对中俄关系做出高度评价，认为中俄关系已超出双边范畴，有国际战略层面的特殊含义。声明同时还提出，要推动深化双方“政治互信、务实合作、安全合作、人文交流、国际协作”等方向的发展。

综上，在普京第三任期内，俄罗斯国内外安全局势进一步恶化，俄罗斯适时调整了国家安全战略，发展起以“大欧亚”为中心、以新版《俄罗斯联邦国家安全战略》为基础的国家安全战略体系，在其中进一步提升了中国在俄罗斯对外关系中的重要地位，深化了中俄务实合作，发展了全面战略协作伙伴关系，对中俄关系产生积极影响。尽管特朗普的上台为俄美关系带来不确定因素，也可能给俄罗斯国家安全战略的实施带来不确定因素，但俄罗斯的国家安全局势不会发生重大变化，战略重点还会放在欧亚大陆，中俄关系依然是俄国家安全战略重点关注的对象之一。因而在可预见的时期内，俄罗斯国家安全战略不会发生根本性变化，与中国的关系也将沿着友好合作的道路继续推进。

三、对周边以及国际安全局势的影响

作为世界大国和区域强国，俄罗斯的安全战略的调整无疑会引发俄罗斯周边乃至全球安全态势的变动，具体而言：

（一）俄罗斯实施的新一轮安全政策给国际安全局势带来了更多不确定性

随着乌克兰危机的持续发酵，俄新版安全战略最主要就是“新”在对西方战略压力的强力反制以及对自身国防安全的优先强调上。在大国关系主导的国际安全形势下，俄罗斯安全战略实践对国际安全形势造成了深远影响：一是俄罗斯坚持与西方国家对抗，弱化了历史上和现实中国际安全的积极成果，在国际安全格局上施加了更多消极影响。梅普时期，俄美的“重启”外交虽然释放了很多缓和信号，尤其是《布拉格条约》的签署，使“核安全”这个对国际安全来说最为敏感而复杂的要素得到规制性保证。但乌克兰危机的爆发打破了这种尝试所带来的暂时平静，俄罗斯面对西方的步步紧逼，采取了寸步不让的态度。2016 年 12 月 22 日，针对特朗普要扩张核力量的言论，普京也毫不避讳地表示，俄罗斯必须“大大扩充核武库”，以“消除对俄罗斯的一切军事威胁”，这让刚出现缓和的国际核军控形势再次遭遇寒冬。① 两个世界上最大的拥核国家的全面交恶，不仅给双边关系发展带来挫折，使双方在安全领域达成的一系列共同原则变为一纸空文，更给国际安全带来了更大的结构性压力。二是俄罗斯面向亚太的战略转向给亚太地区的安全格局带来更多变数。在普京的第三任期，“亚太”成为其实施安全战略时使用的高频词汇。一般认为，亚太地区是中美安全战略博弈的主战场，但不容否认的是，俄罗斯作为对亚太地区有着重大关切的大国，对这一地区安全事务的参与意愿也很强烈。在普京第三任期内，俄罗斯致力于与许多亚太国家发展稳定的良好关系，将更多的外交资源投入到这一区域，以期未来发挥自身的影响力。随着亚太地区在大国的全球战略中地位的提升，俄罗斯在朝鲜半岛问题、“中—俄—印”战略三角关系等战略安全议题中发挥的作用将会更为突出，这也是俄罗斯施展其影响力的良好平台。三是俄罗斯重视参与并试图构建国际机制，试图在与新兴经济体的合作过程中平衡或抵消西方国家“一家独大”的全球安全治理弊端，使全球安全形势朝着有利于自身的方向变革。从某种意义上来讲，俄罗斯加强与处于全球安全治理格局中弱势地位的新兴经济体之间的联系，是打破孤立局面、寻求外交突破口的重要一环。这种合作将有力推动新生国际机制应对国际恐怖、网络安全、能源安全等问题的能力，将对全球安全治理格局产生重要的积极作用。

（二）俄罗斯将在对抗中寻求与西方国家缓和的时机

虽然从短期来看，俄罗斯与西方剑拔弩张的态势不会出现根本性的变化，尤其是与美国更不会握手言和。2014 年，两国关系出现了巨大危机；

① “美俄接连宣布‘增核’在吓唬谁”，http：//opinion. huanqiu. com/plrd/2016 – 12/9860912. html。

2015 年，双边关系依然延续上一年的基本特征，而接下来两国关系仍将停留在较低水平，但这并不排斥某些方面会出现缓和的迹象。正如新版《战略》所指出的，“俄罗斯重申同美国展开合作的立场，尤其是在核军控领域的合作……俄罗斯愿在平等基础上，以巩固欧洲—大西洋地区整体安全为目标，发展同北约关系”。由此看来，未来可预见的一段时期内，俄罗斯对美政策的基调将是整体对抗与局部缓和并存。在俄欧关系上，二者的疏远基本呈现出固化状态，由于历史、国内政治、普京现行的强势政策等原因，欧洲各国普遍对俄罗斯怀有很强的戒心与恐惧感。但由于二者之间千丝万缕的联系，合作又是必不可少的。在共同安全和难民危机的应对上，双方有着明显的利益重叠，因此不管双方政策如何变化，合作是必然选项。在地区热点问题与地缘战略形势变化的共同作用下，未来俄美关系将与中美关系分处“跷跷板”两端，呈现此消彼长的状态。而中东地区热点问题的转向、东北亚局势的变化乃至太平洋地区海洋权益的争夺等问题，都将深刻影响俄罗斯的对美政策走向。

（三）俄罗斯将在外交上寻求创造更加有利的环境

面临叙利亚危机的升级，普京果断占据道德制高点，以积极的态度和行为介入对“伊斯兰国”的打击，希望以此为契机加强自身在中东地区的存在，进而提升在国际社会的影响力与话语权。而与此同时，土耳其击落俄战机事件给其带来了巨大的战略压力，并导致两国间对抗走向白热化，但这并不意味着俄罗斯会放弃对这一地区主动权的争夺。与此同时，北极地区因气候变暖而变得越发具有战略价值，这强化了俄罗斯参加争夺的动机，但面临内外交困的现状，俄罗斯并不能按照自己的意愿去塑造北极的竞争态势，这就给北极地区的稳定蒙上了阴影。此外，在与亚洲大国如中国和印度的交往中，俄罗斯试图以经贸甚至军事关系来巩固双边关系，以期维护与亚太的长期合作共生，确保东南两个方向不生事端。在莫斯科认为必要的时候，其还将在太平洋方向同日本进行合作。

（四）在复杂的地缘政治较量的推动下，俄罗斯周边战略环境日趋吃紧

在相互依赖逐渐加深的当今世界，政治与经济之间的互动越来越复杂

而活跃，而对政治有着深刻影响的经济金融，往往成为西方资本主义强国用来实现政治意图的手段。俄罗斯新安全战略指出，“在国际安全领域，俄罗斯致力于首先使用政治、外交、法律等手段维护国家利益，但如果非暴力手段没有效果，俄罗斯将采取武力手段捍卫本国利益”。在全球经济相对低迷、能源市场频繁波动以及金融债券风险难以管控的情况下，大范围经济危机爆发的可能性难以排除。因此，俄罗斯在以美国为首、以北约东扩等为主要压力源的紧逼之下，若经济问题难以解决，其恐将转而寻求通过对外扩张以拓展战略博弈空间，进而缓解国内矛盾。如此一来，战争爆发的概率将会陡增。

综上所述，俄罗斯国家安全战略的变化是在重重危机的重压下所做出的被动反应。这在外部环境中呈现为政治孤立、经济制裁、军事打压、舆论唱衰等种种困境。面对现实，俄罗斯并未坐以待毙，而是相时而动，积极调整应对。这种调整使俄罗斯未来的战略走向具有很大不确定性——可能会在多管齐下的政策实施中走向缓慢而艰难的复兴之路，也可能导致更大的战略被动，使其政权举步维艰。俄罗斯在这一蜕变过程中最值得中国关注的是其带来的地缘政治生态的变化，以及这种变化对中国未来的外交战略环境的影响。

主要参考文献

一、专著

1. 姜振军著：《俄罗斯国家安全问题研究》，社会科学文献出版社2009年版。

2. 薛兴国著：《俄罗斯国家安全理论与实践》，时事出版社2011年版。

3. 姜振军、郭力：《俄罗斯非传统安全问题研究》，黑龙江大学出版社2016年版。

4. 吴大辉著：《防范与合作：苏联解体后的俄美核安全关系（1991—2005）》，人民出版社2005年版。

5. 杨育才著：《俄罗斯战略问题10讲》，国防大学出版社2015年版。

6. ［美］亨利·赫坦巴哈著，吉林师范大学历史系翻译组译：《俄罗斯帝国主义——从伊凡大帝到革命前》，生活·读书·新知三联书店1978年版。

7. ［俄］瓦·奥·克柳切夫斯基著：《文集》（莫斯科，1956年），第一卷。

8. ［美］罗伯特·J. 克纳著：《迫切要求通向海洋》，（伯克利，加利福尼亚州，1942年）。

9. 丛鹏主编：《大国安全观比较》，时事出版社2004年版。

10. ［俄］尼古拉·别尔嘉耶夫著，汪剑钊译：《俄罗斯的命运》，北京联合出版公司2014版。

11. 王树春著：《转型时期的俄罗斯国家安全战略》，中山大学出版社

2002 年版。

12. 孙成木、刘祖熙、李建主编：《俄国通史简编》（上、下），人民出版社 1986 年版。

13. 陈之骅主编：《俄国沙皇列传》，东方出版社 1999 年版。

14. 《马克思恩格斯全集》（第 44 卷），人民出版社 1964 年版。

15. ［英］保罗・肯尼迪：《大国的兴衰：1500—2000 年的经济变革与军事冲突》，中信出版社 2014 年版。

16. 《马克思恩格斯全集》（第 22 卷），人民出版社 1964 年版。

17. 北京大学历史系《沙皇俄国侵略扩张史》编写组编：《沙皇俄国侵略扩张史》（下），人民出版社 1980 年版。

18. 中共中央编译局：《列宁全集》（第 39 卷），人民出版社 1963 年版。

19. 周尚文、叶宗书、王斯德著：《苏联兴亡史》，上海人民出版社 1993 年版。

20. 赵丕、李效东主编：《大国崛起与国家安全战略选择》，军事科学出版社 2008 年版。

21. 林军著：《俄罗斯外交史稿》，世界知识出版社 2002 年版。

22. 何盛明主编：《财经大辞典》，中国财政经济出版社 1990 年版。

23. 中共中央马克思恩格斯列宁斯大林著作编译局：《联共（布）第十四次代表大会关于中央委员会的政治报告的结论》，《斯大林全集》第 7 卷，人民出版社 1954 年版。

24. 《苏联共产党代表大会、代表会议和中央全会决议汇编》（第 3 分册），人民出版社 1956 年版。

25. 王海、李植谷著：《苏联军事战略概论》，国防大学出版社 1989 年版。

26. 王京建著：《国家安全法学教程》，中国社会出版社 2008 年版。

27. 陈之骅主编：《苏联史纲（1953—1964）》，人民出版社 1996 年版。

28. 《苏联社会帝国主义经济统计资料》，人民出版社 1977 年版。

29. 《勃列日涅夫言论》（第 1 集），上海译文出版社 1979 年版。

30. 王海、李植谷著：《苏联军事战略概论》，国防大学出版社 1989

年版。

31. ［苏］米·谢·戈尔巴乔夫著，中国国际问题研究所译：《改革与新思维》，新华出版社 1987 年版。

32. 刘金质著：《冷战史》（下），世界知识出版社 2003 年版。

33. 苏群译：《戈尔巴乔夫言论选集》，人民出版社 1987 版。

34. 李永志主编：《简明国际知识辞典》，世界知识出版社 2014 年版。

35. ［美］吉米·恬特著，中国国际问题研究所译：《忠于信仰——个美国总统的回忆录》，新华出版社 1985 年版。

36. 朱阳明著：《2000—2001 年战略评估》，军事科学出版社 2000 年版。

37. ［美］布热津斯基著，中国国际问题研究所译：《大棋局——美国首要地位及其地缘战略》，上海人民出版社 1998 年版。

38. 苏淑民著：《俄罗斯政治与外交》，知识产权出版社 2013 年版。

39. 友谊主编：《叶利钦时代的俄罗斯（军事卷）》，人民出版社 2001 年版。

40. 许新主编：《叶利钦时期的俄罗斯（经济卷）》，人民出版社 2001 年版。

41. 学刚、姜毅主编：《叶利钦时代的俄罗斯（外交卷）》，人民出版社 2001 年版。

42. 军用主题词表编制管理委员会编：《军用主题词释义词典》，军事科学出版社 1993 年版。

43. ［美］亨利·基辛格著，北京编译社译：《核武器与对外政策》，世界知识出版社 1959 年版。

44. 世界知识出版社编：《世界知识年鉴 2013/2014》，世界知识出版社 2014 年版。

45. 徐向梅主编：《世界主要政党规章制度文献——俄罗斯》，中央编译出版社 2016 版。

46. ［美］阿什利·泰利斯著，门洪华译等译：《国家实力评估：资源绩效军事能力》，新华出版社 2002 年版。

47. 李述森著：《当代俄罗斯对外战略转型研究》，当代世界出版社

2006 年版。

48. 郑羽主编：《独联体十年：现状 · 问题 · 前景（1991—2001）》（上卷），世界知识出版社 2002 年版。

49. 《普京文集》，中国社会科学出版社 2002 年版。

50. 庞大鹏主编：《普京八年：俄罗斯的复兴之路（2000—2008）· 政治卷》，经济管理出版社 2008 年版。

51. ［美］塞缪尔 · 亨廷顿著，王冠华等译：《变化社会中的政治秩序》，三联书店 1989 年版。

52. 李中海主编：《普京八年：俄罗斯的复兴之路（2000—2008）· 经济卷》，经济管理出版社 2008 年版。

二、期刊

1. 邢悦、王晋："'弥赛亚意识'与俄罗斯'大国主义'外交"，《国际政治科学》2017 年第 1 期。

2. 郑羽："评 1999 年俄罗斯联邦国家安全构想"，《国际经济评论》2000 年第 2 期。

3. 王影："《俄罗斯联邦 2020 年前国家安全战略》解读"，《国际资料信息》2009 年第 8 期。

4. 张晶："《2020 年前国家安全战略》及其内外政策走向"，《俄罗斯中亚东欧市场》2010 年第 1 期。

5. 王晓军："新版《俄罗斯联邦国家安全战略》解读"，《现代军事》2016 年第 2 期。

6. 夜雨："俄罗斯新版国家安全战略及其安全政策走向"，《中国经贸导刊》2016 年第 6 期。

7. 舒桂编译："俄罗斯联邦新版国家安全战略解读"，《中国信息安全》2016 年第 1 期。

8. 马建光、孙迁杰："俄罗斯国家安全战略的变化及影响——基于新旧两版《俄联邦国家安全战略》的对比"，《现代国际关系》2016 年第 3 期。

9. 马蔚云："俄罗斯国家经济安全及其评估"，《俄罗斯中亚东欧研究》2012 年第 5 期。

10. 王前军："环境问题与俄罗斯国家安全战略"，《国际论坛》2006 年第 1 期。

11. ［俄］斯·帕·戈林基娜、格·博·克列伊涅尔，项国兰编译："'阳光'经济与加强俄罗斯国家安全"，《经济社会体制比较（双月刊）》2005 年第 3 期。

12. 吴康和、张文茹："俄罗斯联邦国家安全思想探源"，《东欧中亚研究》2001 年第 1 期。

13. 刘军："空间、帝国与俄罗斯国家安全"，《华东师范大学学报（哲学社会科学版）》2011 年第 4 期。

14. 陆俊元："俄罗斯联邦国家安全战略之地缘政治析"，《今日东欧中亚》1997 年第 3 期。

15. 刘再起、魏玮："《俄罗斯联邦安全法》的演进及国家安全体系改革趋势"，《俄罗斯东欧中亚研究》2016 年第 6 期。

16. 刘洪岩："俄罗斯国家安全立法的体系化构建"，《人民法治》2016 年第 8 期。

17. 李锋："俄罗斯国家安全审查制度研究"，《国际经济合作》2012 年第 7 期。

18. 李竹："美国、俄罗斯国家安全立法背景评析"，《苏州教育学院学报》2008 年第 1 期。

19. 王树春："俄罗斯的传统安全观与东正教的救世观"，《广东外语外贸大学学报》2003 年第 2 期。

20. ［俄］尼古拉·伯狄阿耶夫："论空间对俄国人精神的抑制"，《俄国的命运——根据战争心理和民族性的经验》（莫斯科，1918 年）。

21. 王树春："安全观转型与中俄安全合作"，《国际论坛》2004 年第 1 期。

22. 章平："俄罗斯军事学说评析"，《东欧中亚研究》1994 年第 3 期。

23. 李树藩："苏联社会主义工业化与优先发展重工业方针"，《苏联东欧问题》1983 年第 3 期。

24. 杨大勇、三行："从卫国战争看——国防工业基础能力对国家命脉的支撑"，《国防科技工业》2005 年第 7 期。

25. 余伟民："苏联 30 年代军事改革的曲折及其教训"，《军事历史》1989 年第 2 期。

26. 甘士杰："'经互会'经济一体化的今昔"，《世界经济研究》1989 第 4 期。

27. 盛昊云："评勃列日涅夫时期的'缓和'外交战略"，《今日东欧中亚》1996 年第 6 期。

28. 刘光慧："勃列日涅夫时期苏联对外战略评析"，《北方论丛》1996 年第 4 期。

29. 俞行："战后美苏军备竞赛的不断升级及其原因和影响"，《苏联东欧问题》1987 年第 3 期。

30. 刘显忠："戈尔巴乔夫改革前苏联的政治、经济及社会状况"，《当代世界社会主义问题》2016 年第 2 期。

31. 庄去病："美苏军控谈判及其对缓和的影响"，《国际问题研究》1988 年第 2 期。

32. 周爱群："苏联军队的改革"，《世界知识》1991 年第 10 期。

33. 冯玉军、刘桂玲："俄罗斯国家安全战略渐趋成熟"，《世界知识》1996 年第 20 期。

34. 陈宪良："叶利钦执政时期俄罗斯的国家利益观"，《俄罗斯中亚东欧研究》2012 年第 4 期。

35. 周荣坤："俄罗斯国家经济安全战略的原则与构想"，《经济研究参考》1998 年第 40 期。

36. 俞邃："冷战后俄罗斯安全战略的调整及其对华影响"，《太平洋学报》1996 年第 1 期。

37. 夏义善："试析俄罗斯的核战略"，《国际问题研究》1999 年第 2 期。

38. 石泽、翟德泉："'现实遏制'核战略——俄罗斯新军事学说的核心要素"，《瞭望新闻周刊》1999 年第 51 期。

39. 刘桂玲："独联体现状及发展趋势"，《现代国际关系》1998 年第

6 期。

40. 万成才："普利马科夫政府经济政策亮相"，《瞭望》1998 年第 41 期。

41. 高际香、白云："从普利马科夫政策倾向看俄罗斯经济"，《经济论坛》1999 年第 5 期。

42. 丁建伟："浅析叶利钦时代外交战略的调整"，《社科纵横》2000 年第 2 期。

43. 顾烨丽："叶利钦时代俄罗斯外交政策的反思"，《西伯利亚研究》2009 年第 4 期。

44. 李允华："1999 年以来俄罗斯形势及前景评述"，《东欧中亚研究》2000 年第 4 期。

45. 洪海军、范建中："车臣问题对俄罗斯联邦制度的挑战"，《世界经济与政治论坛》2004 年第 6 期。

46. 庞大鹏："俄罗斯的'主权民主'思想"，《欧洲研究》2008 年第 4 期。

47. 王郦久："普京改革与新千年初的俄罗斯"，《现代国际关系》2001 年第 1 期。

48. 盛世良："普京第二任期对内政策的调整"，《当代世界与社会主义》2004 年第 2 期。

49. 李中海："论俄罗斯混合市场经济模式的形成及特点"，《俄罗斯研究》2009 年第 2 期。

50. 陆南泉："对俄罗斯经济安全构成威胁的主要因素分析"，《社会科学》2014 年第 3 期。

51. 孙启军、王海滨："俄罗斯军事战略的演变"，《国际资料信息》2007 年第 5 期。

52. 孙卫岗、孙兵："俄军'现实遏制'战略思想探析"，《国防科技》2007 年第 6 期。

53. 吴恩远、郭文："论普京的文化强国战略"，《中国社会科学院研究生院学报》2017 年第 1 期。

54. 赵华胜："普京外交八年及其评价"，《现代国际关系》2008 年第

2 期。

55. 庞大鹏："俄罗斯的'梅普组合'"，《俄罗斯中亚东欧研究》2008 年第 5 期。

56. 大串敦、邓青："支配型政党的统制界限？——统一俄罗斯党与地方领导人"，《俄罗斯研究》2012 年第 2 期。

57. 李兴耕摘译："梅德韦杰夫论俄罗斯民主"，《国外理论动态》2010 年第 11 期。

58. 庞大鹏："俄罗斯政治思想的新变化——2009 年俄罗斯政治形势分析"，《俄罗斯研究》2010 年第 3 期。

59. 李中海："梅德韦杰夫经济现代化方案评析"，《俄罗斯中亚东欧研究》2011 年第 2 期。

60. 黄登学："梅德韦杰夫外交初探"，《外交评论》2009 年第 4 期。

61. 张建、周琪："奥巴马第二任期美俄关系论析"，《世界经济与政治》2016 年第 11 期。

62. 傅勇："俄美关系'重启'的战略分析与借鉴"，《现代国际关系》2010 年第 9 期。

63. 蔡同昌："俄罗斯人如何看待'金砖国家'"，《俄罗斯中亚东欧研究》2012 年第 1 期。

64. 李新："试析俄罗斯亚太新战略"，《现代国际关系》2013 年第 2 期。

65. 俄罗斯战略评估课题组："俄罗斯在危机中调整发展思路"，《现代国际关系》2010 年第 3 期。

66. "俄罗斯反腐记"，《新民周刊》2013 年第 21 期。

67. 王正泉："普京与东正教"，《百年潮》2008 年第 8 期。

68. 樊英波、李雅君："延续与创新：梅德韦杰夫的教育思想解读"，《俄罗斯文艺》2009 年第 4 期。

69. 邢广程："俄罗斯亚太战略和政策的新变化"，《国际问题研究》2012 年第 5 期。

70. 王郦久："俄罗斯的中东战略和政策评析"，《亚非纵横》2012 年第 3 期。

71. 赵隆："新形势下俄罗斯拉美战略的调整"，《西伯利亚研究》2009 年第 3 期。

72. 傅勇："俄美关系'重启'的战略分析与借鉴"，《现代国际关系》2010 年第 9 期。

73. 赵华胜："原苏联地区'颜色革命'浪潮的成因分析"，《国际观察》2005 年第 3 期。

74. 王晓军："新版《俄罗斯国家安全战略》解读"，《现代军事》2016 年第 2 期。

75. 盛世良、曹妍："俄罗斯总统普京重拳反腐"，《决策与信息》2014 年第 3 期。

76. 郭连成、王延春："'新普京时代'俄罗斯经济发展路径与趋势"，《国外社会科学》2013 年第 6 期。

77. 李渤："普京执政以来的俄罗斯政教关系"，《世界宗教文化》2017 年第 2 期。

78. 顾炜："欧亚经济联盟的新动向及前景"，《国际问题研究》2015 年第 6 期。

79. 王晓泉："上合组织在'一带一盟'对接合作中的平台作用"，《欧亚经济》2016 年第 5 期。

80. 陆齐华："俄罗斯国家安全战略的历史演进"，《俄罗斯学刊》2016 年第 4 期。

81. 孙伟春："俄罗斯国家实用主义安全战略研究"，《现代军事》2015 年第 4 期。

82. 舒桂："俄罗斯联邦新版国家安全战略解读"，《中国信息安全》2016 年第 1 期。

三、电子文献

1. УказПрезидентаРФот 17. 12. 1997 N 1300 " ОбутвержденииКонцепциинациональнойбезопасностиРоссийскойФедерации", http：//legalacts.ru/doc/ukaz – prezidenta – rf – ot – 17121997 – n – 1300/.

2. Указ Президента РФ от 10. 01. 2000 N 24 “О Концепции национальной безопасности Российской Федерации”, http://legalacts. ru/doc/ukaz – prezidenta – rf – ot – 10012000 – n – 24/.

3. Указ Президента РФ от 12. 05. 2009 N 537 (ред. от 01. 07. 2014) “О Стратегии национальной безопасности Российской Федерации до 2020 года”, http://legalacts. ru/doc/ukaz – prezidenta – rf – ot – 12052009 – n – 537/.

4. Указ Президента РФ от 31. 12. 2015 N 683 “О Стратегии национальной безопасности Российской Федерации”, http://legalacts. ru/doc/ukaz – prezidenta – rf – ot – 31122015 – n – 683/.

5. 新华网，http://news. xinhuanet. com。

6. 环球网，http://world. huanqiu. com。

7. 半月谈，http://www. banyuetan. org。

8. 人民网，http://www. people. com. cn。

9. 央视网，http://news. cctv. com。

10. 中国网，http://news. china. com。

11. 中国社会科学网，http://www. cssn. cn。

12. 知识战略与防务研究所，http://www. defence. org. cn。

13. 俄罗斯卫星通讯社，http://sputniknews. cn/russia。

14. 俄罗斯总统网，http://www. kremlin. ru。

15. 俄罗斯政府网，http://government. ru。

16. 俄罗斯外交部网站，http://www. mid. ru。

17. 俄罗斯国防部网站，http://www. mil. ru。

后　记

本书是2015年度中央高校基本科研业务费资助项目“俄罗斯国家安全战略及其对中俄关系影响研究”的最终成果。

本课题获准立项后，课题组成员进行了多次讨论，并按照分工展开了研究。具体工作如下：

罗英杰：绪论、第一章、第二章、第三章、第四章（第四节），著作的框架结构设计、统稿、统校和修改。柯贤斌：第四章（第一、二、三节）、第五章。张昭曦：第六章、第七章。

在写作过程中，作者借鉴、采用了许多国内外专家、学者的成果，在此深表谢意。

俄罗斯国家安全战略研究是一个十分复杂且难度较大的课题，囿于作者水平有限，书中难免存在许多不足甚至谬误，恳请学界同仁批评指正。

罗英杰 2018 年国庆于万寿寺甲 2 号